WOGUO XINGSHI SUSONG
CHENGXU SUJIANHUA YANJIU

我国刑事诉讼
程序速简化研究

张庆立——著

法律出版社 LAW PRESS · CHINA
——北京——

图书在版编目(CIP)数据

我国刑事诉讼程序速简化研究 / 张庆立著. -- 北京：法律出版社，2024
ISBN 978 - 7 - 5197 - 8967 - 1

Ⅰ. ①我… Ⅱ. ①张… Ⅲ. ①刑事诉讼－诉讼程序－研究－中国 Ⅳ. ①D925.218.04

中国国家版本馆 CIP 数据核字(2024)第 064189 号

我国刑事诉讼程序速简化研究
WOGUO XINGSHI SUSONG CHENGXU SUJIANHUA YANJIU

张庆立 著

策划编辑 张 珺
责任编辑 张 珺
装帧设计 汪奇峰

出版发行 法律出版社
编辑统筹 法商出版分社
责任校对 李慧艳
责任印制 胡晓雅
经　　销 新华书店

开本 710 毫米×1000 毫米 1/16
印张 17 **字数** 209 千
版本 2024 年 5 月第 1 版
印次 2024 年 5 月第 1 次印刷
印刷 北京新生代彩印制版有限公司

地址：北京市丰台区莲花池西里 7 号(100073)
网址：www.lawpress.com.cn
投稿邮箱：info@lawpress.com.cn
举报盗版邮箱：jbwq@lawpress.com.cn

销售电话：010 - 83938349
客服电话：010 - 83938350
咨询电话：010 - 63939796

书号：ISBN 978 - 7 - 5197 - 8967 - 1
定价：75.00 元

凡购买本社图书，如有印装错误，我社负责退换。电话：010 - 83938349

序言一

从世界范围看，各国刑事诉讼法针对轻微刑事案件的查办普遍规定有程序速简化的内容，且实践中速简程序类型多样，适用范围也日渐扩大，可以说，刑事诉讼程序速简化已经成为世界刑事诉讼发展的趋势之一。从我国的情况看，刑事案件数量不断攀升，但其中轻罪案件的比例达90%左右，为了优化配置有限的司法资源，最大限度地缓解“案多人少”的矛盾，通过对现有的诉讼程序做必要的繁简分流，以提高诉讼效率，是很有必要的。因此，当庆立博士选择以“我国刑事诉讼程序速简化研究”作为博士后研究选题时，我深以为然，在其完成研究报告后，我鼓励其出版专著，当本书即将时，又请我为该书作序，我便欣然应允。

庆立博士本科就读于华东政法学院，彼时我便与其相识，其大学毕业后留校在教务处从事教学实践管理工作，因我那时已出任学校教务处处长，我们又成了同事。后来，其以优异成绩考取了我校诉讼法专业（刑事诉讼法方向）的全日制硕士研究生，所写毕业论文《检察机关死刑核准程序参与机制研究》还获得了答辩专家的一致好评，并入选当年华东政法大学优秀学位论文集，这给我留下了深刻印象。硕士毕业后，其又以笔试和面试双第一的优异成绩顺利通过了公务员考试，成为上海市松江区人民检察院的一名基层检察官。其在忙于日常办案的同时,还完成了博士阶段的学习,并被评为“上海青年法学法律人才”,实属不易。在博士后研究期间,庆立博士充分发挥身处检察部门、贴近司法实践的优势,善于思考、笔耕不辍,共出版法学理论专著1部,主持或参与省部级以上课题19项,在省部级以上单位组织的征文活动中获奖15次,发表法学理论文章51篇。其中,两次荣获最高人民检察院组织的全国检察机关重罪检察实务论坛征文一等奖,并在CSSCI核心期刊发表法学理论文章2篇。凭借其扎实的法学理论功底和写作能力,又喜获“第二届陈光中诉讼法学优秀博士后”这一殊荣,确实难能可贵。

我国刑事诉讼程序速简化由来已久,如果从1983年全国人民代表大会常务委员会发布的《关于迅速审判严重危害社会治安的犯罪分子的程序的决定》算起,已逾40年。本书力求从刑事诉讼程序速简化之“概念提倡与价值”“域外考察与启示”,以及我国刑事诉讼程序速简化之“发展历程与动向”“实践现状与反思”“理论澄清与厘定”“规范完善与拓展”六个方面开展系统性研究。其中,“概念提倡与价值”部分主要从概念入手,力求在理论上澄清刑事诉讼法学有无教义学的问题,并直接阐明了刑事诉讼程序速简化的时代意义。“域外考察与启示”部分主要通过对域外两大法系刑事诉讼程序速简化的研究,提炼出各国在刑事诉讼程序速简化方面的特点和趋势。“发展历程与动向”部分主要对我国刑事诉讼程序速简化进行历史性和规范化的考察,从而梳理出发展脉络与改革动向。“实践现状与反思”主要通过对现行有效的法律和司法解释的分析,反思并归纳制度或实践层面的不足。“理论澄清与厘定”“规范完善与拓展”则针对前述制度或实践层面的不足,分别从理论与规范两个方面提出解决问题的方案。这种贴近实践而又系统全面的研究,不仅具有积极的理论意义,而且富有较高的实践价值。

本书针对当前我国刑事诉讼程序速简化改革中的有关理论问题和实践问题展开了较为系统的研究,提出了不少独到的见解。例如,针对刑事诉讼法学究竟有无教义学,提出刑事诉讼法学仍有存在教义学的空间，德国刑事诉讼法学教义学不发达可能是受到整体刑事法学的遮蔽。针对辩诉交易在美国盛行的原因，提出从实体法的角度追因，可能与美国刑法理论中“罪数理论”和“数罪并罚理论”的研究不足有关，在简单相加的重罪重罚模式下，即使交易掉了部分罪名，与大陆法系相比其结果也相差不大。针对刑事诉讼程序速简化的本质，提出适用刑事速简程序不是对权利的克减，而就是权利本身。针对是否应对刑事速简程序配以独立的量刑折扣，提出速简程序因具有节约司法资源的机能，故应当配以独立的量刑折扣。针对刑事速简程序的量刑折扣幅度，提出域外程序简化的量刑折扣中不仅包括对节约司法资源的考虑，而且包括了对自首、坦白、当庭认罪等情节的考虑，故不能简单套用“域外通常可减少三分之一刑罚量”的具体量刑折扣幅度，等等。

不经一番寒彻骨，哪得梅花扑鼻香。庆立博士从事基层检察工作十余年，承办各类刑事案件千余件，对我国刑事诉讼程序繁简分流的真实需求状况有切身感受，可以说其对司法实践的总结无疑贴近真实，最能还原真实，对司法实践的需求也看得较为清晰，这显然为其开展理论研究奠定了可靠的实证基础。《我国刑事诉讼程序速简化研究》既有作者对刑事诉讼程序速简化理论的深入思考，又有作者多年来从事司法实务工作的具体感悟。该书的出版不仅是庆立博士对四年博士后研究阶段的总结，更是其职业生涯和学术之路新的起点。作为作者的博士后合作导师，我想说，生有涯而知无涯，希望庆立博士未来为我国刑事诉讼法治奉献更多成果，贡献更多智慧。

是为序。

叶 青

中国刑事诉讼法学研究会副会长

华东政法大学校长、教授、博士生导师

2024 年 4 月 16 日

于华东政法大学松江校区

序言二

为了应对“案多人少”矛盾，刑事诉讼通过“程序瘦身”的方式推进繁简分流改革。从我国当前的司法实践看，刑事诉讼领域人案矛盾突出的问题并没有扭转，刑事诉讼程序速简化依然存在较强的实践需求。然而，刑事诉讼程序如何科学的速简化，本身并非是一个“速简”的话题。针对这一话题，庆立博士展开了富有创新且系统性的研究。庆立在硕士阶段即研习刑事诉讼法，既是我的学生，也是我的老乡，毕业后在基层检察机关工作十余年，具有丰富的实践经验，后又以优异成绩取得刑法学博士学位，具备扎实的程序法与实体法基础。博士后期间，他选择以“我国刑事诉讼程序速简化”为题开展研究，并研习了大量资料，进行了深入思考，形成了系统的创新研究成果，颇为不易，值得肯定。

本书体系性强，内容厚重，层次分明。除“绪论”外，本书其余六章分别为“刑事诉讼程序速简化概念之提倡与价值”“域外刑事诉讼程序速简化立法之考察与启示”“我国刑事诉讼程序速简化之历程与动向”“我国刑事诉讼程序速简化之现状与反思”“我国刑事诉讼程序速简化之理论澄清与厘定”“我国刑事诉讼程序速简化之完善与拓展”，层层递进，由表及里，逻辑清晰。可见，就刑事诉讼程序速简化这一主题，本书的研究既有放眼世界的比较考察,也有追根溯源的历史梳理,既有对立足实践的实证分析,也有深入浅出的理论探讨,力求从多个维度展现刑事诉讼程序速简化的全貌,为读者勾勒出一幅刑事诉讼程序速简化的绚丽画卷。其间,国内与国际、过往与未来、理论与现实之间的交互,无疑开阔了读者的视野。尤其值得称道的是,本书坚持整体刑事法观,从实体法的角度分析程序法的问题,既实现了方法上的别出心裁,又使我们更清晰地认识了域外立法,不至于盲目地崇拜或者武断地批判。

本书以实践问题为导向,展现了作者极强的问题意识和刑事法素养。刑事诉讼程序速简化并非是一个全新的话题,其所涉理论和实践难题不少,对此,本书都进行了较为系统地回应,作出了很多富有成效的努力。如本书通过对我国刑事诉讼程序速简化历程的梳理,总结出我国刑事诉讼程序速简化的八大动向,即程序简化立法由“非法治化”向“法治化”转变,案件适用范围由“仅限轻罪”向“不限罪刑”扩张,程序适用条件由“认罪”向“认罪认罚”深化,程序启动方式由“控方优势”向“辩方优势”转变,程序简化阶段由“审判阶段”向“审前阶段”延伸,程序简化事项由“庭前准备”向“诉讼活动”扩展,人权保障方面由“认罪自愿性”向“程序自愿性”延展,法律后果方面由“从严从重”向“从轻从宽”转变。再如,本书通过对域外不同国家刑事诉讼程序速简化做法的系统性考察,归纳出域外刑事诉讼程序速简化的八大启示,包括坚持吸收当事人主义的合理成分,着眼刑事诉讼全流程简化,将适用速简程序作为一项权利看待,以“事实清楚”为前提,以罪刑轻重和被追诉人同意为标准,赋予控辩审三方平等的开启权,虽不过分强调有效的律师帮助,但应规定独立且明确的量刑优惠。正是在归纳总结的基础上,通过实践性考察和独立性思考,作者提出了颇具建设性的建议,即坚持惩罚犯罪和保障人权并重的思路,在坚持程序底线正义的前提下,构建一个种类丰富、流程贯通的速简程序体系。

当然,刑事诉讼程序的简化需要有相应的诉讼实施环境。从法律经济学的视角来看,诉讼程序的简化要在保证被追诉人基本诉讼权利的前提下,本着简化程序而不简化权利的原则来降低司法活动的边际成本,以此提高司法效率并促进司法公正。从域外改革经验来看,刑事诉讼程序的速简化则需要有对诉讼权利保障充分的实质化诉讼程序作为基础前提,也即以审判为中心诉讼制度改革的落地推行实效,也值得进一步期待。

正所谓“问渠哪得清如许,为有源头活水来”,改革创新、攻坚克难必须强调理论支撑。在诉讼爆炸的时代,人案矛盾突出的问题不仅是中国司法实践遇到的难题,而且是世界各国司法实践普遍遇到的难题。为应对这一难题,域外国家也对刑事诉讼程序进行了不同程度的“瘦身”。未来我国刑事诉讼程序速简化改革既要借鉴域外经验,更要关注中国实践,但前提必须是“对刑事诉讼程序速简化进行全方位的研究”,而且在具体研究中,应当力求做到利用中国话语、解决中国问题、丰富中国理论。显然,庆立博士这部《我国刑事诉讼程序速简化研究》一书就做了很好的探索。

是为序。

张　栋

2024 年 4 月 25 日于希腊雅典

目　录

第一章

绪　论

我们正处在一个崭新的时代，我们从来没有像今天这样接近中华民族的伟大复兴，从来没有像今天这样走出国门时充满自信，从来没有像今天这样热切地希望讲好中国话语、解决好中国问题。回顾过往，中华民族百年沉沦，无数中国人为挽救国家危亡，屡次开启救国实践，近代法治思想也逐渐被引入我国，从彼时起也已百年有余。新中国成立以来，尤其是改革开放以来，我国法治建设取得巨大成就，为经济社会发展提供了安全稳定的环境，人权保障意识不断增强、水平不断提高，刑事执法办案规范化建设取得新进步。展望未来，在实现民族复兴伟业的关键时期，我国法治事业还面临新期待、新任务、新使命，提高司法效率无论过去还是未来都是司法的永恒命题，简化刑事诉讼程序就是提高司法效率的重要举措。然而，从目前情况看，我国刑事诉讼程序速简化还有待完善，需要立足实践、找准问题、放眼世界、精准施策。另外，值得注意的是，我国刑事诉讼程序速简化还具有我国特殊的国情，我国刑事诉讼程序速简化并非在全社会已经树立"程序正义"法律理念、"正当程序"法律构建成熟完善的基础上开展的，相反，"重实体、轻程序”的传统思想在一些方面仍然存在,人们的程序法治观念还相当淡薄,在这样的背景下开展刑事诉讼程序速简化改革,尤其要处理好“程序规范化”与“程序速简化”之间的关系。

第一节　研究背景和意义

一、研究背景

刑事诉讼程序的速简化,既是一个备受实践部门关注的话题,也是刑事理论研究的重要内容,更是新时期实现中华民族伟大复兴的中国梦必须解决好的时代课题。

首先,理论方面,刑事诉讼理论研究已逐步从理念研究、立法研究,到比较研究、实践研究,别具中国特色、具有中国话语的理论研究也逐步被学者关注。一是理念研究层面,公正与效率、实体公正与程序公正的意识已被理论界普遍接纳,人权保障已成为广泛共识。二是立法研究层面,针对刑事立法方面的建言性研究占了相当部分的比重,为刑事立法逐步完善奠定了理论基础,直接推动了立法的数次修订。三是比较研究层面,当今世界刑事诉讼发展呈现速简程序普遍化、多样化、主流化、激励化的趋势,为从更开阔的视野认识我国刑事诉讼程序速简化的努力提供了窗口。四是实践研究层面,学者和实务部门围绕简易程序、普通程序简化审、速裁程序、认罪认罚从宽制度等实践中的具体适用开展了相当数量的研究。

其次,实践方面,随着 2018 年刑事速裁程序和认罪认罚从宽制度入法,我国刑事诉讼程序速简化进入一个新的阶段,但是着眼于提高效率的速简化程序在实践运行中的效果并不尽如人意,甚至走向了提高效率的反面。一是一些调研可能存在重表象、轻实质的问题,将速裁程序和认罪认罚从宽制度实施前后的案件处理时限进行简单对比,便将办案时限缩短归功于速裁程序和认罪认罚从宽制度的适用,忽视了背后人力、财力、物力等司法资源的强化投入,尤其是忽视了一线办案人员加班的时间投入。二是公检法三机关案多人少的矛盾,长期存在地区不均衡、上下级不均衡、部门不均衡的问题,往往是发达地区、基层机关、一线办案部门人案矛盾突出,欠发达地区、上级机关、二线或三线办案部门人多案少。三是全流程简化缺乏明确的实体法支持,加之过苛的司法责任制,使公安机关撤销案件、检察机关相对不起诉适用率不高,审前分流的效果不佳。

二、研究意义

我国刑事诉讼程序速简化并不简单,其中蕴含着重大的理论意义和实践意义,具体如下:

首先,理论意义。我国的刑事诉讼程序速简化需要立足国情,创立独有的话语体系和理论体系。一是明确我国刑事诉讼程序速简化完全可以开创独立的教义学研究方法,那种认为刑事诉讼法学研究排斥教义学理论的观点很可能受到了域外整体刑法学研究框架的遮蔽。二是需要明确我国刑事诉讼程序速简化应当坚持"实体正义与程序正义并重的双层价值"和"维护社会秩序和人权保障并行的双向机能",不可偏废。三是通过比较刑法学和比较刑事诉讼法学的研究,正确看待域外刑事诉讼程序速简化的做法与相应的实体法之间的关系,从而可以更为准确地理解域外刑事诉讼程序速简化的成因。四是明确我国刑事诉讼程序速简化改革中关于刑事诉讼目的、刑事诉讼价值、程序简化属性、认罪认罚从宽等一系列关键的理论问题。

其次,实践意义。我国的刑事诉讼速简化是当前我国新一轮诉讼制度改革的重要内容,可以说刑事诉讼程序如何简的问题是这一轮司法改革必须解决好的现实问题。一是有利于丰富我国的刑事诉讼程序速简化的类型,拓展刑事诉讼程序速简化的环节,统一司法实践部门的认识和做法。二是有利于实现案件分流,节约司法资源,做到简单的案件简单办,复杂的案件复杂办,从而维护整体的司法公正。三是有利于区分不同案件情况简化刑事诉讼程序,去除冗余的、形式化的刑事诉讼程序诉累,提高司法效率,缓解案多人少的现实困难。四是快速处理案件,尽快定分止争,做到案结事了,不仅有利于维护被害人的利益,修复被破坏的社会关系,还有利于督促犯罪嫌疑人、被告人认罪服法,维护其合法权益,早日回归社会。

第二节　研究现状和综述

一、研究现状

简易程序为英国 1848 ~ 1849 年首创,广义的简易程序是指没有检察官的正式起诉,无须陪审团参加,法官可以直接以简单的方式就案件迅速作出裁判的诉讼程序。当今世界刑事诉讼发展趋势如下:一是普遍采用简化程序;二是简化程序类型多样化;三是简化程序的适用范围越来越广;四是有国家用减少刑罚的方式鼓励被告人选择简化程序。据统计,英国简易程序的适用率高达 97%、日本则高达 94%,可见简易程序在一些发达国家已经成为处理案件的绝对主流。我国对刑事诉讼程序速简化的讨论大致始于 1996 年《刑事诉讼法》实施前后。根据中国知网的查询情况,从宏观视野、整体视角出发研究我国刑事诉讼程序速简化的成果并不符合预期。绝大多数的研究成果往往只关注了刑事诉讼程序速简化的一项或者两项内容,例如对简易程序、速裁程序、认罪认罚从宽制度、刑事处罚令程序的研究等。从数量上看,认罪认罚从宽制度的研究成果最多,其次为刑事简易程序,最后为刑事速裁程序。其中,既有对法律条文的规范分析,以求正确理解适用法条;也有对实践现状的调查研究,以发现实践问题与解决问题;还有对域外程序的比较分析,通过与美国辩诉交易、德国刑事处罚令程序等比较，提出简化我国刑事诉讼程序的改进方案。

二、研究综述

1996年《刑事诉讼法》修正明确规定了“简易程序”，从而正式开启了我国刑事诉讼程序速简化的立法进程。本次修正前后，刑事简易程序作为《刑事诉讼法》修正的内容之一被广泛讨论，之后随着刑事诉讼程序速简化改革的推进，相关研究也逐步丰富。纵观20余年来的研究成果，主要集中在以下几个方面。

第一，关于刑事速简程序多元化的研究。在简易程序立法之初，有观点就认为域外简易程序类型多样，包括审判程序简化式[①]、审判程序省略式[②]、辩诉交易[③]，从而肯定简易程序的立法价值。也有观点进一步指出域外简易程序的设计包括刑罚命令程序、辩诉交易程序、简易审判程序三种，但由于刑罚命令程序处理的轻微犯罪在我国大多由行政处罚处理，以及与辩诉交易相融洽的国情不同，故刑罚命令程序和辩诉交易程序均不适合我国，因此，只能选择简易审判程序。还有学者主张域外简易速决程序包括“较普通程序相对简化的简易程序”（德国的简易程序）、“省略某些环节的简易程序”（英国治安法院的简易审判、意大利的快速审判和立即审判、英美国家的罪状认否、意大利的简易审判）、“书面审理的处罚令程序”（德国、日本、意大利均规定了处罚令）、“辩诉交易”（以美国和意大利为典型），简易速决程序的特点之一即恪守了被告人有

① 英国治安法院的简易审判省略预审和控辩双方可以不出庭，德国简易程序省略预审即可口头起诉和宣读证言，意大利的快速审判程序和立即审判程序省略预审，日本简易公审可采纳传闻证据。

② 英美等国的罪状认否程序、法国的一般简易程序和定额罚金程序、德国和意大利的处刑命令程序。

③ 辩诉交易在美国盛行，意大利、法国、英国、德国、西班牙也有实践。

获知指控事实和证据的权利、允许辩护人辩护、被告人自愿选择适用的正义底线。总的来看,一方面,域外刑事简易程序大致呈现“简易程序类型多样、程序简化并未明显损害公正、简易程序是处理刑事案件的主要方式、多数以被告人认罪为前提、被告人有权提出程序适用意见”等特点,共性在于简化省略诉讼程序或环节、保障被告人程序选择权、给予量刑激励、审判组织专门化。另一方面,两大法系繁简分流的逻辑不同,英美法系追求纠纷解决,将认罪作为分流依据。大陆法系追求发现真相,将事实清楚、罪刑轻微作为分流依据,近年来虽引入了协商程序,但对适用范围进行了严格限制。

第二,关于简易程序的研究。刑事简易程序是刑事速简化改革中最早入法的程序种类,关于简易程序的研究大致可以划分为如下几个阶段:一是简易程序入法时期,彼时理论界一致认为简易程序立法既符合世界潮流,也有利于缓解人案矛盾,有立法必要性,但也有观点指出简易程序立法存在适用范围较窄、程序类型单一、程序选择权缺失等若干问题,实务部门则出于各种复杂的原因对简易程序适用积极性不高。二是简易程序深化时期,随着简易程序在实践中被广泛使用,相关研究也日益深入,就其理论基础,理论界存在“效率优位”与“分配正义”的争论,前者认为与普通程序不同,简易程序的理论基础就在于效率优先,而不是公平正义优先,简易程序追求的是底线正义基础上的效率最大化。与之相对,后者认为简易程序的根据并不在于效率,而是在于正义再分配的程序类型化,正义的分配要求用来分配正义的程序具有多元化。在该理论争议之下,适用范围也存在限缩说与扩大说的争议,限缩说基于效率优位的理论主张简易程序必须接受各种主客观的限定,只能适用于三年有期徒刑以下刑罚的案件;扩大说则立足于正义分配理论,指出在完善保障人权举措的同时,应扩大简易程序的适用范围至可能判处有期徒刑以下刑罚的所有案件。三是简易程序扩大化时期,随着《刑事诉讼法》的修正,刑事程序简化的类型不仅没有多元化,反而是普通程序简化审被吸收进了单一的简易程序,从而引发了对修法意义的新一轮争论。肯定说认为将普通程序简化审纳入简易程序,是对普通程序简化审的立法确认,而且尊重了被告人的程序选择权,兼顾了公正与效率,具有积极意义。相反,否定说认为1996年《刑事诉讼法》修正维持了简易程序这一单一的程序简化类型,既不符合世界范围内程序简化类型多元化的趋势,也没有关注审前程序简化、书面审理程序缺失的老问题,还存在被告人程序选择权不完整、缺少有效的律师帮助、没有明确的量刑优惠等新问题。时至今日,在与速裁程序并行后,吸收了普通程序简化审之后的简易程序已经失去了效率优势和量刑优惠上的吸引力,即使与实践中认罪的普通程序审理方式相比,效率优势和量刑优惠也并不明显。

第三,关于普通程序简化审的研究。早在2003年《关于适用简易程序审理公诉案件的若干意见》出台前,普通程序简化审已经在司法实践中被经常性地使用,2003年被正式写入司法解释,这标志着中国的简易程序走向多元化,但该审理方式自诞生之日起就存在肯定说、否定说、折中说的争论。肯定说认为,普通程序简化审有利于合理分配资源、协调公正与效率、及时惩罚犯罪和保障人权,而且作为庭审技巧不需要征得被告人的同意。否定说主张,普通程序简化审以司法解释的形式规定违反了程序法定的原则,不利于查明事实、保护被告人的权利,也不能提高效率,不符合程序正义的要求,而且我国不实行直接言词原则已是简易高效。折中的观点指出普通程序简化审有利于提高审判效率,缓解人案矛盾,但仍有改进空间,“普通程序简化审”追求效率的上限不能越过维护公正的底线,即限制适用范围和赋予被告人合理期限内对裁判结果的异议权。

第四,关于速裁程序的研究。自2014年改革试点以来,刑事速裁程序逐渐成为理论研究的重点之一。一是对于速裁程序改革与以审判为中心的诉讼制度改革的关系,理论界一致认为速裁程序是对庭审程序的简化,但仍然要坚持审判结果形成在法庭,因此,与以审判为中心和庭审实质化均不矛盾。二是价值取向问题,存在多元说与效率说的争议。多元说认为,刑事速裁程序面临"公正优先、兼顾效率""公正与效率相统一""效率取向"的争议,应采多元的价值取向,否定单一的效率取向。相反,效率说主张,与普通程序以公正为目标、简易程序兼顾公正与效率不同,刑事速裁程序以效率为目标。目前,从学者提出的"效率优先、底线公正"或者"公正为本、效率最大"的观点看,多元说显然处于多数说的地位。三是全诉讼流程提速的问题,刑事速裁程序仅以审判阶段速裁为核心不利于刑事诉讼效率的整体提升,应探索构建全流程刑事速裁制度。众多学者提出了省略公诉人出庭、一审终审省略上诉、诉讼阶段的省略和跨越式发展(从立案到审判省略一个或几个阶段)、省略被告人最后陈述、适当降低速裁案件的证据标准、简化公检法三机关内部办案环节、跳跃中间诉讼程序(在侦查或起诉阶段认罪的直接由检察机关提起公诉)和简化内部审批环节(对认罪案件侦查机关取消法制审查和局领导审批,检察和审判环节不必经过三级审)等诸多办法。北京市海淀区人民法院还构建全流程刑事案件速裁程序,变审判分流为起点分流,建立了由3个刑事速裁办公室、2个法庭、1个值班律师室和1个视频会见室构成的速裁办公区,其中,公安机关预审和法制职能合一,检察机关法律监督、审查批捕、审查起诉、案件管理职能合一,法院受理立案、审判职能合一,司法行政机关法律帮助、法律援助职能合一。该院还开发了速裁办公系统,共享案件信息和文书互传,规范了量刑激励(适用速裁程序减让10%~30%,赔偿悔罪的减让20%~40%,和解的减让40%以上)和试行格式化文书,提供全程法律帮助,强化庭审实质化。四是围绕速裁程序入法,理论界基本持肯定的观点,但也指出了速裁程序存在的问题,如案件适用范围较窄、控辩双方动力不足、弱化公检法之间的制约,以及全流程简化不足、内部审批烦琐、侦查效率提升有限、审前程序简化不足、量刑协商中交流沟通机制不畅、庭审流程不明、速裁与简易程序边界模糊、认罪自愿性的实质审查环节缺位,还有不再适用严格证明、被追诉人启动权缺位、缺乏有效的值班律师帮助、量刑标准可操作性不强、从宽具体幅度不明、非羁押性强制措施和非监禁刑适用率不高、被害人的程序参与权和知情权不足。五是速裁程序适用书面审理的问题，肯定说坚持效率的价值取向，认为可探索不开庭审理，适用于可能判处 1 年有期徒刑以下刑罚的所有案件，或者可能判处拘役以下刑罚的案件（缓刑案件谨慎适用）。否定说认为认罪认罚从宽制度的目标不仅在于效率，而且在于正义，我国刑事速裁程序的适用范围并非轻微案件，审前权利保障不充分，口供应在简化且有限的程序空间中接受有效的严格证明审查，故不具有书面审的条件。

第五，关于认罪认罚从宽制度的研究。早在 2015 年 4 月或者更早之时，认罪认罚从宽制度的研究已经开始被人们关注。一是制度的性质，存在程序说、实体说、程序和实体说、权力说、权利说、模糊说等多种观点。多数观点主张实体和程序说，认为认罪认罚从宽制度是包括实体和程序方面的集合性法律制度，有别于域外辩诉交易制度，也并非一种诉讼程序。二是对于认罪认罚从宽制度的立法价值，主要围绕“效率目的是否正当”进行，存在肯定说与否定说，多数观点支持肯定说，认为其具有如下多重目的：感召犯罪人认罪，突破侦查“瓶颈”，及时惩治犯罪；落实宽严相济刑事政策，加强人权保障；优化司法资源配置，提升司法效率；深化刑事诉讼制度改革；推进实质性的控辩协商等。三是与以审判为中心的关系，目前，除个别观点认为二者之间在低层次上存在一定程度的互斥外，理论界和实务界几乎一致认为二者之间并不冲突。四是就认罪认罚从宽案件证明标准，主要是降低说与保持说的争论，保持说占据多数说的地位，认为认罪认罚从宽案件适用的证明标准并无变化，只是基于被告人认罪认罚，证明难度降低，故证明程序或要求相应简化，但同时认为量刑标准可以降低、证据规则可以适度从简。五是就量刑建议精准化，绝大部分观点认为，考虑到部分检察官量刑素质不足、“一般应当采纳”的规定侵蚀了审判权、精准量刑并不意味着“精准到点的量刑”等因素，主张“应以幅度为主、精准为辅”。六是值班律师，绝大部分观点支持完善值班律师制度，主张将值班律师定性为权利保护者，将值班律师提供的帮助行为定性为辩护，赋予阅卷权和会见权，提高值班律师报酬，直接将现行的“值班律师”制度改造成指定辩护制度，实行除微罪外的强制律师辩护。七是认罪认罚的撤回和上诉，多数观点主张限制撤回说，认为撤回具结具有救济非自愿性、非真实性认罪的功能，原则上应当允许，但为确保程序简化也应从撤回时间、撤回理由方面予以适当限制，故允许被追诉人有限制地撤回。针对上诉，检察机关基本一致赞成允许被告人上诉，只是从检察策略上就是否允许抗诉表达了不同的观点。八是就被害人保护，理论界与实务界基本一致赞成强化对被害人权利保护，明确被害人的诉讼主体地位，并辅以与其主体地位相适应的知情权、发表意见权、提出异议权、获得法律帮助权以及救济权等基本诉讼权利，但被害人意见仅作为考虑，并非决定因素。九是认罪认罚从宽制度的实践问题，包括通过放弃审判制度定罪正当性存疑、认罪与认罚同步认定逻辑不当、证据标准不变加重了工作负担、非自愿认罪认罚难以甄别、检察官主导存在滥用风险、被害人的权利保障不足，以及被追诉人权利保障体系不健全、替代羁押措施比例低、量刑协商的能力不足、酌定不起诉适用率低、反悔机制不明确，值班律师人数较少、经费不足、流于形式、不能出庭、权利不够，量刑建议的从宽幅度和精准化难度不小、标准不一、优惠不足，审前分流效果不佳、审判繁简分化程度不足、尚未适应法庭审理对象的变化、庭审流于形式，社会调查反馈周期长、存在情绪性排斥量刑建议的现象、滥用上诉权等问题。十是认罪认罚从宽制度的完善方案，我国的认罪认罚从宽制度存在立法偏重法定从宽、实践强调交易从宽的现象，呈现“职权逻辑”和“协商逻辑”的矛盾纠缠，“职权逻辑”说主张将协商限制在轻罪、量刑的范围之内，并强调法院的审核和救济，即删除“法院一般应当采纳”的规定，量刑建议应以幅度为主、完善告知程序和保障上诉权；相反，“协商逻辑”说则主张以幅度刑量刑建议为主、赋予被追诉人启动权、改具结书为协议书、强制指定辩护、平等协商、司法审查。也有观点从刑事诉讼全流程的角度，对认罪认罚的启动程序、认罪协商程序、审理程序进行了系统研究。还有观点提出了强化控辩实质协商，明确从宽处理不受被害人意见的约束，将可能判处徒刑以上刑罚的认罪认罚案件全部纳入法律援助范围，制定量刑指导意见和量刑建议程序规范，规定“建议在法定刑以下量刑”的核准制度，规定附条件上诉或完善抗诉制度等。

第六，关于书面审理程序的研究。早在简易程序入法后就有观点提出英美法系以被告人认罪为前提，大陆法系以案情简单轻微为前提，二者均体现出对被告人诉讼权利行使提供最低保障的旨趣，考虑到英美法系与我国现行程序体系不符、难以操作、缺乏相应的法律土壤，我国应以被告人权利保障为基点，借鉴德国的处罚令程序（局限于事实清楚的轻微犯罪，被告人同意或参与、程序的非正式化、设置了事后异议程序），创设独立的处罚令书面审理程序。目前，现行《刑事诉讼法》考虑到开庭审理方便核实认罪的自愿性，故没有采纳书面审理的模式，但理论界对此探讨良多。主要存在否定说和肯定说两种观点，否定说认为刑事速简程序的价值多元，而书面审理难以保障底线正义，违背了刑事诉讼规律和基本的刑事诉讼制度，故应摒弃书面审理的想法。肯定说主张为提高刑事诉讼效率，借鉴域外刑事处罚令的程序设计，对轻微犯罪可以采用书面审理的方式，但对轻微犯罪的范围，则存在可能判处“三年以下有期徒刑”“一年以下有期徒刑”“拘役”三种观点，其中，将“一年以下有期徒刑”视为轻微犯罪属于绝对的多数说，不过在该多数说内部也存在“缓刑排除说”和“缓刑容许说”的争议，并以“缓刑排除说”为多数说。根据多数说的观点，书面审理程序基本围绕刑事处罚令设计，大致如下：适用于事实清楚、证据确实充分、可能判处一年以下有期徒刑的案件，控辩双方均可在征求对方同意后提出申请，基层法院独任审理并在 10 日内审结，处罚令作出之日起 14 日内可提出异议。少部分观点还提出了书面审理的速裁程序、书面略式审判程序、直接量刑程序、提讯速裁程序等其他书面审理程序。

第七,关于辩诉交易的研究。辩诉交易发端于美国,并通过美国特殊的影响力,深刻影响着一些国家的刑事司法制度,改变着一些国家的司法运作模式,即从对抗型司法转向协商型司法,这种转向俨然成为世界刑事速简程序的趋势之一。在我国,批判的观点指出,辩诉交易是当事人主义国家极端强调当事人对程序运行和裁判结果的控制权和自主权的偏激表现,背离了实体正义目标、违背了罪刑法定原则和罪刑相适应原则、个人利益与国家和社会利益相比处于次要地位,与我国的国情不相融合,片面追求效率无视正义并非简易程序本意,故辩诉交易不能为我国所效仿。相反,支持的观点指出,辩诉交易体现了被告人刑事诉讼主体地位、被告人享有辩护权保障、自愿选择、带有刑罚减轻的奖励,值得借鉴,并提出了具体的程序设想:适用于法定刑为 3 年有期徒刑或宣告刑 10 年有期徒刑以下的案件;考虑到美国辩诉交易对事实基础的审查只需要达到"有力证据"的标准即可,我国的证明标准可确定为"基本事实清楚、基本证据确实充分";前提为控辩双方应征得对方同意。也有观点认为:还要取得被害人同意或赔偿被害人;考虑到被告人放弃了严格证明标准的保护,交易内容为承认指控可换取减轻 1/3 以下或 1/3 ~ 1/2 的刑罚量;最终由法院确认后判决,可独任审理,审限为 10 日。

第三节　研究内容与方法

一、研究内容

我国刑事诉讼程序的速简化,涉及的理论和实践问题纷繁复杂,立足问题意识,本书从六个方面开展研究,具体如下:

一是刑事诉讼程序速简化概念之提倡与价值。主要从刑事诉讼程序速简化的概念入手,框定选题的范围,并且从理论上澄清刑事诉讼法学有无教义学,以及刑事诉讼程序速简化的教义学基础,直接阐明刑事诉讼程序速简化的时代价值。

二是域外刑事诉讼程序速简化设计之考察与比较。主要是通过对英国、美国、加拿大、德国、日本、意大利、俄罗斯等国家刑事诉讼程序速简化的研究,提炼出一些国家在刑事诉讼程序速简化方面的特点和趋势,并结合相关国家实体法的规定,力求发现相关国家实体法与程序速简化之间的关系,从而为我国刑事诉讼程序速简化改革提供有益的启发。

三是我国刑事诉讼程序速简化的历程与动向。主要对 1979 年《刑事诉讼法》制定以来我国刑事诉讼程序速简化的历程进行规范的和历史的考察,将其划分为缺位、萌芽、形成、探索、拓展、规范、发展等阶段,并从简化立法、适用范围、适用条件、启动方式、简化阶段、简化事项、人权保障、法律后果八个方面,对我国刑事诉讼程序速简化的发展脉络与改革动向进行了梳理。

四是我国刑事诉讼程序速简化之现状与反思。主要通过对现有法律和司法解释规定的分析,反思认罪认罚从宽制度的初衷与背离、诉讼效率与权利保障的并行与抵牾,罪责刑相适应原则与程序速简化量刑优惠的冲突与弥合,证据标准与诉讼效率的坚守与协调等问题。实践中,我国刑事诉讼程序速简化主要存在程序分流标准不科学、量刑折扣幅度不明确等基本问题,以及具体程序还存在简化不当和简化不足共存的问题。

五是我国刑事诉讼程序速简化改革之理论澄清与厘定。主要澄清我国刑事诉讼目的在于查明真相,价值在于确保底线正义前提下的效率提升,程序简化的属性为权利本身,认罪认罚从宽制度并非提高刑事诉讼效率之举。同时,对我国刑事诉讼程序速简化的前提、标准、启动、内容、后果、保障等争议问题进行了厘清。

六是我国刑事诉讼程序速简化之完善与拓展。就审判阶段而言,提出对简易程序和速裁程序予以完善的建议,以及增设书面审理程序和明确普通程序简化审,并对认罪认罚从宽制度中的量刑建议、值班律师、反悔权予以明确。在纵向上,将速裁的理念和做法向侦查、审查逮捕、审查起诉、司法行政环节进行拓展。从更加广阔的视野看,以审判为中心的诉讼制度改革与刑事诉讼程序速简化改革之间并不矛盾,员额制改革后建议实行适当比例的轮案制,检警流程再造后建议平衡各内设机构的分工,智慧司法落实过程中建议"切实以为办案减负为目标",抛弃"努力实现以电脑代替人脑裁判为目标"的不切实际的幻想。

二、研究方法

一是法理研究和教义学研究。理论是指导实践的先河。我国刑事诉讼程序速简化必须有一定的理论基础作支撑,尤其要注重理论自信和理论创新,争取从实质正义出发,跳出西方思维限制,创新理论。教义学即经典解释学,我国的刑事诉讼程序速简化应当从教义学的角度寻找完善的科学方案。

二是规范研究和实证研究。对我国刑事诉讼程序速简化的研究需要立足规范文本,从历次修法、相关司法解释、规范性文件出发,真实了解我国刑事诉讼程序速简化的制度设计。另外,徒法不足以自行,对于纸面上的法还必须进行实践的考察,对于法律运行中存在的真问题、现实问题给予足够的关注,这恰恰是研究的重点所在。

三是历史研究和比较研究。我国刑事诉讼程序速简化由来已久,从1979年《刑事诉讼法》颁布开始算起已有40多年,从历史的角度出发,研究我国的刑事诉讼程序速简化之路,可以更为清晰地看到我国刑事诉讼程序速简化的发展历程与改革动向。同时,刑事诉讼程序速简化并非我国所特有,多国皆有设计,对域外刑事诉讼程序速简化的考察,可以为我国刑事诉讼程序速简化的进一步改革提供参考。

第四节　研究特色与创新

一、研究特色

一是在理论研究中，一方面，提倡“刑事诉讼程序速简化”的概念和“速简程序”的概念，以杜绝以往在谈及简易程序概念时，往往不能区分刑事诉讼法明确规定的简易程序与相对普通程序而言速简化后的程序，前者仅指简易程序，而后者还包括速裁程序等。另一方面，从经典解释学的角度出发，明确了刑事诉讼法学完全可以采纳教义学研究的方法，并且对刑事诉讼程序速简化开展了教义学理论基础的研究。

二是在比较研究中，注重域外刑事诉讼普通程序和域外刑事诉讼速简程序的研究，两相比照从而可以清晰反映刑事诉讼程序速简化的具体做法。同时，一国的程序法总是与一国的实体法相关照的，结合域外实体法的规定，从这一独特的视角出发，对域外刑事诉讼程序速简化进行了研究，更充分说明了我国刑事诉讼程序速简化改革有关启示的合理性。

三是通过大跨度的历史研究可见，我国刑事诉讼程序速简化的动向大体为：程序简化立法由“非法治化”向“法治化”转变，案件适用范围由“仅限轻罪”向“不限罪刑”扩张，程序适用条件由“认罪”向“认罪认罚”深化，程序启动方式由“控方优势”向“辩方优势”转变，程序简化阶段由“审判阶段”向“审前阶段”延伸，程序简化事项由“庭前准备”向“诉讼活动”扩展，人权保障方面由“认罪自愿性”向“程序自愿性”延展，法律后果方面由“从严从重”向“从轻从宽”转变。

四是通过规范与实证的考察发现，司法实践中对我国刑事诉讼程序速简化的理论存在一定的误解，需要予以澄清。同时，在诉讼流程方面，也存在程序分流的标准不科学、全流程提高诉讼效率有限、法律后果上量刑折扣不明确、程序选择上辩护人与被害人地位设置不当等问题。在具体的程序设计中还存在不当简化和简化不足的问题。本书坚持问题导向，提出了相应的制度建议。

五是在具体设计完善方案方面，本书既注重横向整体简化，也注重纵向的全流程简化。本着科学的态度，沿着前人已有的研究成果，提出增设书面审理程序、明确普通程序简化审，以及向侦查阶段、审查逮捕阶段、审查起诉阶段、司法行政环节拓展的思路。

六是从发展的眼光看，诉讼制度变革与刑事诉讼程序的速简化二者之间不仅不矛盾，而且具有相当程度的契合性。同时，在司法体制改革下，以司法责任制为"牛鼻子"的一系列改革举措与刑事诉讼程序的速简化改革应当进行并行不悖的设计，不能相互掣肘。另外，人工智能技术的司法应用必须有利于提高诉讼效率，而不是成为诉讼效率的拖累，那种力图用电脑取代人脑的智慧司法蓝图可能落空。

二、研究创新

一是实体法与程序法相结合的研究视角。从比较刑法的角度看，美国的辩诉交易并不存在人们所担心的吞噬正义的危险，反而是对美国刑法中罪数理论和数罪并罚规则的弥补，美国辩诉交易的结果与大陆法系的裁判结果相比较，可能并非以往想象的那样差距悬殊。另外，域外刑事诉讼程序速简化的结果往往附以量刑优惠，但这一量刑优惠并非单一程序速简化的结果，而是夹杂着类似我国自首、坦白等实体法情节的结果，因此，对域外刑事诉讼程序速简化的量刑优惠作简单的理解，是不准确的。

二是刑事诉讼程序速简化的本质在于权利本位。就理论而言，不仅刑事诉讼程序的规范化符合正当程序的理念，刑事诉讼程序的速简化因坚持了底线正义基础上的效率提升，也不违背正当程序的要求。以往多数观点将适用刑事诉讼普通程序视为被追诉人的权利，相应地将刑事诉讼程序的速简化视为被追诉人权利的减损。然而,我们认为,就尽早摆脱诉累、量刑优惠、避免长时间审前羁押的角度而言,适用速简程序应视为被追诉人的权利本身。

三是犯罪嫌疑人、被告人程序选择权的重置。从德国的实践看,刑事诉讼程序速简化以事实清楚为前提,不需要经过被告人同意。从美国的做法看,被告人的认罪答辩,是带有实体认罪和程序简化双重效果的行为,也不需要在认罪答辩之外再作出"同意省略正式审判的承诺"。由此可见,在域外比较有影响力的国家中,在刑事诉讼目的已达成的情况下,刑事诉讼程序简化往往并不需要单独征求犯罪嫌疑人、被告人的同意。域外部分国家在坚持事实清楚的前提下,仍要求程序简化应征得被告人同意,从效果看,可能存在权利保护冗余的问题。事实上,即使在英美法系,辩诉交易作为典型且普遍的速简化程序,恰恰是在"事实不清"前提下双方为避免败诉风险所寻求的妥协方案,而不是事实清楚下的速简化方案。诚然,不要求征得被告人同意并不意味着否定被告人的诉讼主体地位,在取消被告人同意的同时可规定,检察机关、人民法院在决定适用速简程序时应听取被告人、被害人的意见,如此同样尊重了相关方的诉讼主体地位。

四是认罪认罚从宽制度的厘定。以落实宽严相济刑事政策、兑现政策承诺为目的的认罪认罚从宽制度,在司法实践中往往被鼓吹为提升刑事诉讼效率的制度设计,通过实证的考察和分析,从刑事诉讼全流程提速的角度看,认罪认罚从宽制度并不具有提升刑事诉讼效率的机能,反而是刑事诉讼效率提升的拖累。建议对认罪认罚从宽制度中蕴含的职权逻辑和协商逻辑的矛盾纠缠予以彻底廓清,坚持以职权逻辑说作为理论基础对认罪认罚从宽制度予以完善。

五是刑事诉讼程序速简化的正义底线划定。刑事诉讼程序速简化的程序设计应坚持底线正义基础上提升刑事诉讼效率。以往将这种底线正义划定为犯罪嫌疑人、被告人对指控证据和事实的知悉权、有效的律师帮助权、程序选择权、接受公正审判的权利四个方面。考虑到东西方对正义的理解和法律追求的差异，我国不应采取程序正义优先的思路，而应采纳实体正义与程序正义并重的思想；不应采取人权保障单一化的思路，而应采纳秩序维护与人权保障并行的思想，因此，我国刑事诉讼程序速简化的正义底线应为：事实清楚、证据确实充分，犯罪嫌疑人、被告人对指控证据和事实的知悉权，落实司法责任制及由律师提供法律帮助，接受法官的司法审查，获得适当的量刑折扣。

六是提出了刑事诉讼全流程简化的方案。在以往讨论审查起诉阶段速简化的基础上，我们进一步主张对侦查阶段、审查逮捕阶段的速简化，从而实现了速简化思想在整个刑事诉讼流程中的贯通。对于侦查破案是否可以速简化以往多有质疑，对审查逮捕阶段是否还有开展进一步速简化的潜力也不无疑问，从司法实践的观察看，上述质疑可能并不符合实际情况。当前的司法实践乃侦查阶段和审查逮捕环节繁简分流制度设计落实不到位，侦查工作和审查逮捕工作重复劳动多、形式化严重、环节繁多，严重制约了刑事诉讼效率的提升。对此，笔者也提出了相应的完善建议。

第二章

刑事诉讼程序速简化概念之提倡与价值

刑事诉讼是实现打击犯罪、惩罚犯罪的程序性活动。刑事诉讼程序并非越复杂越科学，也不是越简单越好，而应是一个复杂与简单恰到好处的美妙结合，犹如一首婉转悠扬的乐曲，又恰似一幕跌宕起伏的歌剧，如此说来，刑事诉讼程序的速简化乃刑事诉讼的题中之义。事实上，从理论上看，所谓“迟来的正义非正义”，故通过刑事诉讼程序速简化所追求的有效率的正义，也是正义本身的要求。从实践中看，刑事诉讼程序速简化是新时期案多人少背景下必须解决而且必须要解决好的时代命题，科学设定刑事诉讼程序速简化的方案，不仅关乎法治工作全局，也关乎社会治理的大局，甚至关乎整个国家的长治久安和民族复兴。

第一节 刑事诉讼程序速简化概念之提倡

一、刑事诉讼程序速简化之内涵

刑事诉讼程序速简化的直接结果和具体体现就是“刑事速简程序”，而刑事诉讼程序速简化和刑事速简程序的概念都并非已经普遍使用的概念。以往，学者对刑事诉讼中的简易程序、简化审方式、轻案快办机制[①]、速裁程序也多有研究，并将前两者统称为“两简”程序，对四种程序的统称概念则较为少见。部分学者往往在“刑事简易程序”的概念之下对上述四种程序进行讨论，倡导从广义上理解刑事简易程序的概念，即普通程序以外审理方式简化的所有刑事诉讼程序。[②] 这显然容易与实在法层面的简易程序相混淆。将上述四种概念统称为刑事速简程序是合适的。一方面，刑事速简程序的概念既强调了简易程序和简化审方式中的“简”，又突出了轻案快办机制、速裁程序中的“快”和“速”，概括得比较全面。另一方面，无论是简易程序、简化审方式，还是轻案快办机制、速裁程序，其所追求的均是通过简化程序的方式，实现诉讼提速的目的，正如陈光中教授对简易程序特点的总结，“简易程序的重要特征在于程序的简化，以达迅速审查之目的”，[③]即“速”是出发点和落脚点，“简”是立足点和着眼点，而上述四种程序概念显然在名称上存在偏颇之弊，而速简程序的概念恰恰可以革其弊病。另外，刑事速简程序的概念还相当简洁，不致有拖沓冗余之嫌，将其称为刑事诉讼程序的“速简化”或“速简程序”，而不是“简速”程序，更是体现了这一程序设置的初衷，目的在前、方式在后，更具科学性。综合来看，所谓刑事诉讼程序速简化是指有关机关在刑事诉讼过程中，依据有关法律或法律解释的规定，对符合一定条件的案件，在保障当事人基本程序权利的前提下，为提高刑事诉讼效率，简化刑事诉讼普通程序，并对犯罪嫌疑人或被告人给予有限量刑折扣的刑事诉讼活动。相应地，与刑事诉讼普通程序相比，已经被速简化后的刑事诉讼程序即刑事速简程序。从上

---

① 实践中在轻案快办工作机制下的刑事诉讼程序被称为“轻案快办程序”，但其并未上升到法定程序的高度，仅仅具有司法解释的依据。

② 参见谭世贵、徐黎君：《刑事简易程序的多元化建构》，载《浙江工商大学学报》2012 年第 1 期。

③ 陈光中主编：《刑事诉讼法学（新编）》，中国政法大学出版社 1996 年版，第 370 页。

述概念来看,刑事速简程序具有如下几个特点:

一是在适用的阶段上,刑事速简程序不仅涉及审判阶段,而且涵盖整个刑事诉讼过程,其追求的是刑事诉讼全程简化。

二是在程序主体上,与前述适用阶段相适应,刑事速简程序在程序主导主体上,不仅限于法院,还包括侦查机关和检察院,甚至是司法行政机关。

三是在适用的依据上,既包括法律的明确规定,也包括法律解释的规定。原则上程序法定,刑事诉讼程序的速简化应当有法律的明确规定。同时,由于法律具有天然的滞后性,以及我国尚处于深化司法改革的过程中,应当为立法解释、司法解释在刑事诉讼程序速简化方面先行先试留有余地。

四是在适用范围上,刑事速简程序往往设置一定的条件,例如审级上限于一审,事实上限于事实清楚、犯罪嫌疑人或被告人认罪的案件等。

五是在适用前提上,必须保证当事人的基本程序权利。一般认为,刑事诉讼程序设置的本质并不在于保障权力的行使,而是在于保护犯罪嫌疑人、被告人免受公权力的侵害,程序的缩减就是对犯罪嫌疑人、被告人程序利益本身的克减,而在这种克减中国家节约司法资源的目标得以实现,这就形成了犯罪嫌疑人、被告人与国家之间利益上的“剪刀差”。为防止国家机关单纯为了追求国家利益,而损害犯罪嫌疑人、被告人的程序利益,就必须明确刑事速简程序必须守住刑事诉讼底线正义这一基本要求。

六是在程序目的上,刑事速简程序的目的在于提高刑事诉讼效率,突出对程序简化的追求,这就意味着这一程序不再以最大限度地追求程序正义为目的,而是在强调坚守底线正义基础上最大限度地实现刑事诉讼效率的提升。

七是在程序内容上,主要体现了相对于普通刑事诉讼程序而言的程序简化,包括法律文书的简化、举证质证认证的简化、诉讼行为的简化等。

八是在程序的结果上，主要是对犯罪嫌疑人、被告人给予一定幅度的量刑折扣。法律以理性人为假设，刑事速简程序的适用最大限度地节约了国家资源，为鼓励适用，就需要在量刑上给予一定的减让。

九是在程序的种类上，刑事速简程序作为一个理论上探讨的概念，目前并非立法概念，这与简易程序、速裁程序等不同，故刑事速简程序是对一类刑事诉讼程序的统称，是简易程序、速裁程序的上位概念，与一审刑事普通程序相对应。

二、刑事诉讼程序速简化之外延

我国刑事诉讼中的“简”一般是指案件事实简单、程序简化之意，其中，事实简单与程序简化属于一体两面，实体上事实简单的案件往往才能进行诉讼程序上的简化，反过来，诉讼程序简化的案件往往都是事实上简单的案件。由于刑事诉讼程序速简化过程中存在多种刑事诉讼程序的简化类型，故对于普通程序简化审、简易程序、速裁程序而言，事实简单往往是程序简化的前提，是必要而不充分的条件。在我国刑事诉讼程序速简化的过程中，往往存在一些容易混淆的用语，需要澄清。

一是“简”与“易”。我国刑事诉讼法明确规定了刑事简易程序，可见，一般而言，“简”与“易”几乎同义。事实上，二者看似接近却又不同。一方面，容易处理的案件一般是事实简单、程序简化的案件，如果是事实复杂、千头万绪、程序不简，就不可能是容易处理的案件。另一方面，事实简单、程序简化的案件却不一定容易处理。例如，在家暴案件中，丈夫殴打妻子致妻子重伤，丈夫具有坦白情节，妻子对丈夫也表示谅解，且双方尚有年幼的孩子和老人需要照顾，案情简单但由于故意伤害致人重伤起点刑就是有期徒刑 3 年，是否需要压线适用缓刑，就需要考虑本案犯罪的事实、性质、情节，也需要考虑刑法一般预防和特殊预防的目的，还需要考虑双方家庭、社区矫正部门的意见，等等。显然这并非一个容易处理的案件，而是需要兼顾法律效果、社会效果的案件。

二是“简”与“轻”。以往我国刑事诉讼法将刑事简易程序的适用范围限定为有期徒刑3年以下的轻罪，现行《刑事诉讼法》扩大了刑事简易程序的适用范围，但又将刑事速裁程序的适用范围限定为三年有期徒刑以下的轻罪。正是由于法律在刑事诉讼程序速简化过程中往往同时作了刑罚方面的限定，理论界和实务界谈到刑事诉讼程序简化时往往认为只有在轻罪案件中才能采用简化刑事诉讼程序的做法。显然这一观点是片面的，由于二者的划分依据明显不同，故事实简单、程序简化的案件与判刑轻重并不存在必然的联系：一方面，事实简单、程序简化的案件完全可能是罪行严重的案件。例如，犯罪嫌疑人、被告人认罪的故意杀人既遂案件，其宣告刑一般都在10年以上，属于重罪案件，但案情却并不复杂，程序简化也并无不可。另一方面，轻罪案件也并非都是事实简单、程序简化的案件。例如，实践中多发的多人寻衅滋事致二人轻微伤的案件，宣告刑一般在1年以下，显然属于轻罪，但由于现场双方均多人参与打斗，场面混乱，查清现场人员有无动手以及直接致伤者等情节存在一定困难，不可谓事实不复杂。

三是“简”与“快”。如前所述，在刑事诉讼程序速简化的过程中，“速”是出发点和落脚点，“简”是立足点和着眼点，刑事诉讼程序简化的目的在于提高诉讼效率，而提高诉讼效率的方法就是简化相应的诉讼程序，可见“简”与“快”具有手段和目的上的牵连关系。这就意味着：首先，刑事简易程序虽只有“简易”二字，但其目的在于提高诉讼效率，显然属于刑事诉讼的速简化范畴。其次，刑事速裁程序虽只有“速裁”二字，但其提高诉讼效率的方法即采简化刑事诉讼程序的做法，故亦属于刑事诉讼的速简化范畴。最后，就刑事普通程序简化审以及轻案快办机制，尽管从名称上看仅仅表明了刑事程序速简化的一个方面，但是在具体的操作中也是采用了“简”“速”搭配、并合适用的模式，故也属于刑事诉讼程序速简化的范畴。

四是“简”与“特别”。我国现行《刑事诉讼法》除了规定一般的刑事诉讼程序外，还在第五编规定了刑事诉讼的特别程序，包括未成年人刑事案件诉讼程序，当事人和解的公诉案件诉讼程序，缺席审判程序，犯罪嫌疑人、被告人逃匿、死亡案件违法所得没收程序，依法不负刑事责任的精神病人的强制医疗程序。根据《刑事诉讼法》的规定，从总体上看，特别程序并不存在程序简化的问题，具体如下：首先，就未成年人刑事案件诉讼程序而言，《刑事诉讼法》明确规定：“办理未成年人刑事案件，除本章已有规定的以外，按照本法的其他规定进行。”可见，未成年人刑事案件诉讼程序并非刑事诉讼程序的简化，相反，却是刑事诉讼程序的添加。其次，就缺席审判程序及犯罪嫌疑人、被告人逃匿、死亡案件违法所得没收程序而言，上述两种程序主要是为严厉打击贪污贿赂犯罪、恐怖活动犯罪等特定犯罪活动而设置的相应的刑事诉讼程序，是一种从无到有的程序创新，并不涉及刑事诉讼程序的繁简问题。最后，就依法不负刑事责任的精神病人的强制医疗程序而言，刑事诉讼法规定，对于依法不负刑事责任的精神病人，如果有继续危害社会可能的，可以予以强制医疗。以往对于依法不负刑事责任的精神病人，办案机关往往分阶段作出不立案、撤案、不起诉、无罪的处理，交由政府部门行政强制医疗或者交由家属负责送医治疗并监护，但是这一处理方式的效果并不理想，于是刑事诉讼法在修正过程中规定了该程序，可见该程序与缺席审判程序及犯罪嫌疑人、被告人逃匿、死亡案件违法所得没收程序一样，既是刑事诉讼程序创新的产物，也不涉及刑事诉讼程序的繁简问题。实际上，从刑事诉讼立法的条文看，刑事诉讼程序速简化往往是与刑事诉讼普通程序相比照的，而刑事诉讼的特别程序是与立案、侦查、提起公诉、审判、执行等一般刑事诉讼程序相对应的，二者比照的对象不同，故刑事诉讼特别程序并不属于刑事诉讼速简化的产物，其目的并非在于追求诉讼效率，其设定也并不在于简化程序，并非本书所研究的对象。然而，值得注意的是，就当事人和解的公诉案件诉讼程序而言，刑事诉讼法规定，对于当事人和解的特定公诉案件,由公检法三机关审查和解的自愿性和合法性,并主持制作和解协议书后予以从宽处理或者从宽处罚。可见,当事人和解的公诉案件诉讼程序也并非对程序的简化,也是对当事人和解的特定公诉案件程序的添加,只不过其添加的程度较小,仅添加了"和解的自愿性和合法性审查及主持制作和解协议书"的环节。然而,由于其程序的适用前提为当事人之间达成和解协议,在实践中这一前提往往与认罪或者认罪认罚相并存,因此,尽管该程序本身并非刑事诉讼程序的速简化,但在司法实践中又往往作为刑事诉讼程序速简化的一环。

第二节　刑事诉讼程序速简化之教义学根据

一、"刑事诉讼法学"有无"教义学"

伴随我国刑法理论从苏俄刑法理论向德日刑法理论的转型,以及在向德日刑法理论转型的过程中,研究的目光逐渐从日本刑法理论向德国刑法理论的转移,越来越多的刑法学者开始使用德日刑法理论尤其是德国刑法理论中的表述,这一表述的转换不仅涉及概念,甚至是体系、方法、思维的转变,而"教义学"这一表述便在这一转变中成为当下刑法理论界颇为抢眼的热词,并逐渐扩展为整个法学理论界所关注的问题之一。然而,究竟什么是法教义学,即使是最早接触也最为成熟的刑法学界也没有达成一致的意见。总体来看,法教义学大致呈现如下面貌:

一是目标的实践性。法教义学以司法实践为导向,以法律适用为核心,以影响司法实践为目标。法教义学是一种实践面向的学科,其研究的问题往往是实践所需。即使是在实践内部,在立法、执法、司法、守法的环节上,法教义学深耕于司法环节,而不是在其他方面提供建构性的方案。其所追求的是影响司法实践,是为司法实践提供一种可接受的正义化方案。

二是教义的延展性。“法教义学”一词的核心就在于“教义”，所谓教义，也可以翻译为信条，实际上就是承认一般性权威的存在，而且立法、司法与理论研究均应受该权威的约束。由于法教义学以法律适用为核心，故早期法教义学所承认的权威仅限于实在法，随着法治思想的传播，以及法律理论和立法界、司法界、理论界反复验证、长期沉淀的实践共识被广泛接受，法教义学所承认的权威也从实在法，扩展至被广泛接受的价值预设、理论凝结和那些长期沉淀的实践共识。

三是实在法的解释性。尽管法教义学的教义范围包括实在法、广泛接受的价值预设、理论凝结和长期沉淀的实践共识，但教义的核心仍然是实在法，即使是广泛接受的价值预设、理论凝结和长期沉淀的实践共识也是从实在法中挖掘的权威命题和原理，既不可能脱离实在法而存在，更不可能违背实在法而存在。这就意味着法教义学的教义是对实在法的一种体系性的解读，这种解读在理想状态下应当与实在法完全一致，但由于现实的复杂性，一些立法规定之间本身可能存在相互抵牾的状态，故法教义学的解读只要与实在法保持基本或大体一致即可。

四是实在法的体系化。法教义学开始并持续注重对实在法的解释，但是法教义学并不等于法解释学，法教义学更像是一种体系化、精致化的法解释学，是将现行法律规范进行一种精巧安置的体系性建构，从而为司法实践提供了一套逻辑自洽的操作性架构。这种体系化建构依附于实在法，一方面，致力于挖掘实在法背后的权威原理，并明确理论之间的体系性架构；另一方面，致力于将枯燥乏味的权威原理合理安放在教义学体系之内，方便实践操作，如此法教义学往往成为理论与实践沟通的桥梁。

五是实在法的法律续造。法教义学不仅是对实在法的解释与体系化，更是蕴含价值选择的创造性思想活动。一方面，法教义学对实在法的解释并非纯粹的注释，即使这一解释超出了概念的核心含义，但在概念可能含义的射程之内，也可以进行解释。另一方面，即使实在法本身没有明确规定,但通过对实在法的挖掘所形成的广泛接受的价值预设、理论凝结和长期沉淀的实践共识,仍然具有弥补实在法不足的机能。刑法中最为典型的例证即“超法规的违法阻却事由”的规定,刑法规范仅将“正当防卫”“紧急避险”作为违法阻却事由予以规定,但刑法理论普遍承认执行命令的行为等超法规的违法阻却事由。

六是知识与方法的混合性。法教义学是集知识与方法于一体的学科。作为知识性的法教义学,由于其以一国实在法为中心加以研究,而国家与国家之间的刑法规范本身并不完全相同,故知识性的法教义学难免存在地方性与国别性。例如,德日刑法教义学均承认“客观处罚条件”的概念,但德国刑法教义学将其作为独立的第四犯罪构成范畴,而日本刑法教义学则将其视为构成要件要素,原因就在于德日刑法规范本身存在一定的差别。相反,作为方法性的法教义学则具有超地方性与超国别性,法教义学方法作为一种思维、一种逻辑、一种研究的视角,显然与具体的法律规范本身的内容并无紧密的联系,故完全可以在不同国家针对不同的实在法进行法教义学的研究思考。

从上述六个面向观察法教义学,其大致具有如下机能:一是法教义学以司法实践为面向,力图为司法实践提供体系化思维下的实践操作框架,提高了法律后果的可预判性,具有司法实践的减负功能。二是法教义学承认包含实在法的一般性权威的存在,主张法律不是嘲笑的对象,法律的不足完全可以通过法教义学的法律续造予以补充,具有禁止否定的机能。三是法教义学提供了体系型的解释方案,力求通过法律解释向社会输出正义的结果,而不是要修改法条本身,这对于维护法律的权威、稳定法律秩序具有积极意义。四是法教义学对实在法的解释是一种体系化的解释方案,其不仅要照顾被解释法条的法律适用问题,还要考虑到刑法条文内部相互之间的关系,做到相关法条的逻辑自洽,具有理顺功能。五是法教义学所承认的一般权威包括实在法,也包括被广泛接受的价值预设、理论凝结和那些长期沉淀的实践共识,后三者来源于对实在法的挖掘,但也会反过来影响实在法的法律适用,对那些违反法教义学所承认的一般权威的做法予以批判,对实在法规定不足的部分在坚持实在法价值选择的前提下进行合目的的法律续造。目前,“法教义学乃法学研究核心”的观点比较常见,但必须承认法教义学也存在不足。首先,即使对方法上的法教义学而言,由于法教义学是蕴含价值选择的研究方法,对于安全与自由的价值选择往往由于发展阶段、文化底蕴、认识角度等不同,不同国家的刑法规范对二者的平衡也会采取不同的选择,因此,不存在绝对普世性的法教义学,只存在价值预设趋近的法教义学。其次,法教义学以研究实在法为中心,以法律适用为目标,深耕于司法环节,并将实在法作为一般性的权威,禁止将法律作为嘲笑的对象,这就意味着其对实在法的批评严重不足。对于实在法完备的情形而言,这一研究方法是合适的,但对于立法粗糙的情形,显然法教义学的研究似乎为时尚早。最后,法教义学从形而下的问题导向研究思路出发,有其合理性,但从形而上的思维导向研究思路考虑,又有不足。相较于社科法学、比较法学而言,单纯法教义学研究的深度、广度略显不足。

综上所述,就刑事诉讼法学而言,是否存在教义学的问题,我们认为答案是肯定的。首先,刑事诉讼作为刑事程序法,其本身用语清晰明了,但仍然存在需要解释的部分,从现实来看,完全不需要解释的法律几乎是不存在的,这就为法教义学的存在提供了前提。其次,由于各个国家刑事诉讼法的规定千差万别,因此知识性的法教义学并不相同,但作为一种思维方式的法教义学是可以超越这种千差万别的实在法而存在的。最后,在方法性法教义学的运用过程中,厘清实在法上的价值选择或者价值预设是必须首先解决的问题,从而确保法教义学方法的运用所得出结论的可接受性,而不是从一开始就陷入研究方向性的错误。在法教义学发端的德国,刑法教义学研究蔚为壮观,而相比之下,刑事诉讼法教义学则在整体刑法学思维下似乎被淹没了。一方面,由于刑事诉讼法在法律体系内具有典型的“显法”特征,需要解释的内容不多,这从我国大量刑事司法解释中实体法与程序法解释的比例也可以佐证。另一方面,由于对于为数不多的刑事诉讼法规范的解释,德国的研究者即使不自觉地采用了法教义学的方法,也没有将其归属为或者总结为刑事诉讼法教义学。

二、刑事诉讼程序速简化之教义学基础

(一)法律规范的教义:秩序维护与权利保障

根据刑事诉讼法的规定,一般认为,刑事诉讼法的立法目的有三点:一是保证刑法的正确实施;二是惩罚犯罪,保护人民;三是保障国家安全和社会公共安全,维护社会主义社会秩序。刑事诉讼法的任务有四点:一是保证准确、及时查明犯罪事实,正确适用法律,惩罚犯罪分子;二是保障无罪的人不受刑事追究;三是教育公民自觉遵守法律,积极同犯罪行为作斗争;四是维护社会主义法制,保护公民的人身权利、财产权利、民主权利和其他权利,保障社会主义建设事业的顺利进行。[①] 对于惩罚犯罪、保护人民而言,刑事诉讼程序速简化可以更加有效率地实现打击犯罪、保护人民的目的。对于秩序维护而言,刑事诉讼程序速简化可以最大效率地恢复被犯罪行为侵害的社会秩序,并以有效率的手段向社会公众宣示一般预防的效果。对于权利保障而言,刑事诉讼程序速简化在求快做减的同时,还守住了程序正义的底线,并配以相应的量刑优惠,故对犯罪嫌疑人、被告人而言不仅是无害的,反而是有利的。可见,刑事诉讼程序速简化是确保刑事诉讼目的和任务得以实现的要求和保障。

(二)价值理念的教义:实体正义与程序正义

"刑事诉讼是严重社会冲突的制度化解决,与任何一种社会制度一样,正义同样是刑事诉讼的首要价值,正像真理是思想体系的首要价值

---

① 参见叶青主编:《刑事诉讼法学》,上海人民出版社2004年版,第17~19页。

一样。”[①]一般认为,正义包括实体正义和程序正义。前者主要关注如何做好分配和保护社会实体性价值的问题,后者主要关注为实现实体正义所采用的方法和程序是否有利于实体正义的实现,以及这些方法和程序本身是否符合一定的正义标准。首先,“迟来的正义非正义”,这一古老的法谚说明实体正义的实现不仅是追求一种结果的正义,而且是追求一种有效率的结果正义。如果在犯罪行为与法律后果之间经历的时间过长:一方面,被犯罪行为侵害的法益难以得到及时修复,被害人以及被害人家属的感情难以及时平复,这都可能造成危害后果的进一步扩大;另一方面,人们往往会淡忘二者之间的因果关系,从而降低了一般预防的效果。刑事诉讼速简化是有效率的正义实现方式,其速简化的前提在于事实清楚,既确保了结果正义,又追求结果正义实现的效率化。其次,“正义不仅要实现,而且要以一种看得见的方式实现”,这一古老的法谚表明,法治时代的正义并不仅仅关注实体正义,而且还要求实现程序正义。刑事诉讼程序速简化并非舍弃程序正义的设计,而是在坚持底线正义基础上对烦冗程序的简化,从而实现刑事诉讼全程提速的目的,既有效避免了当事人的诉累,还往往带有量刑优惠的结果,可见其不仅坚守了程序正义,而且有利于犯罪嫌疑人、被告人的人权保障。

(三)诉讼原理的教义:程序参与与保障辩护

一般认为,作为部门法学的原理,应当具备三个要素:一是带有普遍性,即对本学科具有普遍的指导意义;二是最基本的规律,即是本学科领域中定理、规则、原则、命题的依据;三是能够指导实践,是实务工作的灵魂和理念。[②] 按照上述标准,程序参与和保障辩护权行使均系刑事诉讼的原理。首先,程序参与是指程序所涉及利益的人或者他们的代表,能够参加诉讼,对与自己的人身、财产等权利相关的事项,有知悉权和发表

---

① 宋英辉主编:《刑事诉讼原理》(第2版),法律出版社2007年版,第13页。

② 参见樊崇义:《迈向理性刑事诉讼法学》,中国人民公安大学出版社2006年版,第26页。

意见权,国家有义务保障当事人的程序参与权,而且这种程序参与的机会能够实质性地影响裁判结果。[①] 刑事诉讼是追究犯罪嫌疑人、被告人刑事责任的活动,因此,刑事诉讼应当保证犯罪嫌疑人、被告人及其辩护人的程序参与权,给予其充分表达自己意见的机会,公检法三机关在充分听取了犯罪嫌疑人、被告人及其辩护人发表的意见后作出相关的认定。从刑事诉讼程序速简化的具体方式来看,无论是普通程序简化审理、简易程序,还是速裁程序,均要求至少应听取犯罪嫌疑人、被告人及其辩护人的意见。同时,无论哪一种刑事诉讼程序速简化的方式,都保证了犯罪嫌疑人、被告人及其辩护人发表意见的权利,公安机关在侦查阶段需要提审犯罪嫌疑人,检察机关在审查起诉阶段也需要提审犯罪嫌疑人,人民法院在审判阶段要确保被告人有发表最后陈述的权利,在刑事诉讼各阶段,辩护人都可以会见犯罪嫌疑人、被告人,并向公安机关、人民检察院、人民法院提出自己的辩护意见。可见,刑事诉讼程序速简化并未违反程序参与的原则,而是对程序参与原则的坚守。其次,保障辩护是指犯罪嫌疑人、被告人有充分的辩护权,并应允许犯罪嫌疑人、被告人聘请合格的能够履行辩护义务的辩护人为其辩护,以及聘请合格的能够履行提供法律帮助义务的律师为其提供法律帮助,且国家应当为犯罪嫌疑人、被告人行使上述辩护权提供必要的条件和保障。[②] 如前所述,刑事诉讼程序速简化在侦查、审查起诉、审判阶段均可听取犯罪嫌疑人、被告人的意见,保证犯罪嫌疑人、被告人辩护权的充分行使。同时,现行《刑事诉讼法》明确规定"犯罪嫌疑人自被侦查机关第一次讯问或者采取强制措施之日起,有权委托辩护人……被告人有权随时委托辩护人","犯罪嫌疑人、被告人因经济困难或者其他原因没有委托辩护人的,本人及其近亲属可以向法律援助机构提出申请。对符合法律援助条件的,法

---

① 参见宋英辉主编:《刑事诉讼原理》(第2版),法律出版社2007年版,第102~103页。

② 参见宋英辉主编:《刑事诉讼原理》(第2版),法律出版社2007年版,第112页。

律援助机构应当指派律师为其提供辩护”,这确保了犯罪嫌疑人、被告人委托辩护权的充分行使。另外,现行《刑事诉讼法》还规定“犯罪嫌疑人、被告人没有委托辩护人,法律援助机构没有指派律师为其提供辩护的,由值班律师为犯罪嫌疑人、被告人提供法律咨询、程序选择建议、申请变更强制措施、对案件处理提出意见等法律帮助”,这确保了犯罪嫌疑人、被告人在刑事诉讼过程中获得律师帮助的权利。以上关于保障辩护的规定,刑事诉讼程序速简化均予以保留,而且在速简化的过程中注重听取犯罪嫌疑人、被告人以及其辩护人、值班律师的意见,守住了保障辩护权行使的程序正义要求。

(四)实践共识的教义:司法成本与司法效益

司法成本的概念往往出现在法学经济学交叉研究成果中或者司法实践部门的规范性文件之中,而在传统教科书中较少涉及,这恰恰说明理想状态下,正义的实现并不考虑成本投入的多少,但回归现实,面对有限的司法人力、物力、财力的资源,实现正义又不得不考虑司法成本的问题。在司法成本概念的基础上萌发出了司法效益的概念,所谓司法成本是指投入司法工作的人力、物力、财力等资源的总和。所谓司法效益是指在投入一定的司法成本后,所得到的正义的质和量的程度。一般而言,投入的司法成本越少,产出的正义的质和量的程度越高,司法效益越大;反之,投入的司法成本越高,产出的正义的质和量的程度越低,司法效益越小。作为司法资源的投入者,其一定时段内拥有的司法资源基本是恒定的,其所追求的无非是在司法资源基本固定的情况下,实现正义输出的最大化。司法者并非生活在灰色的理论世界,而是生活在鲜活的社会现实之下,绝对不考虑司法成本和司法效益是不可能的,相反,考虑司法成本和司法效益是现实司法工作的共识,也是人民群众对司法工作的期待和要求。刑事诉讼程序速简化就是这样一种力求投入有限的司法资源开展执法办案活动,通过简化刑事诉讼程序,提高刑事诉讼效率的方式,向社会输出更好、更多的正义产品,让每一个案件都经得起事实、法律、历史的检验。一方面,刑事诉讼程序速简化过程必然简化了部分刑事诉讼环节,否则就不能被称为速简化,这就意味着控制或降低了投入的司法成本。另一方面,刑事诉讼程序速简化减的是刑事诉讼中部分冗余的环节,对于事实查明的关键环节、程序正义底线的关键部分并没有缩减,而且刑事诉讼程序速简化往往以事实清楚、有利于犯罪嫌疑人和被告人为前提,故这种刑事诉讼环节的简化,并没有降低实质正义和程序正义的要求。可见,刑事诉讼程序速简化是在确保正义输出不打折的前提下(单从效率正义的角度讲,正义反而扩大了),尽量降低司法成本,从而在整体上提升了司法效益。

第三节　刑事诉讼程序速简化之时代价值

如前所述,刑事诉讼程序速简化有其教义学上的深厚理论基础,为其可行性扫清了理论障碍,但这并不足以说明推进刑事诉讼速简化为什么会在当下发生,这种时代的紧迫性和现实需求,彰显了刑事诉讼程序速简化蕴含的时代价值。

一、诉讼改革的重要内容

改革是新中国自 1978 年以来整个经济社会生活的主旋律,改革开放取得了举世瞩目的伟大成就,我们用 40 多年的时间走过了西方国家 300 年的发展历程,完成了从传统农业时代到工业时代乃至信息时代的跨越式转换,经济社会发展的翻天巨变给司法工作提出了更高的要求和挑战,司法改革势在必行。进入 21 世纪,司法改革没有画上休止符,而是一直在路上。刑事诉讼制度改革作为司法改革中极其重要的组成部分,一直朝着刑事诉讼规范化改革的目标持续努力。刑事诉讼规范化改革往往给人的印象在于刑事诉讼程序的添置、增加、细化，然而，由于我国经济社会发展呈现出跨越式发展的节奏，刑事诉讼程序的规范化就不可能按部就班地采用“先复杂化、后速简化”的一般步骤，而必然是一种复杂化与速简化并存的双轨图景。事实上，以往将刑事诉讼规范化简单理解为刑事诉讼复杂化的印象，不过是人们对刑事诉讼规范化的片面理解，并不能说明刑事诉讼规范化的真实内涵。从刑事诉讼规范化本身的真实内涵而言，刑事诉讼规范化并不仅仅包括刑事诉讼程序从无到有、从少到多、从粗到细的复杂化过程，而且必然包括与之相反的从有到无、从多到少、从细到粗的速简化过程，没有复杂化的刑事诉讼规范化就是刑事诉讼程序的粗放化，没有速简化的刑事诉讼规范化最终也只能导致程序的臃肿化，必然难以为继，故理想化的刑事诉讼规范化必然是程序复杂化与程序速简化的完美结合。当前，我国刑事诉讼改革正进入新时期，以审判为中心的刑事诉讼制度改革全面推进，以审判为中心要求庭审实质化，庭审实质化要求法庭将双方争议焦点总结在法庭、控辩双方将事实和法律适用意见发表在法庭、法庭将双方的争议解决在法庭、裁判告知在法庭、裁判理由说明在法庭，而要做到庭审的实质化就意味着以审判的证据标准来指导侦查和审查起诉工作，落实在具体的程序上，以审判为中心的刑事诉讼制度改革所呈现的就是刑事诉讼的复杂化。在有限的司法资源下，要确保以审判为中心的刑事诉讼制度改革落地生根，就必然要实行案件分流，将一部分事实清楚，犯罪嫌疑人、被告人及其辩护人无异议的案件采用刑事诉讼速简化的程序予以解决，将节约的司法资源补充到疑难复杂案件中。同时，刑事诉讼程序速简化虽具有保障以审判为中心的刑事诉讼制度改革的机能，但并非以审判为中心的刑事诉讼制度改革的附庸，而本身就是刑事诉讼改革的一部分，而且是重要程度不亚于以审判为中心的刑事诉讼制度改革的那一部分。为进一步释放刑事诉讼速简化的红利，2012 年《刑事诉讼法》修正将简易程序的适用范围扩大为基层人民法院管辖的可能判处有期徒刑以下刑罚、被告人承认自己所犯罪行的所有案件,2018 年《刑事诉讼法》再修正增加了速裁程序的规定,这都体现了我国刑事诉讼改革进程中在速简化方面的持续努力。

二、提升效率的关键举措

如前所述,我们用 40 多年的时间走过了西方国家 300 年的发展历程,完成了从传统农业时代到工业时代乃至信息时代的跨越式转换,经济社会发展的翻天巨变给司法工作提出了更高的要求和挑战。其中,最大的挑战就在于随着经济社会发展,各种矛盾集中迸发,案件数量持续走高,而且保持在高位运行。同时,与之相伴的是随着经济社会发展,人们的法治意识逐步提高,对司法工作的要求越来越高,其中,最首要、最基本、最刚性的要求就是要在规定期限内办结案件。这就造成司法实践中"案多人少"的矛盾十分突出,公检法三机关"5 + 2""白加黑"的持续工作模式已很普遍,很多优秀的同志甚至牺牲在自己的工作岗位上,还有很多无名英雄克服自身、家庭存在的重重困难坚守在执法办案的第一线,再采用以往加班加点工作的方式难以为继,既不符合科学的自然作息规律,也不符合法治时代保护劳动者的法治精神,更不符合我们党关心爱护干部的政策,挫伤广大基层一线公检法干警及其家人的感情,而且如此加班加点办理的案件,其质量和效果也存在难以保障的合理怀疑。诚然,上述现象也存在差别化的一面,具体表现在:一是从纵向上看,上述现象主要存在于基层,市级以上单位由于办案工作少、人员数量多,案多人少的矛盾并不如基层突出,从检察机关历年统计情况看,基层检察机关办理的刑事案件数量占全国检察机关刑事案件办案总数的 90% 以上。二是从横向上看,由于我国幅员辽阔,各地的情况千差万别,在有些人口输出的地方、经济欠发达的地方,案件数量较少,案多人少的矛盾不如人口密度大、经济发达的地方突出。三是从公检法三机关内部看,都存在一线业务部门、二线业务部门、三线业务部门的差别，对于案多人少的问题，二、三线业务部门显然不如一线业务部门突出。综上而言，尤其是经济发达地区基层刑事办案业务部门“案多人少”的矛盾突出是符合实际的。面对案多人少的突出矛盾，刑事诉讼程序的速简化举措一方面通过简化刑事诉讼程序，减少了人员的投入；另一方面通过提升办案速度，缩短办案时限，提高办案效率，有利于处理更多的案件，从而在一定程度上缓解了当前案多人少的突出矛盾。

三、维护公正的应然意涵

随着我国法治化进程的加快推进，人民群众法治意识的提高，党和国家对司法工作提出了更高的要求、更高的期待。司法的先天使命在于公平正义，因此，这种高要求和高期待主要是围绕公平正义的要求和期待。首先，要求“使当事人在每一个案件中都要感受到公平正义”，要将司法的公平正义体现在每一个案件中。刑事诉讼程序速简化在确保当事人及其代表人程序参与权的同时，要求控辩双方对犯罪事实无异议，这一前提就意味着刑事诉讼程序速简化并未降低当事人在速简案件中的正义感受度（诚然由于刑事诉讼乃追究犯罪嫌疑人、被告人的刑事诉讼活动，故被害人及其诉讼代理人与犯罪嫌疑人、被告人及其辩护人在部分权利上的差别，应当是可以被接受的）。值得注意的是，在个案中，司法公正往往并非人为对司法公正的提前假设，如以一般人所认为的司法公正标准适用于个案中具体的当事人，而不考虑个案中具体当事人本人的意愿，甚至是违反个案中当事人本人的意愿，假以善意的初衷对其适用复杂的普通程序，恐背离了司法公正的本身要求，结果可能是降低了而不是提高了当事人在个案中对司法公平正义的感受度。其次，要求整体上司法向社会输送最大化的公平正义，为人民幸福美好生活提供坚实的司法保障。刑事诉讼程序速简化通过在部分案件中简化诉讼程序，提高诉讼效率，而又确保底线正义的方式，将节约的司法资源补充到其他疑难复杂案件中,从而为疑难复杂案件办理提供了相对充足的司法资源,为攻克疑难复杂案件,使有罪者早日服法、无辜者尽快洗冤奠定了基础,为最大限度地维护整体的司法公正提供了保障。最后,既要求惩恶扬善的结果正义,又要求结果正义以一种看得见方式实现的过程正义,还要求实现结果正义的过程正义必须是一种有效率的过程正义。恰恰是这一多重的正义要求催生了刑事诉讼程序速简化的思想,使刑事诉讼程序速简化概念下具体的速简程序的建构充分考虑了结果正义、过程正义以及诉讼效率各方面的要求,在适用案件范围上往往限于事实清楚的案件,在适用条件上往往以保证犯罪嫌疑人、被告人及其辩护人的程序参与权为前提,在简化的环节上,简化或者省略的环节往往仅限于双方均无争议的部分。

四、人权保障的具体要求

人权保障是刑事诉讼的重要价值之一。以往刑事诉讼中的人权保障主要关注对犯罪嫌疑人、被告人的权利保障,随着刑事诉讼法学研究的深入,刑事诉讼中的人权保障也逐步将被害人的权利保障纳入其中,但犯罪嫌疑人、被告人的权利保障仍然处于人权保障的核心地位。刑事诉讼程序速简化在人权保障方面的机能主要表现在以下两点:一是对被害人而言,刑事诉讼程序速简化有利于尽快修复被犯罪行为侵害的社会关系,平复被害人以及被害人家属的感情和创伤。被害人因犯罪嫌疑人、被告人的犯罪行为而遭受损失,如果采用旷日持久的刑事诉讼程序,被犯罪行为侵害的社会关系就一时难以恢复,赔偿谅解难以到位,与犯罪有关的财物一时也难以处理,在一些性质严重的案件中,被害人的情绪以及被害人家属的感情也难以平复,这些对被害人而言,往往降低了权利保障的效果。相反,如果采取刑事诉讼程序速简化的举措,尽快处理案件,不仅可以及时平复被害人及其家属的感情,而且由于采用刑事诉讼程序速简化的同时因犯罪嫌疑人、被告人认罪认罚往往伴随有赔偿谅解的情况,因此,还可以及时修复被侵害的社会关系。从上述论述看,刑事诉讼普通程序与刑事诉讼程序速简化之间对被害人人权保障的差别显而易见。二是对犯罪嫌疑人、被告人而言,刑事诉讼程序的速简化在具体操作中是以其程序参与为前提的,清楚而又明显地体现了刑事诉讼对犯罪嫌疑人、被告人刑事诉讼主体地位的程序尊重。同时,通过刑事诉讼程序速简化,犯罪嫌疑人、被告人可以尽快获得生效判决,从而缩短审前羁押的时间,尽管法律规定审前羁押可以折抵刑期,但是从审前羁押场所与刑罚执行场所在司法实践中管理方式、管理条件的差异化来看,一般而言,缩短审前羁押时间更有利于改善犯罪嫌疑人、被告人的羁押条件。另外,刑事诉讼程序速简化,有利于换取一定幅度的量刑优惠。目前,随着“认罪认罚从宽”被写入刑事诉讼法,刑事诉讼法中的“认罪认罚从宽”与实体法中的自首、坦白的认定如何适用的问题引起了刑事诉讼法学界和刑法学界的争论。刑事诉讼法学者多数主张刑事诉讼法中规定的“认罪认罚从宽”是独立于自首、坦白的从宽情节,对其量刑应坚持在自首、坦白的量刑折扣基础上再予量刑折扣,即折上折的量刑折扣幅度。与之相对,刑法学者往往认为刑事诉讼法不应单独设定从宽情节,法定的从宽情节均应规定在刑法之中,程序法中的“认罪认罚从宽”规定只能转换为刑法中“自首、坦白”情节予以量刑优惠,只是量刑幅度上可以具体考虑,即折中折。对此,我们认同刑事诉讼法规定的“认罪认罚从宽”系独立情节的观点,主张折上折的量刑优惠幅度。理由如下:一是刑法规定的“自首、坦白”的情节往往限于审前环节,而认罪认罚从宽作为一项制度贯穿于刑事诉讼的全流程,这就意味着如果将二者完全等同,则对于不具有自首、坦白情节,但在审判阶段认罪认罚的被告人,即使符合了刑事诉讼法的“认罪认罚从宽”制度,由于没有实体法的具体法定情节相依托,也难以落实“从宽”,这显然是不合理的。如果此情形下酌定从宽,显然与刑事诉讼法已经明确规定了“认罪认罚从宽”的规定不符,与其将之视为实体法上的酌定从宽情节,不如直接将之视为程序法规定的法定从宽情节。二是《刑法》规定的“自首、坦白”的情节与《刑事诉讼法》规定的“认罪认罚从宽”情节，给予从轻处理的出发点和着眼点并不相同。前者中的自首、坦白主要是从犯罪嫌疑人认罪悔罪、特殊预防必要性降低以及鼓励自首、坦白的刑事政策角度出发，给予犯罪嫌疑人量刑优惠。后者“认罪认罚从宽”主要是从认罪认罚后案件繁简分流，从而简化了诉讼流程、节约了司法资源、提高了诉讼效率出发，给予犯罪嫌疑人、被告人一定的量刑优惠。三是从文字表述看，“认罪认罚从宽”不仅要认罪，而且要认罚。而“自首、坦白”要求的如实供述基本犯罪事实，仅要求“认罪”，显然“认罪认罚从宽”是比“自首、坦白”从宽要求更高的从宽情节。也正因为此，2003 年最高人民法院、最高人民检察院、司法部出台的《关于适用普通程序审理“被告人认罪案件”的若干意见(试行)》(已失效)、《关于适用简易程序审理公诉案件的若干意见》(已失效)均规定：“人民法院对自愿认罪的被告人，酌情予以从轻处罚。”可见，单独的程序利益减让可以作为量刑的独立情节予以考虑。值得注意的是，2019 年最高人民法院、最高人民检察院、公安部、国家安全部、司法部出台的《关于适用认罪认罚从宽制度的指导意见》明确规定：“对犯罪嫌疑人、被告人具有自首、坦白情节，同时认罪认罚的，应当在法定刑幅度内给予相对更大的从宽幅度。认罪认罚与自首、坦白不作重复评价。”根据这一司法解释的规定，程序法上的认罪认罚系相对独立于实体法中自首、坦白的情节，独立性的一面体现为“要求更大的从宽幅度”，相对性的一面体现为“规定不作重复评价”。

我们身处一个什么样的时代，放眼世界，“追求诉讼效率、实现有限司法资源利用的最大化逐渐成为当前许多国家进行刑事诉讼立法的重要指引。为达到这一目的，很多国家相继改革其刑事诉讼程序中原有的妨碍诉讼效率实现的做法，通过实行案件繁简分流、设立和强化简易程序以及有罪答辩程序等努力提高处理刑事案件的能力和速度。"[①]2001年《俄罗斯联邦刑事诉讼法典》借鉴美国辩诉交易以及其他国家的简易程序，建立了被告人认罪特别程序、被告人与被害人和解程序等便捷程序。《意大利刑事诉讼法》也丰富了简易程序的内容，规定了当事人要求适用刑罚程序、处罚令程序和调解程序等快速审理程序。[②] 回望国内，伴随经济社会高速发展，在从传统农业时代到工业时代乃至信息时代的跨越式发展过程中，农业社会、工业社会、信息社会的各种问题复杂交错、集中涌现，案件数量不断攀升，传统的"加班战术"已没有继续挖掘的潜力，简单的"人海战术"因受限于编制限额也没有可能，依托智慧司法的策略从相当长的时间内看还不成熟，唯有借鉴域外经验做法的"刑事诉讼程序速简化"策略。自1996年《刑事诉讼法》全面修正开始持续推进，截至目前，现行《刑事诉讼法》已经规定了简易程序、速裁程序等具体的速简化程序。目前，刑事诉讼程序的速简化已经成为一种世界潮流，我国正处在实现中华民族伟大复兴中国梦的关键时期，要妥善应对各类矛盾、处理好各类刑事案件，必须建立一套科学的、完善的、符合具体国情的、多层次的刑事诉讼程序速简化方案。

结　语

当前，在刑事案件领域，人案矛盾突出的问题并没有得到彻底的扭转，从发展的角度看，刑事案件日益增多、刑事案件办案要求越来越高基本属于大概率事件，这就意味着在现有程序模式下未来人案矛盾突出的问题不仅不会降温，反而可能加剧，因此，刑事诉讼程序速简化改革的呼

---

① 卞建林、刘玫主编：《外国刑事诉讼法》，中国政法大学出版社2008年版，第15页。

② 参见卞建林、刘玫主编：《外国刑事诉讼法》，中国政法大学出版社2008年版，第15页。

声很高,要求彻底摆脱以往“越简越多”“越减越累”的怪圈。所谓刑事诉讼程序速简化是指有关机关在刑事诉讼过程中,依据有关法律或法律解释的规定,对符合一定条件的案件,在保障当事人基本程序权利的前提下,为提高刑事诉讼效率,简化刑事诉讼普通程序,并对犯罪嫌疑人或被告人给予有限量刑折扣的刑事诉讼活动。相应地,与刑事诉讼普通程序相比,已经被速简化后的刑事诉讼程序即刑事速简程序。刑事速简程序包括普通程序简化审、简易程序、速裁程序等程序类型,但不包括刑事特别程序。以往认为刑事诉讼法学不存在教义学的观点可能存在一定程度的误读,如果将教义学作为一种方法或思路看待的话,刑事诉讼法学完全可以与教义学相融合。从刑事诉讼教义学的角度观察,我国刑事诉讼程序的速简化具有秩序维护与权利保障、实体正义与程序正义、程序参与与保障辩护、司法成本与司法效益等多维理论根据。同时,从具体司法实践的角度观察,我国刑事诉讼程序的速简化,既是诉讼改革的重要内容,又是提升司法效率的重要举措,更是确保整体司法公正的必然要求,并符合人权保障的现实需要。

第三章

域外刑事诉讼程序速简化立法之考察与启示

从世界范围内看,刑事诉讼程序速简化并非我国刑事诉讼面临的个别情况,而是世界多国刑事诉讼的一般发展趋势。“随着刑事犯罪的节节攀升,司法资源所面临的窘境日益迫切,案件积压程度严重,司法压力不断增加,更为危险的是,倘若大量犯罪不能得到及时有效的追诉和惩戒,必然易于导致违法行为的迅速蔓延,导致普通民众的安全感急剧下降,社会也就失去了应有的稳定和秩序。为达到这一目的,世界各国相继通过实行案件繁简分流、设立和强化简易程序以及有罪答辩程序等努力提高处理刑事案件的能力和速度。”①面对日益多发的犯罪案件,司法不能拒绝案件,只能处理案件,而社会提供给司法处理案件的资源并非无限的,正义也不允许无限地拖延,司法要利用有限资源有效率地实现正义,最直接的方式就是刑事诉讼程序速简化。尽管一些国家和地区的传统文化不同、立法状况不同、司法实践

---

① 卞建林、刘玫主编:《外国刑事诉讼法》,中国政法大学出版社 2008 年版,第 15 页。

不同,但都选择了刑事诉讼程序速简化的道路。从世界刑法体系的角度看,英美加刑法、德日意刑法以及承继于苏联刑法的俄罗斯刑法之间差别巨大,与不同的刑法体系相伴生的刑事诉讼程序速简化举措之间究竟有何不同,又有何共性,值得研究。

第一节　英国、美国、加拿大刑事诉讼程序速简化的考察

一、英国刑事诉讼程序速简化的实践

(一)普通程序与"有罪答辩"

英国的刑事诉讼普通程序大致如下:一是审前程序,包括:被害人控告或知情人的举报;采取包括询问或讯问(逮捕前讯问中,除恐怖主义犯罪外嫌疑人享有沉默权;逮捕后讯问中,犯罪嫌疑人还享有获得律师帮助的权利,除紧急情况外,警察必须在律师在场情况下讯问)、逮捕(一般由治安法官签发逮捕证,只有对正在实施可捕罪或有正当理由怀疑正在实施可捕罪的人才允许无证逮捕)与羁押(由拘留警察看管并可向高等法院申请人身保护令,也可以向警察局、治安法院申请保释,对拒绝保释不服,还可向刑事法院或高等法院申诉)、搜查(一般由治安法官签发搜查证,只有在警察合理怀疑某人携带违禁品或车辆中藏匿盗窃赃物时允许无证搜查)与扣押、验尸等必要的侦查措施;皇家检控署受理警察移送起诉的案件后,经审查认为符合证据检验标准和公共利益检验标准的,决定以正式起诉书(重罪案件由治安法院预审后提交刑事法院审理时适用)起诉;控辩双方有义务开展证据展示(控诉方要展示全案的证据,辩方也有展示的义务);为防止被告人免受无根据的起诉和审判,治安法院预审,以决定对可诉罪案件是否有必要移送刑事法院审判(1933 年取消

了大陪审团预审，只能由治安法官预审。1996 年废除了言词预审，只保留了书面预审。故不能交叉询问，预审在被告人到场的情况下公开进行，预审只审查控诉方证据、禁止辩方提交证据，辩护律师认为控方证据充足的直接移送刑事法院，没有辩护律师或辩护律师认为控方证据不足的可以公开质证和审查证据）。[①] 二是刑事法院的审判程序，包括："答辩和指导的庭审程序"或"预先庭审程序"，由法官就证据的可采性和其他法律问题作出裁定，如被告人答辩有罪则直接进入量刑程序；"提审程序"，由书记员宣读公诉书，并由被告人作出答辩，如被告人作出有罪答辩则直接进入量刑程序，如被告人作出无罪答辩或沉默，则审判继续进行；经过抽签和要求回避等程序后选定陪审团；控方开场陈述并举证（传唤证人开展直接询问和交叉询问，辩方认为控方证据不足的，可以不再出示证据，直接请求法官裁决案件不成立）；辩方开场陈述或举证（只有在辩护人提出除被告人以外的证据时，才有权作开头陈述，传唤证人开展直接询问和交叉询问）；终结陈述，按照先控方辩论发言、后辩方辩论发言顺序发言，被告人或辩护律师有作最后陈述的权利；法官就陪审团的职责义务、证据和法律问题等进行总结提示陪审团；陪审团秘密评议；陪审团裁决（根据 1974 年《陪审团法》的规定，陪审团应在 2 小时内达成一致裁决，未能达成的，法官可以决定延长 2 小时，还未能达成的，法官可以要求作出 10 人以上的多数裁决，还不能形成的，则解散陪审团）。[②] 三是庭审后的程序，包括：法官在听取有关被告人前科劣迹或品行的证据，并阅读缓刑监督官或社会工作者提交的量刑前报告后公开宣告刑罚；被告人上诉（被告人对定罪量刑都可以上诉，但控方不能就无罪判决上诉，也不能就同一案件对被告人再次起诉）。[③]

---

① 参见卞建林、刘玫主编：《外国刑事诉讼法》，中国政法大学出版社 2008 年版，第 29 ~ 40 页。

② 参见卞建林、刘玫主编：《外国刑事诉讼法》，中国政法大学出版社 2008 年版，第 38 ~ 42 页。

③ 参见卞建林、刘玫主编：《外国刑事诉讼法》，中国政法大学出版社 2008 年版，第 42 ~ 43 页。

(二)治安法院的简易程序

除前述一般刑事诉讼程序中的“预先庭审程序”“提审程序”中被告人作有罪答辩则直接进入量刑程序外,根据英国刑法的犯罪分类,犯罪可以分为起诉罪和简易罪。起诉罪是指经过正式审判程序审理的罪行,性质一般比较严重。简易罪是指由治安法院通过简易程序进行审理的犯罪(治安法院最高判处 6 个月拘禁或 1000 英镑以下罚金,也有研究成果认为治安法院可判处 12 个月以下监禁[①])。主要包括只能以简易程序进行审理的犯罪,可选择审判法院的犯罪(答辩前告知选择权利和法律后果,一般是年满 17 周岁并可能判处 3 个月以上监禁的人才可以选择正式起诉程序处理),性质比较轻的犯罪在被告人同意后法院可决定以简易审程序审理,[②]以及可以正式起诉程序审理的简易罪。统计资料表明,在英国,绝大多数刑事案件是由治安法院按照简易程序审理的,比例高达全部刑事案件的 97%。[③] 具体做法如下:

一是审前阶段,皇家检控署经过证据和公共利益检验,决定以简易起诉书(轻微刑事案件由治安法院按简易程序审理时适用)签发书面指控(同时签发正式的出庭通知由治安法院审理时适用)起诉。[④] 与在刑事法院出庭不同,检察官可以在治安法院出庭支持起诉。

二是审判阶段,治安法院受理简易起诉书,一律公开审理,被告人一般必须出庭,缺席审判是一种例外(但也有观点认为简易审判经常在被告人缺席的情况下进行,但缺席审判不能判处监禁刑[⑤])。后进入具体审

---

① 参见谢望原编译:《英国 2006 年诈骗罪法》,载张志杰主编:《刑事检察工作指导》2020 年第 2 期,中国检察出版社 2020 年版,第 216 页。

② 参见郭自力:《英美刑法》,北京大学出版社 2018 年版,第 76 ~ 78 页。

③ 参见周欣主编:《外国刑事诉讼特色制度与变革》,中国人民公安大学出版社 2014 年版,第 37 页。

④ 参见卞建林、刘玫主编:《外国刑事诉讼法》,中国政法大学出版社 2008 年版,第 35 页。

⑤ 参见宋英辉、孙长永、朴宗根等:《外国刑事诉讼法》,北京大学出版社 2011 年版,第 33 页。

理程序:治安法官助理将起诉书交给被告人;被告人作无罪答辩,控方有权发言并举证(如果被告人作有罪答辩则法庭不再听证,可能判处3个月以下监禁的被告人也可以采用邮寄有罪答辩的做法①);辩方可以提出"案件不成立"的提议;如果案件成立,辩方举证;控辩双方总结陈词(被告人有最后陈述权);治安法官进行评议并宣布裁判。②

三是审后阶段,包括治安法官经独立的量刑程序后宣告刑罚(对于既可适用简易程序,也可适用起诉程序的犯罪,如果所量刑超越了治安法院的权限,可以在治安法官定罪后,移送刑事法院判刑③)、上诉。④

(三)辩诉交易

除治安法院的简易审判程序外,英国刑事诉讼的速简化在刑事法院审判程序中也有体现,即由法官发展起来的并得到制定法、皇家刑事司法委员会、上诉法院认可的英国的"辩诉交易",又称刑事法院的"答辩决定""量刑打折"制度。这一制度的具体内容是:为避免审判中的巨额费用和分担证人出庭的痛苦,在刑事法院审理时,如被告人亲自且在明知法律后果的情况下自愿作出有罪答辩,并经法官审查后,可不再召集陪审团,直接作出相应的减刑量刑判决。但是,在律师帮助方面,辩护律师必须给被告人提供其所能够作出的最好建议,辩护律师必须强调,如果被告人没有实施构成指控犯罪的行为,就不能作有罪答辩。同时,辩护律师必须有接触法官的自由,讨论必须在法官与控辩双方律师之间进行,但法官不应当向被告人提及他要使用的刑罚,这会被看作对被告人施加不当压力。⑤ 另外,对于有罪答辩的量刑幅度,根据有关学者的考

---

① 参见卞建林、刘玫主编:《外国刑事诉讼法》,中国政法大学出版社2008年版,第36页。

② 参见宋英辉、孙长永、朴宗根等:《外国刑事诉讼法》,北京大学出版社2011年版,第33~34页。

③ 参见卞建林、刘玫主编:《外国刑事诉讼法》,中国政法大学出版社2008年版,第36页。

④ 参见宋英辉、孙长永、朴宗根等:《外国刑事诉讼法》,北京大学出版社2011年版,第40~41页。

⑤ 参见周欣主编:《外国刑事诉讼特色制度与变革》,中国人民公安大学出版社2014年版,第67~69页。

察："在英格兰、威尔士和苏格兰，被告人在法庭上表示认罪的，法官在量刑时通常考虑减轻处罚，一般可以减刑三分之一。"[①]

二、美国刑事诉讼程序速简化的实践

（一）普通程序与"有罪答辩"

在美国，尽管重罪与轻罪之间、各司法区之间以及理论与实践之间刑事诉讼程序并不完全一致，但一般来说，刑事诉讼普通程序大致如下：

一是审前程序，包括：被害人或知情人提出控告；采取包括讯问、逮捕、搜查与扣押等必要的侦查措施；被逮捕后至警察局登记、将被逮捕者无不必要延误（通常为6小时以内）地送至治安法官面前初次聆讯（告知相关权利、是否接受保释、轻罪可同时传讯要求答辩或重罪安排预审）；为防止检察官滥用起诉权和保障被告人权益，地区法院在控辩双方均出庭情况下开展预审，决定是否交付审判（但是大陪审团决定起诉的案件、轻罪案件、已经认罪答辩的案件、被告人自愿放弃预审的案件，一般不经过预审）；检察官起诉（在不实行大陪审团的州或者在实行大陪审团的州但限于轻罪和微罪案件）或由法院召集的大陪审团调查起诉（在联邦或实行大陪审团的州中的重罪案件）；在公开法庭传讯被告人告知指控罪刑及诉讼权利，要求答辩；被告人作出无罪答辩、有罪答辩、不持异议的答辩（该答辩在刑事诉讼中等同于有罪答辩，但是否可以被法庭接受存在限制，且该答辩不能作为民事诉讼中的承认）；控辩双方互相提出各种问题，要求证据开示（根据联邦最高法院"布拉迪诉马里兰州案"的判例，即使被告没有提出要求，检察官也有责任向被告提供任何为被告开罪的证据。然而，根据不得强迫被告人自证其罪的宪法原则，检察官无权要

---

① 中英量刑制度比较研究课题组：《关于英国刑罚体系和量刑制度的考察报告》，载中国政法大学刑事法律研究中心、英国大使馆文化教育处主编：《中英量刑问题比较研究》，中国政法大学出版社2001年版，第264页。

求被告人回答案件发生经过等问题,可见控辩双方要求证据开示的权利并不平等)。

二是正式审判程序,包括:经法官和控辩双方询问后选定陪审团;控辩双方开场陈述;控辩双方举证,出示物证,传唤证人开展直接询问和交叉询问;终结辩论,按照先控方辩论发言、后辩方辩论发言、再控方终结辩论的顺序发言;法官就陪审团的职责义务、证据和法律问题指示陪审团;陪审团秘密评议;陪审团裁决(联邦及多数州要求陪审团裁决必须一致通过)。

三是庭审后的程序,包括法官在听取控辩双方意见后科刑、被告人上诉(传统上出于禁止双重危险原则的考虑,检察官没有上诉权,仅有少数州允许检察官上诉,但如今在不违反该原则前提下立法者允许检察官上诉)。①

(二)辩诉交易

与上述一般的刑事诉讼不同,美国刑事诉讼程序速简化的典型制度即辩诉交易。辩诉交易又称辩诉谈判、辩诉协议,指在刑事诉讼过程中,控辩双方(主要为代表控诉方的检察官和代表被告人利益的辩护律师)经过反复协商之后,以控诉方撤销指控、降格指控或者要求法官从轻判处刑罚为条件,换取被告人有罪答辩的一项司法制度。辩诉交易可以分为量刑交易和罪名交易。达成辩诉交易后,通常被告人不再经过正式的法庭审判而被定罪量刑,从而大大简化了刑事诉讼程序。20 世纪 60 年代中期,美国联邦最高法院确认了辩诉交易的合法性,自此,辩诉交易在美国刑事诉讼中被大量采用。据统计,在美国有一些地区,经辩诉交易处理的案件高达 90% 以上。具体来说,美国辩诉交易制度具有如下几个特点。

---

① 参见卞建林、刘玫主编:《外国刑事诉讼法》,中国政法大学出版社 2008 年版,第 70 ~ 82 页。

一是辩诉交易的时间并无严格的限制。尽管辩诉交易一般是在法官正式审判之前达成，主要是在传讯阶段，因为只有经历预审后，辩护律师才可以更加充分地掌握控方证据，从而把握案件的走向。[①] 但在美国大多数地区没有时间限制，可以在任何刑事诉讼阶段达成，但实践中最早的可以在逮捕后，最晚的可以在陪审团宣读裁决前，甚至可以在一审判决后的上诉中达成。[②]

二是辩诉交易的主体是检察官和被告人。控辩双方都可以提议启动，辩护人虽然可以在被告人不在场时与检察官达成一致，但协议是否被接受仍然需要被告人决定。另外，"为保障被害人的权利，许多州也逐步出台规定，让被害人在认罪协议磋商过程中发表自己的意见"。[③] 相反，也有观点认为，"被害方并不拥有参加辩诉交易的宪法性权利，但检察官在辩诉交易前通常要征求被害人的意见"。[④] 根据《美国联邦刑事诉讼规则》的规定，在联邦司法系统，法院不允许参加控辩讨论。[⑤] 然而，"在有的州，法官甚至可以直接参与辩诉协商，向被告人保证将要判处的刑罚"。[⑥]

三是辩诉交易的前提是被告人获得有效的法律帮助。根据《美国宪法修正案》第 6 条的规定，"在一切刑事诉讼中，被告人得享有下列权利……以强制方法取得有利于自己之证据及辩护律师之协助"，[⑦]可见，有效的律师协助是被告人的一项宪法性权利。律师必须让被告人全面

---

① 参见周欣主编：《外国刑事诉讼特色制度与变革》，中国人民公安大学出版社 2014 年版，第 97 页。

② 参见陈玲：《美国刑事诉讼法》，上海社会科学院出版社 2016 年版，第 125 ~ 126 页。

③ 陈玲：《美国刑事诉讼法》，上海社会科学院出版社 2016 年版，第 126 ~ 127 页。

④ 宋英辉、孙长永、朴宗根等：《外国刑事诉讼法》，北京大学出版社 2011 年版，第 91 页。

⑤ 参见《美国联邦刑事诉讼规则》（上），李昌林译，载徐静村主编：《刑事诉讼前沿研究》第 2 卷，中国检察出版社 2004 年版，第 380 页。

⑥ 宋世杰等：《外国刑事诉讼法比较研究》，中国法制出版社 2006 年版，第 478 页。

⑦ 《美国宪法及其修正案》，朱曾汶译，商务印书馆 2014 年版，第 15 页。

清楚地了解认罪的所有重要后果。[①] 要求辩护律师必须从被告人利益出发,认真分析指控的性质、控方掌握的证据、比较利弊后帮助被告人作出理智的选择。被告人只有在充分了解认罪答辩的后果,并自愿接受协议时,辩诉交易才是有效的,否则,可能构成被告人撤回认罪的有效理由。[②]

四是辩诉交易的过程可以讨价还价。在磋商过程中,双方可以就罪名多少、罪名轻重、量刑进行激烈的讨价还价。被告人可以作不争辩的答辩,甚至是阿尔福德式认罪(一方面声称自己无辜,另一方面又承认检方有足够的证据可以排除合理怀疑地证明其有罪,法官也可以接受该认罪协议),或者要求"只有协议中的量刑被法官批准时才接受认罪"的条件,从而确保其认罪换来协议中同意的量刑。

五是辩诉交易开示的公开性。控辩双方达成辩诉交易后,除法院基于正当理由准许不公开的以外,双方当事人应当在公开的法庭上开示答辩协议。并通过讯问被告人是否实施犯罪行为、是否明知认罪结果、是否了解认罪所放弃的权利等进行审议。[③]

六是辩诉交易效力的严肃性和有限性。对于法官而言,尽管理论上对于辩诉交易法官可以接受、可以拒绝,但通常都会接受辩诉交易中的安排。[④] 对辩诉交易的主体而言,被告人和检察官都不得以改变主意为由取消辩诉交易,只允许在没有得到有效法律帮助、非自愿等允许认罪协议继续有效会产生不公平结果时,以及在法官拒绝辩诉交易时,允许被告人撤回认罪。[⑤] 然而,在联邦司法系统,"在法庭接受答辩之前,被告人可以无任何理由地撤回答辩""在法庭接受答辩后、判处刑罚之前,如

---

① 参见陈玲:《美国刑事诉讼法》,上海社会科学院出版社2016年版,第126页。

② 参见卞建林、刘玫主编:《外国刑事诉讼法》,中国政法大学出版社2008年版,第76页。

③ 参见《美国联邦刑事诉讼规则》(上),李昌林译,载徐静村主编:《刑事诉讼前沿研究》第2卷,中国检察出版社2004年版,第381页。

④ 参见陈玲:《美国刑事诉讼法》,上海社会科学院出版社2016年版,第127页。

⑤ 参见陈玲:《美国刑事诉讼法》,上海社会科学院出版社2016年版,第125~127页。

果法庭拒绝辩诉交易或被告人提出公平合理的理由，被告人可以撤回答辩”“在法庭判处刑罚后，被告人不得撤回答辩”。[①]

七是辩诉交易后程序简化和程序保障。辩诉交易作为刑事诉讼程序速简化的典范就在于法官在接受辩诉交易结果后将直接省略正式的审判程序，直接进入量刑程序，从而大大简化了刑事诉讼程序进程。为鼓励辩诉交易的达成，在联邦层面，《美国联邦证据规则》第 410 条规定，仅在有限例外情况下，“在民事或者刑事案件中，关于下列事项的证据不可采来反对做出过答辩或者参与了答辩讨论的被告：(1)后来撤回的有罪答辩；(2)不可抗争之答辩；(3)在根据《联邦刑事诉讼规则》第 11 条或者类似的州程序进行的程序中，所做出的关于上述任一答辩的陈述；(4)在与检控机关的律师进行答辩讨论中所做出的、没有导致有罪答辩或者导致有罪答辩后来被撤回的陈述”。[②]

八是辩诉交易后的量刑结果。由于辩诉交易是控辩双方讨价还价的结果，而且这一结果通常都会被法官接受，从而成为正式的宣告刑，但辩诉交易的宣告刑依然需要接受《美国量刑指南》的检验。根据《美国量刑指南》的规定，当辩诉交易所建议的量刑是在可适用的指南范围之内，或所建议的量刑因正当理由而偏离指南范围时，法院可以考虑接受该建议，而且法院在考虑接受辩诉交易时，也要考虑剩下的指控足够反映实际犯罪行为的严重性，而且接受辩诉交易将不会损害量刑之法律目的。[③]（可见美国的辩诉交易也应确保实体公正的底线）同时，对具体量刑，规定“被告人明确承认为其罪行负责的，罪减 2 等”“如果被告人在认罪前确定的犯罪等级为 16 或更高的等级，且采用下列一种或多种措施帮助

---

① 《美国联邦刑事诉讼规则》（上），李昌林译，载徐静村主编：《刑事诉讼前沿研究》第 2 卷，中国检察出版社 2004 年版，第 381 页。

② 王进喜：《美国〈联邦证据规则〉（2011 年重塑版）条解》，中国法制出版社 2012 年版，第 105 页。

③ 参见吕忠梅总主编、美国量刑委员会编：《美国量刑指南——美国法官的刑事审判手册》，逄锦温等译，法律出版社 2006 年版，第 402 页。

当局调查或追诉其犯罪行为的,则再减 1 等:适时向政府提供有关其自身犯罪行为的完整信息,或者适时通知当局其愿意进入有罪辩护的意图,从而使政府避免审讯准备,并使得法院能有效分配其资源”。[①] (可见以节约司法资源为落脚点的程序简化可以被视为独立于实体法规定之外的量刑情节)

(三)其他简便程序

除辩诉交易外,美国还存在其他刑事诉讼程序速简化的做法,包括:一是针对轻罪和轻微罪行的简便程序设计,如权利保障方面,对于微罪,不享有指定律师的权利、由陪审团审判的权利、预审的权利,所有轻罪和微罪在书面同意时可由治安法官审理。在起诉主体上,微罪可由警察通过传票和违法通知书的方式直接起诉,轻罪则可由大陪审团或检察官的控告书起诉。在出庭方式上,部分地方在部分案件中允许通过直接交付确定的金钱代替出庭和同意终结诉讼。二是简易陪审团审判,在美国一些州允许不足 12 人的陪审团采用绝对多数决的方式裁判案件,其中康涅狄格、佛罗里达、路易斯安那和俄勒冈四州甚至允许在一些重罪案件中由 6 人组成陪审团裁决。三是放弃陪审团审判的权利、放弃不得强迫自证其罪的权利、放弃出庭审判和质证的权利,所导致的审判程序简化。四是法官通过压缩口头辩论、书面合议、一句话判决等管理庭审活动的方式,简化程序。[②]

三、加拿大刑事诉讼程序速简化的实践

(一)普通程序与有罪答辩

加拿大继承并发展了英国的犯罪分类,将犯罪分为可诉罪(最轻微

---

① 吕忠梅总主编、美国量刑委员会编:《美国量刑指南——美国法官的刑事审判手册》,逄锦温等译,法律出版社 2006 年版,第 316 页。

② 参见左卫民等:《简易刑事程序研究》,法律出版社 2005 年版,第 83 ~ 91 页。

的可诉罪最高刑罚为2年)、简易罪(可判处最高罚金为2000加元罚金或6个月监禁或二者并处的犯罪)之外,还创立了选择罪,选择权则在检察官。一般来说,可诉罪的刑事诉讼程序如下:一是审前环节,包括:告发人在治安法官面前宣誓提出告发书;法官听取告发人陈述和证人证言后认为有证据支持指控的应签发传票或逮捕证;逮捕后登记并录指纹、开展讯问和搜查等必要侦查;警方释放或被逮捕人应在逮捕后24小时内带到法官面前进行是否临时释放的司法听审;如果被告人在临时司法庭审中作有罪答辩并被接受,法官命令判前释放;在羁押90天后审判仍未开始的自动开启释放可能性审查;大陪审团或检察官提出起诉书。二是审判环节,选任陪审团(可能判处5年以上监禁时被告人享有获得陪审团审判的权利)、提出审前动议、罪状认否程序(由被告人出庭对罪状逐一答辩是否认罪的程序,被告人认罪的,则直接定罪并择日判刑)、控方作开场陈述并举证、辩方申请无罪裁定的动议并举证、控辩双方总结陈词、陪审团定罪或法官定罪。三是审后环节,由法官判处刑罚,对定罪和量刑不服,就事实和法律问题均可向上诉法院提出上诉,对上诉法院的裁决不服,可就法律问题向加拿大最高法院上诉。[①] 事实上,无论是可诉罪,还是简易罪,在罪状认否程序中如果被告人答辩有罪,则可直接定罪,并休庭后择日宣判。

(二)简易罪程序

简易罪的刑事诉讼程序有一定的程序简化,主要体现在:一是对简易罪不轻易逮捕和羁押。除非有逮捕证或现行犯,否则不能逮捕;即使逮捕也无权录指纹和拍照;逮捕后如无正当理由警方必须释放,即使不立即释放,在逮捕30天内也必须自动进行保释可能性审查(类似于我国的羁押必要性审查,可诉罪要拘禁90天才有自动保释可能性审查)。二

① 参见卞建林、刘玫主编:《外国刑事诉讼法》,中国政法大学出版社2008年版,第109~113、115~121页。

是对简易罪不要求被告人亲自出庭,可由律师代为出席。三是省略了预审和证据展示。[1]

(三)辩诉交易

1975年,加拿大法律改革委员会引入美国的辩诉交易概念,并将其定义为被告人为得到某种许诺的好处而作出有罪答辩的承诺,但随后遭致众多批判,人们认为司法正义不能在谈判桌上被交易。大多数案件都是通过被告人作有罪答辩的方式解决的。加拿大控辩协商是指检察官和辩护律师、被告之间(有时候法官也会参加)就指控罪名、程序问题、量刑、关于某一罪名的事实问题以及为加速审判程序进行的确定案件争议焦点的问题等方面的协商。指控罪名的协商包括将重罪降低为轻罪或者包含罪、撤销或暂缓指控、不继续指控、将暂缓部分罪名的指控降低为量刑情节、暂缓或撤销对第三方的指控、将系列指控降低为合一指控。程序性问题协商包括简易程序或普通程序的协商、放弃审判权利时处理案件的日期、移送管辖。量刑的协商包括检察官量刑建议的协商、检察官不反对辩护律师量刑建议的承诺、检察官不向法官请求额外惩罚的承诺、检察官不向法庭请求更重刑罚的承诺等。法官对于上述有罪答辩可以不接受。不要求法官确保其有罪答辩具有事实基础(法官是否有责任确保有罪答辩的自愿性,存在不同说法,根据宋英辉、孙长永、朴宗根等著书的观点,法官不需要确保认罪答辩的自愿性,但根据罗文波、冯凡英译《加拿大刑事法典》第606条的规定,法庭只有在确信被告人认罪答辩具有自愿性,且理解答辩是对犯罪基本要素的承认、答辩的性质和后果、法庭不受控辩双方达成协议的约束的情况下,才可以接受有罪答辩[2]),检察官也无须提供证据证明有罪答辩是符合实际情况的。即使有罪答辩可能是错误的,也可以接受。控辩协商可以公开进行,并且受到鼓励。

---

① 参见卞建林、刘玫主编:《外国刑事诉讼法》,中国政法大学出版社2008年版,第107~108页。

② 参见《加拿大刑事法典》,罗文波、冯凡英译,北京大学出版社2008年版,第414页。

控辩协商时,被告人的律师必须在场。[①]

四、英国、美国、加拿大刑事诉讼程序速简化的特点

英国、美国、加拿大同属于英美法系,法律文化、法律传统、法律精神等都具有较多的相似性,尽管如此,力求概括三国在刑事诉讼程序速简化方面的共性特征,仍然存在不小的难度。从上述介绍的情况看,大致可将三者共同的特点概括如下。

(一)程序简化的前提:不要求"事实清楚"

英国、美国、加拿大的刑事诉讼程序速简化的类型大致包括简易罪程序、辩诉交易、认罪答辩程序。由于简易罪程序是按照可能判处刑罚轻重选择适用的刑事诉讼程序,并无"事实清楚,证据确实、充分"的要求。对于认罪答辩程序而言,只要被告人作有罪答辩,就省略了审判而直接予以量刑,尽管此时就检察官的角度而言,已提起公诉就意味着达到了起诉的标准(英美法系的起诉标准一般认为低于"事实清楚,证据确实、充分"的标准),但并不要求法官再行查明"犯罪事实清楚,证据确实、充分"。对于辩诉交易,只要被告人在有效律师帮助下明知交易的法律后果并自愿达成交易,法官基本上都乐于接受辩诉交易的结果,英美法系的辩诉交易均不强调以"事实清楚,证据确实、充分"为前提,甚至有学者指出加拿大刑诉法规定,辩诉交易不要求具有事实基础,检察官也无须提供证据证明有罪答辩是符合实际情况的,即使有罪答辩可能是错误的,也可以接受。相反,在某些情况下,检察官之所以青睐辩诉交易,恰恰在于指控的证据不充分,为防止败诉而为之,可见,辩诉交易不仅不要求"事实清楚,证据确实、充分",甚至是对"事实不清,证据达不到确实、充分"而予以定罪的认可。

---

① 参见宋英辉、孙长永、朴宗根等:《外国刑事诉讼法》,北京大学出版社 2011 年版,第 160 ~ 161 页。

（二）程序简化的标准：兼顾“罪刑轻重与权利自愿放弃”

英国、美国、加拿大的刑事诉讼程序速简化的分类标准呈现多样性：一方面，就简易罪程序而言，显然是按照罪刑轻重进行的程序简化，英国的简易罪是指可判处 6 个月以下拘禁或 1000 英镑以下罚金的犯罪，加拿大的简易罪是指可判处 6 个月以下监禁或 2000 加元以下罚金或二者并处的犯罪。另一方面，就认罪答辩程序和辩诉交易程序而言，接受法官或陪审团正式审判是被告人一项基本的程序权利，被告人无论是在认罪答辩程序中作有罪答辩，还是在辩诉交易中与控方达成辩诉交易，都等于放弃了要求正式审判的权利，起到省略正式审判程序、直接进入量刑程序的效果，而且认罪答辩程序和辩诉交易程序均没有罪刑轻重的限制，理论上适用于所有的犯罪类型，二者的区别在于：辩诉交易程序中的被告人权利放弃存在控方给予的一定对价承诺，是刑事案件当事双方合意的结果，而认罪答辩程序中的认罪答辩至少在形式上系被告人单方的意愿。

（三）程序简化的开启：多数有赖于控辩双方的选择

英国、美国、加拿大刑事诉讼程序速简化的启动往往有赖于控辩双方。一方面，就简易罪程序，在提交治安法官之前，除只能进行简易罪起诉之外，英国和加拿大均存在既可按可诉罪程序起诉，也可按简易罪程序起诉的可选择罪，加拿大明确规定这种选择权在检察官。同时，英国也规定按简易罪审理的可诉罪，由法院决定，但必须取得被告人的同意。而且英国还规定经简易审判后超过治安法官审判权限的，可以定罪后，移送刑事法院判刑。另一方面，针对认罪答辩程序，是否作出认罪答辩，是被告人理性且自愿选择的结果。针对辩诉交易程序，被告人是否作出认罪答辩，取决于控辩双方之间的讨价还价，在允许法官参与讨论的情况下，控辩之间的协商往往更容易达成（从现有资料看，上述两种认罪答辩的自愿性并不区分认罪的自愿性和程序选择的自愿性，不需要在作认罪答辩后,还就单独的程序选择征求意见)。对于参与讨论的人员,英国规定讨论必须在法官与控辩双方律师之间进行,在加拿大有时候法官也会参与讨论,在美国尽管联邦司法区不允许法官参与,但有的州允许法官参与并承诺认罪答辩后的量刑。尽管英国、美国、加拿大均规定法官在理论上有权拒绝接受辩诉交易的结果,但实践中往往对辩诉交易的结果都表现出了乐于接受的态度。

(四)程序简化的环节:集中在预审和审判环节

为防止检察官将没有起诉必要的人予以追诉,英国、美国、加拿大刑事诉讼法均规定了法官的预审程序,并且根据自身的法律传统,设定了控辩双方平等对抗的刑事诉讼模式,以及获得陪审团审判的权利,这些人权保障方面的制度设计,显然拖累了刑事案件的诉讼效率,相应地,也就成为刑事诉讼程序速简化的突破口。首先,对简易罪程序而言,不经过预审,由治安法官审理后定罪判刑。《加拿大刑事诉讼法》还规定了轻缓的强制措施和不需要亲自出庭,英国则规定了简易起诉书起诉、检察官出庭支持公诉、治安法官审理,都不同程度对刑事诉讼予以简化。其次,认罪答辩程序虽经过了预审,但由于自愿作出认罪答辩,省略了正式审判,从而直接进入了量刑程序。最后,由于辩诉交易达成往往没有严格的时间限制,因此辩诉交易的简化程序不能绝对地确定,但是可以肯定的是,预审之前达成的辩诉交易既可以省略预审,也可以省略审判,从而比其他程序简化措施更具有灵活性。在美国,大多数地区对辩诉交易都没有时间限制。

(五)程序简化的后果:量刑减让

英国、美国、加拿大的刑事诉讼程序速简化一般都会导致量刑减让的效果。具体而言,首先,在简易罪程序中,由于法律已明确规定简易罪的最高刑罚,故适用简易罪程序,尽管法律没有规定量刑减让,但往往要求只能判处简易罪最高刑罚以下的刑罚。其次,在认罪答辩程序中,被告人作认罪答辩是否会得到量刑减让，法律规定并不明确，如《加拿大刑事法典》第 612 条(3)规定："被告人进行正当理由答辩且被定罪的，法庭在宣告判决时，可以考虑被告人的罪行是否因此答辩而加重或减轻。"①另外，由于辩诉交易本身就蕴含"以判处较轻的刑罚换取被告人认罪答辩"的初衷，故辩诉交易存在量刑减让是显而易见的，如前所述的《美国量刑指南》明确规定，"被告人明确承认为其罪行负责的，罪减 2 等""如果被告人在认罪前确定的犯罪等级为 16 或更高的等级，且采用下列一种或多种措施帮助当局调查或追诉其犯罪行为的，则再减 1 等：适时向政府提供有关其自身犯罪行为的完整信息，或者适时通知当局其愿意进入有罪辩护的意图，从而使政府避免审讯准备，并使得法院能有效分配其资源"。尽管英国和加拿大的辩诉交易在量刑减让方面没有明确的规定，且难以估算，②但如前所述，一般来说认罪程序所判处的刑罚比不认罪程序所判处的刑罚要减少 1/4 或 1/3。也有学者考察认为，"在英格兰、威尔士和苏格兰，被告人在法庭上表示认罪的，法官在量刑时通常考虑减轻处罚，一般可以减刑三分之一"。

（六）程序简化的保障：多数强调有效的律师帮助

由于英国、美国、加拿大刑事诉讼程序速简化往往需要以被告人认罪（被告人认罪答辩带有实体从轻和程序从简的双重效果）为前提，尤其是在辩诉交易程序中，还要求被告人同意辩诉交易必须是基于理性且自愿选择的结果，所谓理性就是明知道认罪答辩的性质和后果，而要做到这种理性，就必须依靠专业的律师帮助。英国要求辩护律师必须给被告人提供其所能够作出的最好建议。美国要求辩护律师必须从被告人利益出发，认真分析指控的性质、控方掌握的证据、比较利弊后帮助被告人作出理智的选择。加拿大规定控辩协商时，被告人的律师必须在场。可

---

① 《加拿大刑事法典》，罗文波、冯凡英译，北京大学出版社 2008 年版，第 417 页。

② 参见赵秉志主编：《英美刑法学》（第 2 版），科学出版社 2010 年版，第 250 页。

见,无论是美国,还是英国,都要求辩护律师不仅要提供法律帮助,甚至要求辩护律师要提供实质的、有效的法律帮助,而不是形式上的法律帮助。在美国,如果被告人获得律师的法律帮助存在瑕疵,被证明是无效的,甚至可以成为撤回有罪答辩的正当事由。其中可能的原因之一在于英美法系的判例法传统使普通人难以掌握,要确保被告人认罪系理性而自愿的结果,就必须强调律师帮助的有效性。当然,在由治安法官按照简易程序审理的案件中,对于获得有效律师帮助的权利并没有过多强调。

(七)程序简化的性质:权利的克减

英美法系普遍重视被告人的权利,在美国甚至将被告人的刑事诉讼权利上升为宪法性的权利加以保障。《美国宪法修正案》第 5 条明确规定:“未经正当法律程序,不得剥夺任何人之生命、自由或财产。”“英国对抗式运行规则设置的核心理念是,被追诉者应受到犹如他是无辜者的待遇,直到经法律正当程序被证明有罪。”①秉持这一正当程序的理念,刑事诉讼程序显然具有被告人权利保障的性质,相应地,刑事诉讼程序速简化就意味着被告人程序利益的克减。本着只有权利才可以放弃的原则,刑事诉讼程序的速简化往往要求以被告人放弃预审和正式审判为前提,而为了获得被告人放弃的承诺,程序简化后刑罚后果就需要一定程度的减让,这些考虑都说明了程序速简化的性质系被告人程序利益的克减。一般来说,辩诉交易意味着被告人放弃了正式审判的权利,如果在预审前达成辩诉交易,甚至是放弃了预审的权利;认罪答辩意味着被告人放弃了正式审判的权利;在可选择的简易审判程序中意味着放弃了在地方法院审判的权利。

(八)程序简化的原理:当事人主义与功利主义

众所周知,英美法系贯彻的是当事人主义的刑事诉讼模式,该模式的

---

① [英]麦高伟、[英]杰弗里·威尔逊主编:《英国刑事司法程序》,姚永吉等译,法律出版社 2003 年版,第 40 页。

特点在于强调控辩双方当事人的平等地位,注重发挥当事人双方的诉讼积极性,侦查阶段,控辩双方享有独立调查和收集证据的权利;起诉阶段,奉行起诉状一本主义;审判阶段,案件事实的发现依赖控辩双方的举证和辩论。可见,在当事人主义诉讼模式下,刑事诉讼的进程往往取决于控辩双方,这就意味着刑事诉讼的速简化适用只能由控辩双方启动,如英美法系中的辩诉交易、有罪答辩程序均体现了控辩双方在程序简化方面具有举足轻重的作用。另外,针对轻微犯罪,英美法系均规定了由治安法官审理的程序,这大多是从"小案件适用小程序"的比例原则和"小案件适用小程序以保证大案件有资源适用大程序"的司法效益整体最大化等考虑的结果。

第二节 德国、日本刑事诉讼程序速简化的考察

一、德国刑事诉讼程序速简化的举措

根据我国学者的研究,德国普通的刑事诉讼程序如下:一是审前阶段,包括:公民的检举或请求,或者官方的自行发现;作为法定侦查机关的检察机关是与担当实践侦查主力的警察机关相互合作开展必要的侦查活动(讯问中犯罪嫌疑人享有沉默权,第一次被讯问时有权与律师进行讯问前协商,辩护律师拥有有限的讯问在场权);强制措施,根据侵犯人权性质的不同,可以分为对人格自由权之侵犯(如逮捕和审前羁押,其中,审前羁押必须由法官签发书面令状,并最迟于第 2 天结束时被带到法官面前决定是否维持羁押令,犯罪嫌疑人可以向发布羁押令的法官申请取消,在被拒绝后也可以提出上诉或申请复议。无论如何,在第 3 个月发布羁押令的法官要自动复查羁押的必要性,在第 6 个月上诉法院要自动复查羁押的必要性)、对生理不得侵犯权利之违犯、对财产权之侵犯、对住宅权之侵犯、对邮电通信秘密权之侵犯、对职业自由权之侵犯、对资讯自主权之侵犯,但必须强调的是,德国所有涉及限制公民自由、财

产、隐私权的强制性措施一般都必须接受法院的司法审查；侦查终结后起诉(由于检察官系法定的侦查主体，检察官在领导侦查过程的同时也开展了审查起诉的工作，故起诉决定往往是侦查终结的一部分。同时，随着德国从起诉法定主义向起诉便宜主义的过渡，检察官也可以作出证据不足不起诉、轻罪不起诉、附条件不起诉、其他不起诉或停止起诉等决定，甚至可以进行诉辩协商，为防止检察官滥用不起诉的权力，还相应规定了强制起诉、征得法院同意、司法部和上级检察机关监督等制度)；[①]为使被告人免遭不必要的审判，德国刑事诉讼规定了"中间程序"，由职业法官在不公开审理的情况下作出是否开启审判程序的决定(有管辖权的法院登记，审判庭指定阅卷人，起诉书副本送达被告人并要求在规定时间内提出证据或异议，必要时指定辩护人，法官可以侦查或委托检察机关补充侦查，为便于辩诉交易告知诉讼参与人程序进展情况，检察机关有权对拒绝开启审判程序的决定提出抗告，拒绝开启审判程序决定后只有基于新的事实和证据才能重新提起诉讼)。[②]

二是审判阶段，包括审前准备程序和庭审程序。审前准备程序的主要内容有：确定开庭日期，送达传票，收集证据，告知法庭组成和证人姓名，提前进行质证，为辩诉交易创造条件向诉讼参与人告知程序进展情况。庭审程序中，必须根据言词原则、直接原则，依据严格证明规则，以公开的方式再次举证，主要内容有：开庭，确定被告人身份，检察官宣读起诉书，公布庭前辩诉交易讨论的内容，被告人发表意见并接受讯问，举证，按照先控方、后辩方、被告人最后陈述的顺序开展法庭辩论，休庭后秘密评议(定罪和刑罚需要2/3多数决)，定罪和量刑一并宣判。[③]

三是审后阶段，主要是普通的法律救济和特殊的法律救济，前者有

---

① 参见卞建林、刘玫主编：《外国刑事诉讼法》，中国政法大学出版社2008年版，第201～213页。

② 参见宋英辉、孙长永、朴宗根等：《外国刑事诉讼法》，北京大学出版社2011年版，第333～334页。

③ 参见宋英辉、孙长永、朴宗根等：《外国刑事诉讼法》，北京大学出版社2011年版，第337页。

针对裁定和决定允许进行事实和法律审查的抗告、对区法院判决不服允许进行事实和法律审查的第二审上诉、只允许法律审查的第三审上诉，后者有对已生效判决重新审查的再审、恢复原状、要求合法听审的抗议、宪法申诉。[①]

现行《德国刑事诉讼法》在规定普通程序之外，也规定了处罚令程序、保安处分程序、简易程序(没有中间程序)、没收和扣押财产程序、对法人和人合团体的罚款程序五种特别程序。其中，属于刑事诉讼程序速简化的有处罚令程序、简易程序，以及2009年被《德国刑事诉讼法》吸收的"辩诉交易"。根据学者的考察，在德国，"2003年的数据表明，只有4%的案件以简易程序解决"，"大多数的程序以处罚令程序结束"。[②] 具体如下：

首先，处罚令程序旨在快速并简便地处理不严重的犯罪，总体是一种无起诉书、无中间程序、无法庭审理的书面审理程序，具体特点如下：一是适用范围仅限于轻罪，只能单处或并处"罚金，保留处刑警告，禁止驾驶，收缴、没收、销毁、废弃，有罪判决的公告，对法人或人合团体的罚款，不超过两年的剥夺驾驶许可，在一至三年期间内禁止饲养、照管及交易任何种类或某一特定种类动物，或者在此期间禁止与上述动物进行职业性接触活动，免除刑罚，在有辩护人的情况下可判处一年以下自由刑的缓刑"。二是开启方式由检察院在认为无法庭审理必要时在审判前书面申请，或者在开启审判程序后被告人缺席时书面或口头申请，不需要听取被告人的意见。三是简化环节，如法官没有疑问，则不需要经过起诉、开启审判程序、法庭审理，直接不公开地书面裁决(法官省略开庭，省略具体定罪量刑和制作判决书的时间，省略讯问，对于检察官而言，无须听取犯罪嫌疑人、辩护人的意见，据介绍实践中95%以上的申请被接受[③])。如

---

① 参见宋英辉、孙长永、朴宗根等：《外国刑事诉讼法》，北京大学出版社2011年版，第333～334页。

② 《德国刑事诉讼法典》，宗玉琨译注，知识产权出版社2013年版，第283、290页。

③ 参见陈长均：《德国刑事处罚令介评及启示》，载张志杰主编：《刑事检察工作指导》总第8辑，中国检察出版社2020年版，第125页。

果法官有疑问,则区分情况处理:如果认为不具有足够嫌疑则拒绝签发处罚令,等于拒绝开启审判程序;如果认为需要开庭审理、对检察院申请的法律依据和法律后果有异议,则开庭审理。四是处罚令的形式,应当包含被告人与辩护人的情况、犯罪事实、法律规定、证据材料、确定的法律后果、法律救济途径。五是处罚令的效力,如果犯罪嫌疑人在送达后2周之内没有异议,则处罚令产生与判决一样的效力。相反,如果犯罪嫌疑人提出异议,一旦异议被接受则开庭审理(但是如果被接受的异议仅限于罚金日额数,则在征得被告人、辩护人、检察院同意后,法院可不经法庭审理直接以裁定作出裁判),开庭审理时被告人可以委托辩护人全权代理,如无正当理由不到场也未委托辩护人代理,法院可以不经审理直接驳回异议或者强制到庭。在一审判决宣告前被告人也可以撤回异议。如果法院裁定不予受理该异议,则准许提出抗告。[①] 德国的处罚令程序因保障了事后异议权,并没有牺牲实质正义,并于1993年被欧洲人权法院认可。

其次,简易程序,总体是一种无起诉书、无中间程序、直接进入法庭审理的诉讼程序,目的在于对简单案件在犯罪行为之后紧接着作出裁判,同时减轻检察院和法院的负担。具体特点如下:一是适用范围为案情简单、证据清楚的成年人的轻罪(一年以下自由刑或矫正及保安处分,或者剥夺驾驶许可)案件。二是开启方式为检察院书面或口头申请,由法院决定准许或拒绝(对拒绝裁定不得提出异议,但认为犯罪嫌疑人涉嫌犯罪时应裁定开启审判程序)。三是简化环节包括无须提交公诉书(可口头提出),无须开启审判程序(自收到申请到开庭审理不得超过6周),传唤期限缩短到24小时,审理时可缺席审理,可由刑事法官在事实清楚时确定证据调查的范围,可以不适用直接言词原则(在被告人和辩护人出席庭审时,经被告人和辩护人同意,可以宣读证人、鉴定人、共犯

① 参见《德国刑事诉讼法典》,宗玉琨译注,知识产权出版社2013年版,第283~286页。

的书面证言代替直接询问,可以宣读机关及其人员在履职过程中知悉情况的陈述)。四是权利保障方面,对可能判处 6 个月以上自由刑的应指定辩护人。[①]

最后,根据《德国刑事诉讼法典》第 257C 条的规定,德国的辩诉交易具有自己鲜明的特点:一是辩诉交易的主体,包括了控辩审三方。二是辩诉交易的前提,仍然要求法院依职权将证据调查涵盖所有对裁判有意义的事实和证据材料,应当包含被告人的有罪供认。三是辩诉交易的内容,包括程序(在据以采取措施的认识查明程序中其他涉及程序的措施)、结果(能够构成判决及其所属裁定之内容的法律后果)、诉讼参与人的诉讼行为,但有罪宣告、矫正及保安处分不得为协议的标的。四是辩诉交易的过程,法院应在综合考虑案件情况后提出刑罚的上下限,如果被告人和检察院同意法院的提议,协议即成立。五是辩诉交易的撤回,当法律上或事实上具有意义的情况被忽视或新出现,法院确信所承诺的刑罚范围不再与行为或罪质相当,或者被告人嗣后的诉讼行为与法院预测所根据的行为不符时,法院可以撤回承诺,并将撤回承诺的决定及原因及时告知被告人。六是辩诉交易的保障,在协议失效后,辩诉交易过程中被告人的有罪供认不能作为证据使用。[②]

二、日本刑事诉讼程序速简化的举措

日本普通刑事诉讼程序如下:一是审前阶段,包括:侦查机关自知悉犯罪时开启侦查,采用任意侦查和强制侦查(对人和物的强制处分,逮捕和查封、搜查、勘验通常采取令状主义,逮捕存在紧急逮捕和现行犯逮捕的例外,查封、搜查、勘验存在逮捕或现行犯的例外,逮捕后,司法警察应在 48 小时内决定释放或移送检察官,检察官应在 48 小时内决定释放、

---

① 参见《德国刑事诉讼法典》,宗玉琨译注,知识产权出版社 2013 年版,第 290 ~ 292 页。

② 参见《德国刑事诉讼法典》,宗玉琨译注,知识产权出版社 2013 年版,第 204 ~ 205 页。

提起公诉或向法院请求羁押，羁押期限为10天，可延长至20天，特定犯罪可延长至25天）手段实行侦查，侦查终结后检察官可以作出起诉或不起诉的决定（为防止起诉权的滥用，刑诉法规定了检察审查会制度和准起诉制度），决定提起公诉的采用起诉状一本主义，为确保被告人出庭和进行证据收集的起诉后强制处分（包括传唤、拘传和羁押，搜查、扣押和勘验）。

二是审判阶段，包括：为确保持续审理的争点整理及证据整理和开示程序（审前和公审期日之间均可进行，由审判法官之外的法庭人员主持，检察官和辩护人、被告人共同参与，控辩双方均需要证据开示和提出证据调查请求，由法院决定争点并决定公审中调查证据的范围及顺序，在该程序终结后，控辩双方均不得再提出调查证据的请求），开庭（审判长核对被告人身份、检察官宣读起诉书、审判长进行权利告知、被告人及辩护人对指控进行陈述），证据调查（控辩双方进行陈述后法院确定调查范围、顺序和方法，对证人按照法官、提出人主询问、对方反询问的顺序进行询问，对书证进行宣读，对物证进行出示），辩论（按先控方后辩方的顺序进行，被告人或辩护人享有最后陈述的机会），裁判。

三是审后阶段，日本实行三审终审，允许上诉2次，种类包括不服地方法院、家庭法院、简易法院的尚未生效的一审判决向高等法院的控诉，不服高等法院的尚未生效的一审或二审判决向最高法院上告，不服裁定或命令提出的抗告；发现已生效判决违法的可向最高法院提出非常上告，发现已生效判决认定的事实错误的可向作出生效判决的法院申请再审。

日本刑事诉讼速减简化的做法如下：

首先，简易公审程序。一是适用范围为“不满1年惩役或监禁的案件”。二是适用条件为被告人在庭审日当庭认罪，经听取检察官、被告人、辩护人意见后适用。三是简化法庭证据调查，可以省略检察官的开头陈述、调查证据的范围、顺序、方法，可以不受请求证据调查以及人证、书证、物证调查方法的限制。[①] 需要说明的是,由于刑诉法对简易公审程序的规定相对概括,故在即决裁判程序实施后,由于法律规定"被告人在庭审时自愿认罪的,应当裁定适用即决裁判程序",且即决裁判程序与简易公审程序的适用范围基本一致,规定相对详细,故实务中已很少适用简易公审程序。[②]

其次,简易命令程序。一是适用范围为"50万以下罚金或罚款,可以并处缓刑、没收或其他附加处分"的案件。二是适用条件为检察官经征得被告人理智且自愿的书面同意后,向简易法院提出公诉时一并提出书面请求(请求书中应添附说明已征求被告人同意的书面材料,并向法院移送必要的文书和证物,这是起诉状一本主义的例外),由简易法院决定。三是省去庭审,简易法院应在14日内书面审理后直接发出简易命令(包含犯罪事实、适用法律、科处刑罚及附加处分、告知被告人和检察官收到简易命令后14日内可请求正式审判)。四是简易命令的效力,确定的简易命令的效力等同于确定判决。但被告人和检察官收到简易命令后可在14日内书面申请正式审判,法院应将该申请迅速通知当事的对方,作出简易命令的法官不得参与正式审判,依据正式审判作出判决前允许撤回正式审判的请求,作出判决后简易命令丧失效力。五是权利救济,准许被告人的法定代理人或保佐人、原审的代理人或辩护人可以为被告人的利益提出上诉。对于裁定不受理公诉、不受理正式审判请求的裁定,可以提出即时抗告。[③]

再次,即决裁判程序。2004年《关于修改刑事诉讼法等部分条文的法律》在第一审程序中增设了即决裁判程序,具体如下:一是适用范围为"不满1年惩役或监禁的案件",且如果判处监禁或惩役,应同时宣告缓

---

① 参见《日本刑事诉讼法》,宋英辉译,中国政法大学出版社2000年版,第66、70页。

② 参见宋英辉、孙长永、朴宗根等:《外国刑事诉讼法》,北京大学出版社2011年版,第488页。

③ 参见《日本刑事诉讼法》,宋英辉译,中国政法大学出版社2000年版,第7~8、103~105、204~205页。

刑。二是适用条件为检察官认为事实清楚,证据确实、充分,且征得被告人理智且自愿的书面同意,还应记载辩护人是否同意的内容(并不要求征得辩护人的同意)。在庭审时被告人当庭认罪的,法院应当适用即决裁判程序。三是权利保障,规定符合强制辩护条件的应指定辩护人,检察官提出申请后应尽可能迅速地向被告人或辩护人提供阅览书证的机会,如辩护人对适用即决裁判程序持保留意见或者未发表过意见,法院应尽可能迅速地要求辩护人确认是否同意适用,在开头程序的公审日和即决裁判程序审理日辩护人不得缺席,没有辩护人不得开庭。四是省略环节主要包括简化法庭调查(除双方有异议的证据外,法院可以适当方式调查证据,不受传闻证据规则的限制)和当日宣判。五是救济限制,控辩双方不得以事实错误为由提出上诉。①

最后,"交通案件即决裁判程序"是根据 1954 年《交通案件即决裁判程序法》的规定而设立的针对交通刑事案件书面审理、当日宣判的简化刑事程序。其特点为:一是适用范围为"50 万以下罚金或罚款,可以并处缓刑、没收或其他附加处分"的交通刑事案件。二是检察官请求,简易法院同意。三是简化环节上,应实行公开审判和由被告人到庭,但可以简化证据调查,当日宣判。四是救济上,对裁判不服,可在 14 日内请求正式审判。②

三、德国、日本刑事诉讼程序速简化的特点

(一)程序简化的前提:基本要求"事实清楚"

德国、日本刑事诉讼程序速简化基本都以案件事实清楚为前提:一

---

① 参见宋英辉、孙长永、朴宗根等:《外国刑事诉讼法》,北京大学出版社 2011 年版,第 486 ~ 488 页。

② 参见宋英辉、孙长永、朴宗根等:《外国刑事诉讼法》,北京大学出版社 2011 年版,第 488 ~ 489 页。

是针对简易程序，德国明确要求“案情简单、证据清楚”；日本则要求被告人当庭认罪，尽管没有直接言明事实清楚，但就检察官已经提起公诉的案件、被告人又当庭认罪的，可以说基本接近“事实清楚”的程度了，而且由于日本简易公审程序规定得较为原则、适用率不高，《日本刑事诉讼法》又规定了“即决裁判程序”，为起到和简易公审程序基本相当的效果，该程序明确规定以“检察官认为事实清楚，证据确实、充分，并征得被告人理智且自愿的书面同意”为前提。二是书面处罚令程序，德国要求检察官认为无审判必要时适用，日本要求检察官征得被告人理智且自愿的书面同意，实践中，无论是检察官认为无审判必要，还是被告人自愿认罪，往往都是在事实清楚的情况下作出的。三是德国的辩诉交易要求法院依职权将证据调查涵盖所有对裁判有意义的事实和证据材料，这种调查大致可以理解为对案件事实清楚的要求。

（二）程序简化的标准：多以罪刑轻重为标准

出于司法资源配置的比例性原则考虑，德国、日本刑事诉讼程序速简化往往只适用于犯罪较轻的案件。一是就书面处罚令程序而言，德国规定限于“单处或并处罚金，保留处刑警告，禁止驾驶，收缴、没收、销毁、废弃等”案件，不需要听取被告人的意见。日本则规定限于“50 万以下罚金或罚款，可以并处缓刑、没收或其他附加处分”的案件，检察官经征得被告人理智且自愿的书面同意后适用。二是简易程序，德国规定仅限于“一年以下自由刑或矫正及保安处分，或者剥夺驾驶许可”的成年人的案件，由检察院申请，法院决定适用。日本的简易公审和即决裁判程序规定限于“不满一年惩役或监禁的案件”，即决裁判程序需要征得被告人理智且自愿的书面同意，简易公审程序则只要被告人在庭审日当庭认罪，经听取检察官、被告人、辩护人意见后即可适用。另外，德国辩诉交易没有设定刑罚界限，但规定可由控辩审三方参与协商。

（三）程序简化的开启：多数体现了法检的意志

德国、日本刑事诉讼程序的简化往往由检察官提出申请、由法官决定,公权力的色彩浓厚。首先,对于书面处罚令程序,在德国,检察官不需要听取被告人的意见,即可向法官提出书面或口头申请,由法官决定是否适用。在日本,检察官需要征得被告人理智且自愿的书面同意后,方可提出申请,由法官决定。其次,对于简易程序,在德国,由检察院书面或口头申请,由法院决定准许或拒绝。在日本,简易程序由法官在听取检察官、被告人、辩护人意见后决定适用,即决裁判程序中,检察官在征得被告人理智且自愿的书面同意后,由法院决定。另外,在德国辩诉交易中,控辩审三方均可以参加协商,故协商的结果显然包含对控、审的影响。

(四)程序简化的环节:简化了起诉、预审、审判环节

德国、日本刑事诉讼程序速简化主要在于简化起诉、预审和审判环节。首先,对于书面处罚命令程序,德国规定不需要经过起诉、开启审判程序、法庭审理,直接不公开地书面裁决。日本规定简易法院应在 14 日内书面审理后直接发出简易命令。可见,德日在该程序中均省略了起诉、审判程序,德国还省略了中间程序。其次,对于简易程序,德国的简化环节包括无须提交公诉书(可口头提出),无须开启审判程序(自收到申请到开庭审理不得超过 6 周),传唤期限缩短到 24 小时,审理时可缺席审理,可由刑事法官在事实清楚时确定证据调查的范围,经被告人和辩护人同意可以不适用直接言词原则。日本的简易环节包括简化法庭证据调查,可以省略检察官的开头陈述、调查证据的范围、顺序、方法,可以不受请求证据调查以及人证、书证、物证调查方法的限制。在日本即决裁判程序中,简化法庭调查(除双方有异议的证据外,法院可以适当方式调查证据,不受传闻证据规则的限制)和当日宣判。可见,德国、日本在该程序中的简化内容主要是简化法庭调查,在德国还包括简化了起诉方式、省去中间程序、缩短传唤期限、缺席审理。

(五)程序简化的后果:没有明确的量刑减让

由于德国、日本刑事诉讼程序速简化的程序类型基本都明确规定限

于轻罪。例如，对处罚令程序，德国规定限于“单处或并处罚金”等案件，日本规定限于“50 万以下罚金或罚款，可以并处缓刑、没收或其他附加处分”的案件；对简易程序，德国规定仅限于“一年以下自由刑或矫正及保安处分，或者剥夺驾驶许可”的成年人案件，日本规定限于“不满一年惩役或监禁”的案件。这就为程序简化后的刑罚设定了最高限，尽管德国、日本没有明确程序简化后量刑减让的规定，但程序简化后的判刑不能超过程序适用的最高限，这一点是肯定的。同时，值得注意的是，德国、日本的书面处罚命令程序中，允许对处罚命令提出异议和撤回异议，如果被告人在 14 日内提出异议，德国规定法官接受异议后应开庭审理，日本规定由作出简易命令的法官以外的法官进行正式审判，德国、日本均允许被告人在一审判决宣告前可以撤回异议。

（六）程序简化的保障：不强调有效的律师帮助

德国、日本刑事诉讼程序速简化中并没有预设强调有效律师帮助的前提。首先，对书面处罚令程序，德国规定“不需要听取被告人的意见”，日本虽规定“征得被告人理智且自愿的书面同意”，但没有强调有效律师辩护的问题。其次，对简易程序，德国规定“对可能判处 6 个月以上自由刑的应指定辩护人”，日本只规定“法官听取检察官、被告人、辩护人意见后适用”，且在即决裁判程序中规定“应征得被告人理智且自愿的书面同意”，“并不要求征得辩护人的同意”，只是规定“符合强制辩护条件的应指定辩护人”，“如辩护人对适用即决裁判程序持保留意见或者未发表过意见，法院应尽可能迅速地要求辩护人确认是否同意适用”，以及“在开头程序的公审日和即决裁判程序审理日辩护人不得缺席，没有辩护人不得开庭”。另外，甚至在德国辩诉交易程序中也没有强调“有效律师帮助”的问题。

（七）程序简化的性质：往往不被视为权利的克减

德国、日本刑事诉讼程序速简化的性质是否系被告人程序权利的克减，事实上并不清晰。一般而言，是否系被告人程序权利的克减，判断标准有二：一是程序简化是否需要征得被告人的同意，二是被告人同意程序简化后是否会得到相应的利益。根据上述标准判断，德国的刑事诉讼程序简化，除近年来借鉴英美法系的辩诉交易做法外，书面处罚令程序和简易程序均不需要征得被告人同意，甚至是不需要听取被告人的意见，可见德国传统上并没有将程序简化视为"被告人程序权利克减"的性质。与之不同，日本在书面处罚令程序和即决裁判程序中均要求"征得被告人理智且自愿的书面同意"，在简易程序中也要求"听取检察官、被告人、辩护人的意见"，然而，日本刑诉法并未规定程序简化后被告人是否应获得相应的利益，故尽管日本在第二次世界大战后吸收借鉴英美法系的成果较多，但对于程序简化性质的认识也并非如英美法系那样清晰，可以说日本的程序简化在性质上带有权利克减的色彩，但并不浓厚。

（八）程序简化的原理：德国职权主义、日本混合主义

一般认为，德国是典型的职权主义模式的国家，而日本则是职权主义吸收当事人主义后混合主义模式的国家。"职权主义模式强调打击和控制犯罪，关注刑事诉讼的安全价值，但不太注重被告人的人权保障，而当事人主义模式则强调正当程序，看重刑事诉讼的自由价值，但时常疏于惩治犯罪。"[①]职权主义模式强调国家干预才是发现案件真实的法宝，而当事人主义则认为控辩对抗才是发现案件真实的理想方式。这就不难理解，从刑事诉讼程序速简化的程序设计看，德国往往将程序简化的前提设计为检察官申请、法官决定，而日本虽然也采用检察官申请、法官决定的模式，但往往要求获得被告人理智且自愿的书面同意。显然德国刑事简化与否的决定权赋予了公权力机关，而日本则是由公权力机关和被告人共同决定的。另外，无论是德国，还是日本，程序分流的前提往往

① 叶青主编：《刑事诉讼法学》，上海人民出版社 2004 年版，第 2 页。

是以事实清楚前提下的罪刑轻重为标准的,从而将程序简化仅仅限于轻罪的案件,尽管近年来德国开始吸收辩诉交易的做法,但从整体上看,刑事诉讼程序的速简化基本上限于轻罪的格局并没有大的改动。

第三节　意大利、俄罗斯刑事诉讼程序速简化的考察

一、意大利刑事诉讼程序速简化的改革

在意大利,整个普通刑事诉讼程序的流程大致如下:首先,审前程序,包括侦查阶段和预审阶段。侦查阶段又可以分为:主动获取或接收案件;司法警察在接报后毫不迟延(以往要求 48 小时内)进行的初步侦查并向检察官报告(一般对可能判处 5 年以上有期徒刑的故意犯罪,以及被当场发现的特定犯罪,司法警官或警员必须逮捕;一般当场发现可能判处 3 年以上有期徒刑的故意犯罪或 5 年以上有期徒刑的过失犯罪,司法警官或警员可以逮捕,除当场逮捕外,一般由检察官决定拘留);检察官接到报告进行犯罪登记后进行正式侦查;侦查终结检察官向预审法官提出交付审判的要求和移送卷宗(检察官作出的撤销案件或终止诉讼的决定需要预审法官批准,对适用特别程序的直接向管辖法院提交诉状和卷宗进行处理);为防止被告人被无根据地起诉和为正式庭审做好准备,预审法官进行秘密预审后发布审判令(2 日内确定合议的时间地点、多数为书面预审,10 日之内通知相关诉讼参与人,在公诉人和当事人在场时按照公诉人、被害人律师、辩护律师的顺序开展合议讨论,预审法官可以讯问被告人和要求公诉人变更指控,裁决发布审判令或不追诉判决)。

其次,审判程序,按照直接原则、口头原则、公开原则、在场原则组织庭审,包括开庭前准备,宣布开庭(法官助理宣读指控,公诉人、辩护人陈述事实并列举要求法庭采纳的证据,被告人自动陈述),法庭调查(控辩

双方各自作开头陈述后,按照控辩顺序开展证据调查),最后陈述(按照控辩的顺序解释各自结论,并可以进行一次答复,但被告人和辩护人享有最后发言权),秘密评议定罪和量刑(有罪判决应一致同意,量刑判决可以采纳多数意见)。

最后,审后程序。不采"禁止双重危险"的原则,控辩双方均可因不服一审的未生效的判决、裁定、决定向上诉法院、最高法院上诉,对已经发生法律效力的判决或处罚令,控辩双方均可向上诉法院申请再审。[①]

实践中,由于各种复杂的原因,意大利刑事诉讼效率很低,对一件普通程序案件的审判,可拖至10年甚至更长的时间,欧洲人权法院对此多有批评。为此,意大利刑事诉讼的速简化从罪刑轻重、被告人、检察官的选择和他们之间的协议结果,以及案件证据的充分程度等方面出发,设计了多种不同的案件迅速处理程序。具体可以分为两大类,一类是省略预审的速简化程序,另一类是省略庭审的速简化程序。实践中,意大利全部刑事诉讼的80%都是依照速简程序处理的。具体如下:

首先,快速审判程序。一是其适用范围为被告人犯罪时被当场抓获或逮捕,检察官可在48小时内送交法官要求批准逮捕和快速审判;检察官有充分证据,且检察官要求快速审判和被告人无异议的;被告人在犯罪时被当场抓获后需要进一步调查的,检察官可在15日(也有学者认为是14日)后要求快速审判;被告人向检察官作了彻底供认,检察官可在犯罪登记后15日(也有学者认为是14日)后要求法官快速审判。[②] 二是其适用条件为事实清楚,证据确实、充分。三是其简化环节包括不经过预审,甚至不经过初期侦查,直接由检察官将案件移送法官进行法庭审理,要求被告人自登记犯罪信息后14日内出庭受审。四是权利保障方

① 参见卞建林、刘玫主编:《外国刑事诉讼法》,中国政法大学出版社2008年版,第298~307、310~318页。

② 参见周欣主编:《外国刑事诉讼特色制度与变革》,中国人民公安大学出版社2014年版,第214页。

面,庭审按照普通程序规则进行,允许控辩双方上诉。[①]

其次,立即审判程序。一是其适用范围为在开始侦查后90日内,证据已充分,且被告人已受过讯问并作出供述的案件。二是其程序启动由检察官或被告人要求,预审法官于5日内决定。三是简化的环节为省略预审。四是权利保障方面,将被告人获得简易审判或辩诉交易视为权利,只有在被告人放弃权利的情况下才按普通程序规则审理,且允许上诉。该程序与快速审判程序一样,都省略了预审程序,但也有区别,即该程序可以由被告人要求,系由预审法官决定。[②]

再次,处罚令程序。一是其适用范围为被处以罚金刑的轻微刑事案件。二是其适用条件为检察官提出、被告人同意,预审法官同意并发出处罚令。三是简化环节为省略侦查和审判。四是法律效果上可以减少法定罚金数额的50%,被告人可以在收到处罚令的15日内提出异议,要求进行简易审判、立即审判、辩诉交易,否则,法官应裁定执行处罚令。五是救济方面,禁止上诉。[③] 根据2017年对《意大利刑事诉讼法》的修改,法官在以财产刑代替监禁刑的情况下,应考虑被告人及其家庭的整体情况,且允许分期付款。[④]

复次,依当事人的要求适用刑罚程序。该程序被称为意大利式的"辩诉交易",根据该程序,在审判开始之前检察官和辩护律师可以就量刑达成协议,并请求法官按此论处。具体特点如下:一是适用范围仅限于可能判处不超过3年监禁的轻罪案件。二是适用阶段为审判开始之前。三是适用条件为检察官掌握了充分的有罪证据,检察官和辩护律师双方对定罪不持异议(不要求被告人作有罪答辩),由法官决定是否接受。四是辩诉交易

---

① 参见卞建林、刘玫主编:《外国刑事诉讼法》,中国政法大学出版社2008年版,第309页。

② 参见卞建林、刘玫主编:《外国刑事诉讼法》,中国政法大学出版社2008年版,第309页。

③ 参见卞建林、刘玫主编:《外国刑事诉讼法》,中国政法大学出版社2008年版,第309~310页。

④ 参见施鹏鹏:《迈向刑事诉讼的宪法化——意大利的"奥兰多"改革及其评价》,载《国家检察官学院学报》2019年第2期。

的内容仅限于量刑，不得交易犯罪性质（是否有罪、是否撤销指控不能交易）。五是程序简化的环节为不必经过审判。六是量刑优惠可以减刑最高 1/3、宣判刑不超过 2 年，且被告人被定罪后若干年内未有再犯相似犯罪有权要求删除犯罪记录。[①] 七是特殊情况下，即使检察官不同意，法官在审理时也可以和被告人达成交易，检察官不服可以提出上诉。八是救济方面判决不可以上诉。[②] 根据 2003 年修订后的《意大利刑事诉讼法》，辩诉协商的适用范围扩大为不超过 5 年监禁的案件。

最后，简易审判程序。该程序是意大利新刑事诉讼法中最重要的速简化程序，是指由预审法官进行秘密、书面审判即对被告人判处刑罚的程序。其特点是：一是适用范围方面没有罪刑轻重的限制。二是适用条件为检察官和被告人均可提出，必须经被告人同意，预审法官决定。三是简化环节为省略正式审判，只要预审法官进行书面审查即可判决。四是法律后果为量刑时可减刑 1/3。五是救济方面存在限制，即控辩双方均不能对量刑提出上诉。[③] 另外，如果根据简易程序对被告人定罪，将不记录犯罪，根据意大利宪法法院的判决，将可能判处终身监禁的案件已排除出简易程序的适用范围。[④] 根据 2017 年《意大利刑事诉讼法》的修改，法律后果方面量刑已扩大为“违警罪的刑罚减少一半，重罪刑罚应减少三分之一”。[⑤]

二、俄罗斯刑事诉讼程序速简化的改革

根据 2001 年通过的《俄罗斯联邦刑事诉讼法典》，俄罗斯刑事诉讼

---

① 参见卞建林、刘玫主编：《外国刑事诉讼法》，中国政法大学出版社 2008 年版，第 308 页。

② 参见周欣主编：《外国刑事诉讼特色制度与变革》，中国人民公安大学出版社 2014 年版，第 215～216 页。

③ 参见周欣主编：《外国刑事诉讼特色制度与变革》，中国人民公安大学出版社 2014 年版，第 216～217 页。

④ 参见卞建林、刘玫主编：《外国刑事诉讼法》，中国政法大学出版社 2008 年版，第 308 页。

⑤ 施鹏鹏：《迈向刑事诉讼的宪法化——意大利的“奥兰多”改革及其评价》，载《国家检察官学院学报》2019 年第 2 期。

的普通程序如下：一是审前阶段，包括：专门机关和人员对犯罪信息材料的接受、登记和审查，3 日内决定是否提起刑事案件；自提起刑事案件之日起 20 日至迟 30 日内由调查机关和人员开展调查；调查终结或采取羁押措施后 10 日内制作起诉意见书连同案件材料一并送交检察长；检察长审查起诉意见书及案件材料后作出终止案件、退回补充调查或重新制作起诉意见书、直接移送法院、移送侦查的决定；侦查员自提起刑事案件之日起 2 个月（可以延长）内开展侦查；侦查终结后制作起诉书连同案卷材料移送检察长；检察长审查后在 10 日内决定退回补充侦查或重新制作起诉书、移送法院、移送上级检察长。①

二是审判阶段，包括法院自收到案件之日起 30 日内（非羁押）或 14 日内（羁押）决定是否开庭审理，自决定开庭审理之日起 30 日内（陪审法庭）或 14 日内开庭审理，法院可以根据控辩双方申请或依职权举行庭前听证，庭审预备，法庭调查（检察官叙述指控、审判长询问被告人是否认罪、按照先控方后辩方的顺序举证），法庭辩论（按照先控方后被告人及辩护人的顺序发言，控辩双方均有一次辩驳机会，最后答辩权属于被告人和辩护人），被告人最后陈述，退庭后评议并宣判定罪和量刑情况。②

三是审后阶段，不采“禁止双重危险”原则，控辩双方不服和解法官作出的尚未生效的裁判，可分别提起抗诉或上诉，由区法院法官对事实和法律重新审理；对于除和解法官裁判之外的第一审裁判和第一上诉审法院的裁判不服，控辩双方可提起抗诉或上诉，由第二审上诉法院对事实和法律重新审理；对于已经生效的裁判，还可以提起再审。③

俄罗斯刑事诉讼的速简化主要指“法庭审理的特别程序”中的“被告人同意指控时法庭审理的特别程序”（类似于有罪答辩）、“签订审前协

---

① 参见卞建林、刘玫主编：《外国刑事诉讼法》，中国政法大学出版社 2008 年版，第 339 ~ 344 页。

② 参见卞建林、刘玫主编：《外国刑事诉讼法》，中国政法大学出版社 2008 年版，第 344 ~ 347 页。

③ 参见卞建林、刘玫主编：《外国刑事诉讼法》，中国政法大学出版社 2008 年版，第 347 ~ 353 页。

议时适用的特别程序”(类似于辩诉交易)、“和解法官审理的特别程序”(自诉案件)。具体如下：

首先，被告人同意指控时法庭审理的特别程序。其特点如下：一是适用范围为最高法定刑不超过10年自由刑的案件。二是适用条件为经检察官或自诉人、被害人同意，被告人同意且在辩护人在场时提出不经法庭审理的申请，由法院决定。三是简化环节为开庭审理时被告人和辩护人必须到庭，简化正式审判，重点审查量刑情节，经审查证据充分的，作出有罪判决。四是法律后果方面，根据该程序判处的刑罚不得超过法定最高刑的2/3。五是权利救济方面，控辩双方有上诉或抗诉的权利。①

其次，签订审前协议时适用的特别程序。其特点如下：一是适用范围没有罪刑的限制，重罪和轻罪均可适用。二是审前协议由犯罪嫌疑人、被告人等一方向检察长书面申请，由检察长决定是否接受。三是签订时间为审前调查阶段。四是审前合作协议的形式，应由检察长、侦查官、犯罪嫌疑人、被告人、辩护人共同制作，除侦查官外，都应签字。五是简化的环节方面，仍然需要进行审前调查，但调查结束后可以向法院提出适用特别程序审理的申请，从而省略正式审判。六是允许抗诉。②

最后，和解法官审理的特别程序。其特点如下：一是适用的范围为和解法官审理的自诉刑事案件。二是程序的开启由和解法官受理自诉案件后，自诉人和被告人双方申请和解，刑事诉讼根据和解法官的裁决予以终止。如果系因被害人出于依赖从属或孤立无援之状态，或由于其他原因不能提出自诉，而经检察长同意由侦查员、调查人员代为提起刑事诉讼，则应在弥补被害人损失后，裁定终止诉讼。③ 与我国当事人和解

---

① 参见周欣主编：《外国刑事诉讼特色制度与变革》，中国人民公安大学出版社2014年版，第280～281页。

② 参见卞建林、刘玫主编：《外国刑事诉讼法》，中国政法大学出版社2008年版，第403～404页。

③ 参见周欣主编：《外国刑事诉讼特色制度与变革》，中国人民公安大学出版社2014年版，第282～283页。

的公诉案件程序相比,俄罗斯和解法官审理的特别程序的最大特点在于程序的终结性,也正因如此,该程序才被纳入速简程序之列;相反,我国当事人和解的公诉案件程序则是在程序基础上的动作添加,由于程序终结性的规定不明,反而成为诉讼效率提升的拖累。

三、意大利、俄罗斯刑事诉讼程序速简化改革的动向

近年来,意大利和俄罗斯分别对其刑事诉讼进行了大刀阔斧的改革,吸引了世界学者的关注,其中,由于意大利改革力度之大,最为引人注目。从上述对二者改革的分析看,意大利、俄罗斯的刑事诉讼程序速简化改革在一定程度上代表了世界刑事诉讼程序速简化改革的动向,往往体现为职权主义模式对当事人主义模式的借鉴吸收。

(一)程序简化的前提:多数要求"事实清楚"

关于程序简化是否要求必须在事实清楚的前提下进行,英国、美国、加拿大与德国、日本存在差别,英国、美国、加拿大多数不要求"事实清楚",但德国、日本基本要求"事实清楚",从意大利和俄罗斯的改革动向看,二者并不一致,意大利多数仍坚持"事实清楚"的前提,如意大利的快速审判、立即审判、依当事人要求适用刑罚均要求"证据充分",但处罚令程序和简易程序则没有明确的要求。在俄罗斯签订审前协议时适用的特别程序中,即使达成审前协议,检察官仍然需要进行审前调查,侧面说明需要"事实清楚"的前提,但在类似有罪答辩程序中,并没有予以特别强调。

(二)程序简化的标准:以被告人同意为主、罪刑轻重为辅

对于刑事诉讼程序速简化,无论是意大利还是俄罗斯,刑事程序简化基本都要求以"被告人同意"为前提,例如,意大利处罚令程序要求检察官提出、被告人同意,预审法官同意。依当事人要求适用刑罚程序要求检察官和辩护律师双方对定罪不持异议,由法官决定是否接受。快速审判要求在现场抓获下被告人无异议时由检察官提出、法官决定。立即

审判可由检察官或被告人要求,预审法官决定。简易程序要求检察官和被告人均可提出,必须经被告人同意,预审法官决定。俄罗斯的"有罪答辩"和"辩诉交易"显然也需要征得被告人的同意。至于是否限于轻罪,意大利的处罚令程序限于判处罚金刑的轻微犯罪案件,依当事人要求适用刑罚程序限于可能判处不超过5年监禁的轻罪案件。俄罗斯的"有罪答辩"限于"最高法定刑不超过10年自由刑的案件",其余均无罪刑方面的限制,即使是意大利规定的"不超过5年监禁刑的案件"和俄罗斯规定的"最高法定刑不超过10年自由刑的案件",也并非典型的轻罪。

(三)程序简化的开启:多由控辩双方选择、法官决定

如前所述,在意大利,开启处罚令程序和快速审判程序均要求经过"检察官提出、被告人同意、法官决定"这一过程。同时,启动立即审判和简易程序均要求符合"经检察官或被告人提出,由法官决定"这一前提。在俄罗斯,尽管签订审前协议时特别程序的启动必须由犯罪嫌疑人向检察长申请,由检察长决定,但适用被告人同意指控时法庭审理的特别程序,则不仅要求被告人同意放弃法庭审理的申请必须在辩护人在场时做出,而且要求必须经过检察官、自诉人、被害人同意。当然,最终将由法官决定。可见,程序简化的一般要求多为控辩双方提出,经对方同意后,最终由法官决定。

(四)程序简化的环节:集中在预审、审判,乃至起诉、侦查

在意大利,处罚令程序省略侦查、起诉、预审、审判。快速审判省略预审,甚至省略初期侦查。立即审判省略预审。依当事人的要求适用刑罚程序省略审判。简易程序省略审判,只要预审法官书面审查即可判决。在俄罗斯,被告人同意指控时法庭审理的特别程序简化正式审判,重点审查量刑情节。签订审前协议时适用的特别程序省略正式审判,但不省略审前调查。由此可见,意大利和俄罗斯基本与其他国家一样,简化的环节集中在预审和审判环节,对于个别程序甚至可以省略起诉乃至

侦查,但省略侦查的前提不同,处罚令程序省略侦查是因为被告人同意适用,且该程序仅限于轻微犯罪,而快速审理程序是因为"事实清楚、证据充分"的条件已达到。

(五)程序简化的后果:多数规定了明确的量刑减让

在意大利,处罚令程序明确规定,可以减少法定罚金数额的50%。依当事人申请适用刑罚程序明确规定,可以减刑最高1/3、宣判刑不超过2年,且被告人被定罪后若干年内未有再犯相似犯罪有权要求删除犯罪记录。简易程序明确规定,违警罪的刑罚减少一半,重罪刑罚应减少1/3。在俄罗斯,被告人同意指控时适用的特别程序明确规定,根据该程序判处的刑罚不得超过法定最高刑的2/3,这意味着至少要减轻1/3。由此可见,除意大利的快速审判、立即审判和俄罗斯的签订审前协议时适用的特别程序外,多数的程序简化均规定了明确的量刑减让,而且基本都规定减刑比例以1/3为界限,只是俄罗斯的规定看似减刑比例更大。

(六)程序简化的保障:不强调有效的律师帮助

在意大利和俄罗斯的刑事诉讼程序速简化改革中,尽管往往体现尊重被告人意愿的设计,但并没有像英美国家一样,强调有效的律师帮助。在相关介绍性的文件中几乎找不到像英美法系那样规定"律师帮助",强调"律师的帮助必须达到有效的程度",以及规定"形式化的律师帮助甚至可以成为撤回被告人同意的合理理由"。其中,可能的原因是意大利和俄罗斯在这方面坚持了职权主义的传统,给予公权力机关更多的信赖,以及对律师资源的有限性和律师帮助有效性判断标准操作性难度的担忧。另外,这与两国多数强调事实清楚的适用前提可能也不无关系。

(七)程序简化的性质:权利本体

按照英美法系的逻辑,根据程序先于权利的理念,程序公正优先于实体公正,这在世纪大案"辛普森杀妻案"中可见一斑,而程序是对被告人权利的保障(获得预审和审判是被告人的权利),那么程序简化就是对被告人程序利益的克减,而且这一观念也确实影响了一些国家的实践。然而,在意大利,对程序简化的性质判断可能与上述观念存在差别。在意大利立即审判中,被告人有获得简易审判或辩诉交易的权利,只有被告人放弃这一权利,才能按普通程序审理。而且在意大利式的辩诉交易中,确实规定了"即使检察官不同意,被告方也有权要求法官依法减刑三分之一"。同时,在意大利,立即审判程序、辩诉交易和简易程序均可由被告方提出,既然被告方可以主动提出,就意味着这对被告人而言更具有权利的性质。如此说来,在意大利,程序简化并非权利的克减,恰恰成为权利本身。造成上述性质差异的原因可能在于:一方面,《意大利刑事诉讼法》普遍规定了明确的量刑减让,带有明确量刑减让性质的程序简化不仅不会对被告人有害,反而对被告人有利。从可以获得量刑减让的结果角度看,被告人获得量刑减让的权利就等于是被告人获得适用简化程序的权利。另一方面,尽管意大利刑事诉讼改革吸收了当事人主义的诸多成分,但职权主义的土壤中缺乏培育如英美法系那般程序优位理念的养分,对程序的关注尚未达到英美国家那样的程度。

(八)程序简化的原理:混合主义

意大利和俄罗斯的刑事诉讼程序简化基本呈现"检察官提出、被告人同意、法官决定"的当事人主义与职权主义的混同模式,既注重发挥控辩双方在程序进程中的主体地位,尤其是征得被告人同意,保障了被告人的程序选择权,又强调法官的审查把关作用,将最后的信赖赋予法官。可以说,刑事诉讼程序简化的进程是由控辩审三方共同作用的结果。另外,意大利和俄罗斯的刑事诉讼程序简化也考虑了罪刑轻重的因素,但主要是确保在"在罪刑极其严重的情况下谨慎地适用刑罚",因此,程序简化绝大多数不再仅限于轻罪的范围,除意大利处罚令这一书面程序限于判处罚金刑的轻微犯罪案件外,在意大利,依当事人要求适用刑罚程序限于可能判处不超过5年监禁的案件,俄罗斯的“有罪答辩”限于“最高法定刑不超过10年自由刑的案件”,意大利的快速审判程序、立即审判程序、简易程序以及俄罗斯的签订审前协议时适用的特别程序基本没有罪刑轻重的限制。

第四节 域外刑事诉讼程序速简化的评析

中世纪后期,当欧洲大陆在复兴罗马法、形成大陆法系传统时,英国由于独特的地理位置发展出了普通法系。时至今日,在世界范围内的刑法体系主要存在以下四种模式:第一种是以德日为代表的阶层犯罪论的刑法学体系,第二种是以英美为代表的双层次犯罪论的刑法学体系,第三种是以中俄为代表的四要件犯罪论的刑法学体系,第四种是以法国为代表的行为—行为人二元犯罪论的刑法学体系。其中,在世界范围内德日刑法学体系因其独特的逻辑魅力和英美刑法学体系因英美的独特地位而影响最大。在坚持德日刑法学体系和英美刑法学体系的国家中,刑事诉讼程序速简化的实践是否与不同的刑法体系相关,这种相关性的程度多大,作为与德日刑法学体系和英美刑法学体系完全不同的我国刑法学体系,这种相关性的程度是否会影响比较借鉴的可行性,值得思考。

一、域外刑事诉讼程序速简化模式与实体法密切相关

(一)英美法系:程序优位的纠纷解决模式

受“程序先于权利”观念的影响,英美法系往往比较注重程序正义,要求对实质正义的追求必须建立在程序正义的基础之上。与这样的法

律观念相适应,英美法系的双层次犯罪论要求,犯罪的成立首先符合犯罪本体要件,即客观上有犯罪行为,主观上有犯罪心态;其次符合责任充足要件,排除正当防卫、紧急避险、未成年、受胁迫等合法辩护事由。这一犯罪论体系将犯罪成立条件按照控辩双方的主张予以划分,体现了当事人主义的诉讼模式。相应地,在刑事诉讼程序速简化的过程中,其并不强调“事实清楚,证据确实、充分”这样的实体要件,而是强调人权保障的程序正义,包括将简化环节集中在费时费力的预审和审判环节,而预审和审判通常被视为犯罪嫌疑人、被告人的权利,甚至是宪法上的权利,故将程序简化的性质视为对犯罪嫌疑人、被告人权利的克减。程序简化的启动就有赖于犯罪嫌疑人、被告人权利的自愿放弃和选择,而为确保选择的自愿性和吸引力就必须强调有效的法律帮助和明确的量刑减让。

值得注意的是,世界范围内对美国辩诉交易制度的借鉴已屡见不鲜,但也遭遇了不同程度的质疑。事实上,美国这种既无时间限制又无罪刑轻重限制,既可以交易罪名,也可以交易量刑的辩诉交易模式,不仅与其特殊的诉讼制度相关(例如,当事人主义诉讼模式要求程序的推进靠双方合意,而不是法律的直接安排,在程序优位观念下,法律出于程序正义的考虑,在对一般的刑事诉讼程序作出规定时,充斥着犯罪嫌疑人、被告人的程序权利规定,如陪审团审判的权利、不自证其罪的权利、与证人对质并交叉询问的权利、辩护权、获得有效法律帮助的权利、权利被告知的权利等,并且根据禁止双重危险的原则,控诉方不能因同一事实再行起诉,上诉权也往往受到限制),而且与其特殊的实体法规定相适应。英美刑法中并没有“罪数理论”的概念,“同一行为构成两个以上罪的,对各罪均应追诉,这是美国刑法不同于大陆法系刑法的一项原则”。同一行为构成两个以上罪有多重含义:一是行为人多个行为伤害多人,可定多项伤害罪。二是行为人一个行为打死打伤各一人,可定杀人和伤害两项罪。三是为强奸而殴打并威逼女子跟其至家的行为,分别成立殴打罪、绑架罪、强奸罪。如果手段行为超过限度成立犯罪，则手段和目的行为数罪并罚。如果结果行为超过限度构成犯罪，则与实行行为数罪并罚。如果共谋抢劫银行并且实施了抢劫银行的行为，则成立共谋抢劫银行和抢劫银行两罪。由于上述行为过于严厉，《美国模范刑法典》作出了部分变通，规定五种并合罪的情形，即一罪被他罪吸收、一罪仅为他罪的预谋或预备、两个以上罪虽要求不同的事实要素但被告人行为只有一个时、存在一般与特殊的法条竞合时、持续行为未被中断时。然而，美国各州刑法仅仅采纳了上述的部分规定。因此，从立法和司法实践来看，美国的并合罪（数罪不并罚的情况）主要是指那些罪质相同、程度不同的吸收犯。① 美国在对“数罪”概念进行严格法定的同时，对于“并罚”制度传统往往坚持有罪必罚理念，即数罪的刑罚简单相加。自 20 世纪 50 年代起，美国许多州的数罪并罚制度在连续相加的基础上，又出现了重刑吸收轻刑的模式。数罪并罚在当前美国，以相加原则为主或者以吸收原则为主，都只是在少数司法区，差不多半数的司法区采取连续相加（数刑的上限相加，决定应执行的刑期）和合并吸收（数刑的下限和上限各自采取以重吸收轻的办法决定应执行的刑期）并行的做法，具体在何种情况下采用连续相加、何种情况下采用合并吸收，有些州的法律授予法官自由裁量权。② 在美国司法实践中，即使被宣告数罪，也并不导致刑罚成比例地增加。《美国量刑指南》对于数罪可判处的刑罚大致的规则如下：“一是当犯罪行为涉及的是可替代性的物品时，数额应相加，所得总额适用于指南。二是当犯罪行为涉及的是不可替代的损害时，应增加其中最严重的犯罪等级，以反映其他罪行的存在。制定量刑指南的目的就是为了减少武断地将一个行为指控为数个罪项所产生的

---

① 参见储槐植、江溯：《美国刑法》（第 4 版），北京大学出版社 2012 年版，第 111 ~ 112 页。

② 参见储槐植、江溯：《美国刑法》（第 4 版），北京大学出版社 2012 年版，第 260 ~ 261 页。

较长刑期的可能性。”[①]“如果数罪密切相关，则依照数罪规则予以合并，再适用合并数罪中最重一罪的犯罪等级。”[②]然而，无论如何，在美国连续相加的数罪并罚模式仍然很有市场。综上所述，美国的辩诉交易与其说是控辩双方就被告人罪名和刑罚的减让，不如说是程序法对实体法传统中的“数罪理论”与“并罚规则”的纠偏，通过辩诉交易舍弃的罪名指控或进行的量刑减让效果，与德日刑法中“罪数理论”和“数罪并罚”理论适用后的处刑结果，往往具有相似的效果，而且避免了英美刑法中动辄判处数百年刑罚的尴尬境地。可见，以往我国学者认为美国的辩诉交易是为追求效率而放弃正义的极端做法的批评显然是欠妥当的，事实上，在美国程序优位的观念和“当事人主义”模式下，通过被告人自愿放弃程序利益而实现程序速简化的做法具有理论上的正当性，守住了正义底线（对指控的证据有知情权、获得有效的法律帮助、程序选择权），即使从实体法的角度看，也只不过舍弃了那些名义上的刑罚或者与德国、日本刑法相比较多余的刑罚而已，并非放弃了正义的要求。

（二）大陆法系：实质优位的真相查明模式

“犯罪构成”的概念最早用于德国刑事诉讼法中，19 世纪初由德国的刑法学之父费尔巴哈将其作为犯罪成立条件引入刑法，后来日本学者将其翻译为“构成要件”。20 世纪初，德国刑法学家贝林格在三阶层的犯罪论体系内提出了系统的构成要件理论。后经过不断发展，形成了在大陆法系占主导地位的犯罪论学说，即三阶层的犯罪论体系，犯罪的成立必须满足构成要件符合性、违法性和有责性三个阶层的判断。构成要件符合性指某种行为符合构成要件的情况。违法性指从法的角度来看

---

① 吕忠梅总主编、美国量刑委员会编：《美国量刑指南——美国法官的刑事审判手册》，逄锦温等译，法律出版社 2006 年版，第 10 页。

② 吕忠梅总主编、美国量刑委员会编：《美国量刑指南——美国法官的刑事审判手册》，逄锦温等译，法律出版社 2006 年版，第 303 页。

不能允许行为实施的性质，所谓违法意味着在法的关系中行为是无价值的，在这个意义上，可以说是对行为的“法的无价值”判断。[①] 责任性是指对符合构成要件的违法行为的行为人的非难可能性。[②] 构成要件符合性只是犯罪成立的一个条件，是违法的类型，具有推定违法的机能，既包括客观的、记述的要素，也包括主观的、规范的要素。相应的违法性和有责性的判断属于在构成要件符合违法有责推定前提下的否定性判断。与大陆法系多数国家的犯罪论体系不同，法国采取“行为—行为人”二元的犯罪论体系，犯罪成立要件包括犯罪特有构成要件和责任要件，前者又包括事实要件和心理要件，事实要件是指成立犯罪必须要有作为或不作为，不包括行为结果。心理要件要求行为人的作为或不作为必须是行为人意志的结果，包括故意和过失，是联系行为与行为人的纽带。同时，责任要件包括正当防卫等不负刑事责任的客观原因，也包括刑事责任年龄等不负刑事责任的主观原因。可见，大陆法系的犯罪论体系形似一场跨栏比赛，只有逐次跨过不法与责任要件的判断后方才成立犯罪，不同犯罪论体系的区别主要是各具体要件的先后顺序不同而已，而这一过程则完全交由侦查机关、检察机关、审判机关判断，体现了职权主义的诉讼模式。与之相伴，在刑事诉讼程序速简化的过程中，无论程序如何简化，公权力机关对犯罪予以判断的前提都必须基于“清楚的事实”。既然事实已经查明，为查明事实的诉讼程序自然可以简化，不仅是法院的预审和审判环节可以简化，一向被视为“站立的法官”的检察官的起诉也可以简化。至于程序简化的性质，处于一种不清晰的状态，可能更多考虑的是在于提高公权力机关处理案件的效率，并不强调被追诉人的程序权利，也不强调程序简化系对被追诉人程序权利的克减。既然程序简化并非

---

① 参见马克昌：《比较刑法原理：外国刑法学总论》，武汉大学出版社 2002 年版，第 128、275、403 页。

② 参见[法]卡斯东 · 斯特法尼等：《法国刑法总论精义》，罗结珍译，中国政法大学出版社 1998 年版，第 215、246、339 页。

对被追诉人权利的克减，也就不需要在程序简化时征得被追诉人的同意，既然被追诉人的意见并非关键因素，自然不必强调有效律师帮助的问题，也不必向被追诉人承诺额外的量刑优惠，而可以更多地取决于检法的意志。为了控制公权力的恣意，防止对司法公正的影响，出于比例原则的考虑，往往将程序简化的范围控制在罪刑较轻的案件中。

目前，我国通说仍坚持四要件犯罪论体系，该体系源于苏联，而苏联则是在批判借鉴德国刑法学体系的基础上构建的，该体系追求犯罪的实质概念，并将犯罪的实质引入犯罪构成，使犯罪构成成为犯罪的唯一规格。尽管部分学者往往将我国的四要件犯罪论体系批判为平面耦合的结构，四个要件处于“一荣俱荣、一损俱损”的地位，但是只要在具体判断中坚持先客观要件、后主观要件的顺序，也可以实现具体犯罪成立要件判断的层次化。另外，我国刑事诉讼法明确规定公检法三机关之间系分工负责、互相配合、互相制约的关系，必须经过侦查、起诉、审判三个环节均认为达到“事实清楚，证据确实、充分”的标准，犯罪方才成立。可见，无论是从犯罪论体系的渊源看，还是从犯罪论体系的结构看，抑或从刑事诉讼流程看，我国的情况更接近大陆法系，借鉴大陆法系的难度要小于借鉴英美法系的难度，对此，应该有所预期。

二、域外刑事诉讼程序速简化的启示

当前，世界刑法都开始了向积极刑事立法观的转变，如“德国立法者在过往半个世纪中日趋侧重功能主义的积极刑事立法观，导致德国刑法逐步从传统法治国背景下的法益保护法和市民防御法转向以社会控制为主导的国家干预法和社会防卫法，也造成了诸多难以与现有法律体系和学说理论相协调的象征性立法”。[①] “为缓解因犯罪率上升而造成的审判压力，很多国家在刑事诉讼普通程序基础上进行了改革，针对不同性

① 王钢：《德国近五十年刑事立法述评》，载《政治与法律》2020 年第 3 期。

质的案件,设计出不同的简易程序加以应对,极大地提高了刑事案件的审判效率。"[①]德国一审除普通程序外,还有速决程序和简易程序,速决程序限于事实清楚、罪行较轻、被告人供认不讳的案件,法官可不经庭审直接判决。简易程序仅适用于处罚金和2年以下有期刑罚的案件,由法官独任审理。据介绍,90%的案件采用上述两种程序处理。初级法院人均审判376件、州法院人均12件。[②] 辩诉交易起源于美国,原因就在于刑事司法体制负担过重,目前已为大陆法系部分国家所借鉴,如德国的协商性司法[③]。域外刑事诉讼程序速简化的启示如下。

(一)程序简化前提的启示:"事实清楚"

对于简化程序,大陆法系和英美法系关于是否要求"事实清楚"差别较大,大陆法系基本以"事实清楚"为前提,而英美法系往往不要求以"事实清楚"为前提。究其原因,如前所述,与各自"职权主义"和"当事人主义"的诉讼模式不无关系。从目前大陆法系借鉴英美法系中协商司法的做法看,大陆法系多数还是坚持了传统的观念,即多数都要求"以事实清楚为前提"。通说的观点认为,我国的诉讼模式属于超职权主义诉讼模式,更接近大陆法系,因此,无论是从法系亲缘性的角度,还是从我国法治传统和立法、司法实践看,我国刑事速简程序的改革都应当坚持"事实清楚"的前提。

(二)程序简化标准的启示:"罪刑轻重兼顾被告人认罪"

简化程序与普通程序如何划分直接涉及程序简化标准的界定,综观两大法系的做法,英美法系兼顾罪刑轻重与权利自愿放弃(认罪答辩同时带有实体认罪、程序选择的后果),而大陆法系程序多以罪刑轻重为标

---

① 张荣丽:《刑事简易程序比较研究》,载《河北法学》2004年第3期。

② 参见朱孝清:《德国司法、刑事诉讼制度考察录》,载《人民检察》1997年第7期。

③ 参见[德]约阿希姆·郝尔曼:《协商性司法——德国刑事程序中的辩诉交易?》,程雷译,载《中国刑事法杂志》2004年第2期。

准。可见,罪刑轻重都是两大法系选择程序简化所考虑的内容,区别仅在于“是否应将被告人认罪答辩作为程序简化的理由”:英美法系历来主张刑事诉讼程序进程由当事人双方推动的纠纷解决模式,预审和审判往往被视为被告人的宪法性权利,故自然认同“被告人认罪”对于程序简化的意义;但大陆法系传统的观点往往主张真相查明的职权主义模式,虽然承认“被告人认罪答辩”对查明真相的积极意义,但也强调“被告人认罪”不等于查明真相,而是从宪法的比例原则出发,认为应当根据罪刑轻重进行诉讼程序的繁简分流。目前,从大陆法系程序速简化的改革实践看,往往以事实清楚的前提下被告人同意适用速简程序为主要标准,力求在确保实体正义的同时,也突出保障被告人的程序权利。这不仅与英美法系的强势影响有关,而且与部分大陆法系国家刑事案件攀升、传统司法效率低下相关。从发展的角度看,我国刑事诉讼程序速简化既应在“罪刑轻重”方面与世界各国保持一致,也应肯定“被告人认罪”对刑事诉讼程序简化的积极意义,但值得注意的是:一方面,刑事诉讼程序的速简化程度原则上应与刑事案件处理的难易程度成正比,而在决定案件处理难易程度方面,“被告人认罪”显然比“罪刑轻重”更有优势;另一方面,美国的认罪答辩并不意味着在作有罪答辩的同时,还要单独就适用速简程序取得被告人同意,此时控辩双方的纠纷已经解决,刑事诉讼目的已然达成,为确保刑事诉讼目的实现的程序权利保障也就失去了最初的意义。意大利和俄罗斯的刑事诉讼程序速简化坚持以事实清楚为前提,那么真相查明的刑事诉讼目的也已达成,再要求适用速简程序取得被告人同意,看似保障了被告人的程序权利,实则不仅对被告人无益(与程序是否简化相比,被告人更关心实体结果),反而对提升司法效率有害。

(三)程序简化开启的启示:“赋予被追诉人建议权”

在程序简化的启动环节,大陆法系往往坚持职权主义的模式,多数体现了检、法的意志；相反，坚持当事人主义模式的英美法系，多数有赖于控辩双方的选择（有罪答辩具有实体认罪和程序简化的双重效果）。即使两种模式都赋予检察机关一定的程序启动权，也应看到检察机关在不同模式下地位的差别：在大陆法系中，检察官往往被视为“站着的法官”；而在英美法系中，检察官则仅仅属于与辩方平等的当事一方。近年来，大陆法系程序速简化改革的方向往往在于：在尊重法官权力的前提下，尊重被告人的程序选择权。就我国而言，刑事诉讼程序速简化概念的提出是为了鼓励程序简化、提升效率，从这一目的出发，就不应该对速简程序的开启主体设置过多的限制。以往我国的简易程序和普通程序简化审程序中，由于对被告人刑事诉讼主体地位的认识不足，在程序启动环节并没有明确被告人程序开启环节的相关权利。随着我国人权保障意识的加强，应该在保障权利和提升效率之间寻求妥当的平衡，未来速简程序的开启应当明确犯罪嫌疑人、被告人具有程序适用的建议权，由检察机关和人民法院根据案件所处的不同阶段决定是否适用；在犯罪嫌疑人、被告人没有提出建议的情况下，检察机关和人民法院也可以根据案件具体情况，在听取犯罪嫌疑人、被告人等相关意见后，根据案件所处的不同阶段决定是否适用。需要特别说明的是，程序简化不以犯罪嫌疑人、被告人同意为前提，是在强调事实清楚基础上、以量刑优惠为后果、保证程序适用的建议权和发表意见权的制度设计，既确保了案件质量，又有利于犯罪嫌疑人、被告人，还有助于提升诉讼效率，应当是可以被接受的。至于是否应赋予辩护人和被害人及其诉讼代理人程序简化的启动权问题，我们认为：为使程序简化取得实效，可规定检察机关和人民法院应当听取辩护人、被害人及其诉讼代理人的意见；但为最大限度地适用速简程序，不宜要求经辩护人、被害人及其诉讼代理人同意作为程序开启的必要条件。

（四）程序简化环节的启示：“简化侦查、起诉、审判环节”

程序简化环节是程序简化的重要内容，由于旷日持久的审判最容易遭受诟病,故无论是大陆法系还是英美法系均坚持将“预审和审判”作为程序简化的内容,存在差异的是大陆法系还将“起诉”作为程序简化的内容,而英美法系则没有对起诉环节予以关注。可能的原因是:在当事人主义模式下,检察机关作为控诉方往往被视为当事人一方,对于当事人一方的工作是否需要简化往往是当事人自己的选择,法律并不会作强制的要求或者固定化的规定。然而,在职权主义模式下,检察官是国家和社会公共利益的守护者,应秉持客观公正的立场,法律自然希望检察机关可以以有限的司法资源,最大限度地维护国家和社会公共利益,从而要求检察机关在部分事实清楚的案件中简化起诉是可以理解的。近年来,随着部分国家刑事速简程序改革的推进,“刑事诉讼全流程简化”的概念被提出,侦查环节简化的问题被关注,意大利的处罚令程序因仅限于轻微犯罪,且被告人同意适用甚至可以省略侦查,可见,侦查环节的简化并非天方夜谭。就我国而言,由于我国的刑事审判不坚持“直接审理和言词审理原则”,相较于国外的审判程序已是相当简化,但我国的侦查和起诉阶段内部控制过多,如警务流程再造后的派出所、业务队、法制办的内审流程,以及起诉阶段“三级审批”和当下推行的“三级审核”,都存在效率过低的问题,未来本着全流程提速的理念,应当对侦查和起诉环节实现繁简分流予以规范。

(五)程序简化后果的启示:“独立的明确的量刑优惠”

在程序简化后果上,大陆法系与英美法系差异最为明显,前者一般不规定明确的量刑减让,而英美法系往往规定了量刑减让的幅度,原因就在于英美法系将普通程序(主要是预审和审判)视为被告人的程序权利,程序简化往往注重以被告人的权利放弃为前提,而要吸引被告人自愿放弃自己的程序权利,就需要规定足够的量刑优惠。然而,由于大陆法系多强调以事实清楚为前提,那么在事实清楚的基础上,如何处理案件往往是按照宪法上的比例原则予以繁简分流,程序被视为公权力处理案件的过程,自然不需要在事实和情节之外给予独立的程序性的量刑优惠。随着大陆法系国家刑事诉讼程序速简化改革的推进,尤其是程序简化需要征得被告人同意、认罪协商等立法的实施,也产生了需要吸引被告人的问题,因此,也开始关注明确的量刑优惠问题,而且往往参考英国、加拿大等传统英美法系国家的做法,减少幅度高达 1/3。这对我国启示意义较大,我国立法对于程序简化是否属于独立的量刑情节一直讳莫如深,《关于适用认罪认罚从宽制度的指导意见》仅规定:“对犯罪嫌疑人、被告人具有自首、坦白情节,同时认罪认罚的,应当在法定刑幅度内给予相对更大的从宽幅度。认罪认罚与自首、坦白不作重复评价。”实务部门出于让犯罪嫌疑人、被告人更有获得感和节约司法资源的考虑,主张将认罪认罚作为独立的量刑情节,[①]这值得肯定,应予以推广,争取成为共识。

(六)程序简化保障的启示:“不过分强调有效的律师帮助”

在程序简化保障方面,与英美法系多数强调有效的律师帮助不同,大陆法系传统不强调有效的律师帮助,甚至大陆法系部分国家在新近开启的协商性司法改革中,也没有强调有效的律师帮助。事实上,英美法系国家强调有效的律师帮助无非确保“认罪的自愿性”,确保被告人在明知认罪可能导致的法律后果的前提下,明智而自愿地认罪。英美法系为确保这样的自愿性,在对抗制的体制下,就采取了平等武装的办法,实质上就是加强对被告一方的权利保障,而大陆法系则另辟蹊径,将检察官视为“站着的法官”,并规定检察官应坚持客观公正的立场,从而将确保被告人“认罪自愿性”的义务交给了检察机关,而检察机关通过各种工作措施(双人讯问)、技术措施(如同步录音录像),也可以起到同样的效果。我国目前正在探索认罪认罚值班律师制度,对值班律师见证走过场

① 参见苗生明、周颖:《认罪认罚从宽制度适用的基本问题——〈关于适用认罪认罚从宽制度的指导意见〉的理解和适用》,载《中国刑事法杂志》2019 年第 6 期。

的批评也屡见不鲜,理论界也有提出认罪认罚强制辩护的观点,从实质的角度出发,上述做法和观点在强调司法责任制的大背景下对于确保"认罪认罚自愿性"的意义并不符合预期。

(七)程序简化性质的启示:速简程序权利说

程序简化的性质究竟如何,除意大利外,大陆法系国家的立法往往并不明确,但是由大陆法系刑法学者所主导的国际刑法学协会的决议似乎表明了大陆法系国家对这一问题的态度。1989 年 10 月,第 14 届国际刑法学协会代表大会建议:对简单的案件,可能采取,也应该采取简易程序,但是应当使被告人保有获知被控内容和有罪证据的权利、受审的权利,包括提供证据的权利和延请律师的权利。1994 年 9 月,第 15 届国际刑法学协会代表大会《关于刑事诉讼中的人权问题的决议》指出:严重犯罪不得实行简易审判,也不得由被告人决定是否进行简易审判。至于其他犯罪,立法机关应该规定实行简易审判的条件,并且规定保障被告人与司法机关合作的自愿性质的方法,例如由律师进行帮助。可见,在大陆法系学者看来,对简单的轻罪案件实行简易程序是公权力的义务,也可以从反面理解为系"被告人的权利",但这一权利更准确地说是"对简单的轻罪案件被告人有要求适用简易程序处理的权利"。近年来,意大利在立即审判中明确,被告人有获得简易审判或辩诉交易的权利,只有被告人放弃这一权利,才能按普通程序审理,从而更准确地说明大陆法系将程序简化的性质定义为"被告人有适用简易程序的权利",但并没有再强调程序简化的权力义务属性。与之不同,英美法系普遍承认被告人有要求适用普通程序审判的权利,程序的简化就是被告人程序权利的克减。两大法系的差异在于,大陆法系在传统上将普通程序和程序简化既视为权力机关的义务,也作为被告人的权利,最新的发展则更倾向于将程序简化视为被告人的权利,也就是说"程序简化"是被告人的权利本体。然而,英美法系则将普通程序视为程序权利,将程序简化视为程序权利的克减,也就是说“普通程序”才是被告人的权利本体。事实上,要求程序简化的权利也可以被称为速简程序权利,与普通程序权利是硬币的两面,将选择普通程序作为一种权利,被告人可以自愿作出选择普通程序审判或者选择速简程序审判。将选择速简程序作为一种权利,被告人也可以自愿作出选择速简程序审判或者选择普通程序审判。从结果看,二者显然是一致的,只不过概念表述中强调的点不同,背后折射的是两大法系对人权保障的不同模式:英美法系赋予被告人更多的程序权利,反映了对公权力的不信赖;而大陆法系对控方给予过多的义务,反映了对公权力的信赖。从更深的层次挖掘看,英美法系采纳洛克说,认为个人让渡给政府以有限的权利,并主要防止政府侵害个人权利;而大陆法系采纳卢梭说,认为个人让渡给政府所有权利,并希望政府保护其个人权利。[①] 从我国的实践看,将适用速简程序视为权利本身比较妥当,理由是:速简程序往往意味着早日摆脱诉累和量刑优惠,在事实已经查清的前提下,将其视为被告人的权利本身并无不可,而且我国的诉讼模式与大陆法系比较接近,有利于比较借鉴,如采用普通程序权利说恐对提高诉讼效率有害无益。

(八)程序简化原理的启示:以职权主义模式为主,吸收当事人主义的合理成分

一般来说,职权主义诉讼模式以发现真相为目的,以信赖公权为手段,背后体现了追求实体公正的思想,程序简化很大程度上只是改变了公权力发现真相、追求实体公正的过程;当事人主义诉讼模式以化解纠纷为目的,以保障权利为手段,背后体现了程序公正优位的思想,程序简化降低了被告人的程序权利保障。在我国,处于通说地位的是实体公正与程序公正同等重要、不可偏废的观点,基于这一观点,结合我国更类似职权主义模式的刑事诉讼结构的现实,我国程序简化的原理应“以职权

① 参见王泽:《外国刑事诉讼法对人权的保护》,载《中国刑事法杂志》2000年第3期。

主义模式为主，吸收当事人主义的合理成分"，程序简化的标准既应考虑"罪刑轻重"，也应考虑"被告人认罪"。

任何社会的司法资源都是有限的，刑事诉讼法的目的在于打击犯罪、保障人权，如果不计程序烦琐、诉讼迟缓，既对个人无益，反对国家社会有损，因此，程序简化是每一个国家资源有限性的现实需要。在程序简化中关键是要把握程序繁简的标准，如果标准把握失当，就会造成繁案程序不足、简案程序过剩，导致公正与效率皆误。另外，在比较研究中，应当防止"普世价值"陷阱，是否存在适用于不同文化人群的"普世价值"本身就可能是一个很有争议的话题，即使存在"普世价值"，"普世价值"背后的文化基础不同，也可能导致普世价值体系内具体价值目标的顺位不同，从实践面向看，似乎呈现"西方以自由为先，中国以安全为要"的局面，这在具体制度借鉴中应有所考虑。

结　语

刑事诉讼程序速简化是世界多国刑事诉讼发展的总趋势。英国、美国、加拿大的刑事诉讼程序速简化具有如下特征：程序简化的前提多数不要求"事实清楚"，程序简化的标准兼顾"罪刑轻重与权利自愿放弃"，程序简化的开启多数有赖于控辩双方的选择，程序简化集中在预审和审判环节，程序简化的后果包括量刑减让，程序简化的保障方面多数强调有效的律师帮助，程序简化的性质系权利克减，程序简化的原理包括当事人主义与功利主义。德国、日本刑事诉讼程序速简化的特征如下：程序简化的前提基本要求"事实清楚"，程序简化的标准多以罪刑轻重为标准，程序简化的开启多数体现了法检的意志，程序简化集中在起诉、预审、审判环节，程序简化的后果方面没有明确的量刑减让，程序简化的保障方面不强调有效的律师帮助，程序简化的性质往往不被视为权利克减,程序简化的原理包括职权主义和混合主义。从意大利和俄罗斯的改革看,刑事诉讼程序速简化呈现交叉特征,在坚持混合主义程序简化原理和侦诉审全流程简化的同时,偏重英美国家的做法包括程序简化的标准以被告人同意为主、罪刑轻重为辅,程序简化的开启多由控辩双方选择、法官决定,程序简化的后果多数规定了明确的量刑减让,偏重德国、日本国家的做法包括程序简化的前提多数要求“事实清楚”,程序简化的保障方面不强调有效的律师帮助,程序简化的性质系权利本体(而非权利克减)。事实上,不同国家的刑事诉讼程序速简化模式与实体法密切相关,英美法系受“程序先于权利”理念的影响,犯罪成立要件理论带有明显的控辩思维,没有形成“罪数理论”和“数罪并罚理论”,属于典型的重罪重罚模式,从而为辩诉交易扩张提供了前提,即使交易消掉了部分罪名和刑罚,只要最后的刑罚与社会危害性基本相当,往往也不会招致大众的反对。相应地,刑事诉讼采取“程序优位的纠纷解决模式”,在速简化过程中,强调犯罪嫌疑人、被告人的程序权利,包括将简化环节集中在费时费力的预审和审判环节,而预审和审判通常被视为犯罪嫌疑人、被告人的权利,故将程序简化的性质视为权利的克减,程序简化的启动有赖于犯罪嫌疑人、被告人的自愿选择,而为确保选择的自愿性和吸引力就必须强调有效的法律帮助和明确的量刑减让。相反,大陆法系从“权利保护”的观点出发,将犯罪成立要件理论设计为层次性的结构,并发展出了“罪数理论”和“数罪并罚”理论,在实体法上就解决了“数行为只按一罪处理”和“数罪并罚按照实际情况合理宣告刑罚”的问题,从而使辩诉交易的需求程度显著降低。相应地,刑事诉讼采取“实体优位的真相查明模式”,在速简化过程中,强调程序简化的前提必须是“事实清楚”,既然事实已经查明,那么围绕查明事实的起诉、预审、审判环节自然可以简化,这种简化在性质上更像是一种提高诉讼效率的举措,而非权利克减,如此也就不需要征得犯罪嫌疑人、被告人的同意,自然也不必强调有效律师帮助的问题和承诺额外的量刑优惠,但为控制公权力的恣意，出于比例原则的考虑，又往往将范围控制在罪刑较轻的案件之中。综上所述，域外刑事诉讼程序速简化实践对我国的启示如下：坚持根据我国国情，吸收域外经验中的合理成分，着眼刑事诉讼全流程简化，将适用速简程序作为一项权利看待，以"事实清楚"为前提，以罪刑轻重和被追诉人认罪为标准，开启环节赋予被追诉人程序适用建议权，虽不过分强调有效的律师帮助，但应规定独立的明确的量刑优惠。

| 第四章 |

我国刑事诉讼程序速简化之历程与动向

新中国成立后，尽管我国对刑事案件的处理也有一套相应的办案程序，但上述程序主要是由一些刑事政策、部门规定、红头文件、习惯做法组成，尚不存在一套明确的、系统的、成文的刑事诉讼程序规定。由于普通的刑事诉讼程序规定的缺位，故以普通刑事诉讼程序为基础的刑事诉讼程序速简化更无从谈起。从这个意义上说，“文化大革命”中“一长代三长”“砸烂公检法”“撤销检察院”等情形下，刑事办案机关的办案程序简化并非刑事诉讼程序的速简化，而是一种无法的状态。改革开放以后，党和国家领导人深感法治的重要，开启了刑事诉讼的立法历程。随着我国法治建设的不断进步和社会转型的需要，刑事诉讼程序的速简化也经历了一段不平凡的改革历程。如前所述，所谓刑事诉讼程序速简化是指办案机关在刑事诉讼过程中，依据有关法律或法律解释的规定，对符合一定条件的案件，在保障当事人基本程序权利的前提下，为提高刑事诉讼效率，简化刑事诉讼普通程序，并对犯罪嫌疑人或被告人给予有限量刑折扣的刑事诉讼活动。可见，法治时代下的刑事诉讼程序速简化是以保证当事人基本程序权利为前提，以给予犯罪嫌疑人或被告人有限量刑折扣为承诺的刑事诉讼程序简化活动。值得注意的是，若不是以此为前提或者以此为承诺的刑事诉讼程序简化，事实上并非现代法治意义上的刑事诉讼程序的速简化，如“严打”时期的刑事诉讼程序的速简化做法就是典型的例证。然而，为更加清晰地描述我国刑事诉讼程序的速简化自 1979 年新中国第一部刑事诉讼法颁布以来的变化发展历程，从整体上把握我国刑事诉讼程序速简化变化发展的全貌，故本章将“严打”时期的刑事诉讼程序速简化的做法也进行了归纳梳理。

第一节　我国刑事诉讼程序速简化的历程

一、1979 年至 1983 年：缺位时期

1979 年 7 月 1 日，第五届全国人民代表大会第二次会议通过了新中国第一部刑事诉讼法，同年 7 月 7 日公布，并自 1980 年 1 月 1 日起实施。该法共计 4 编 17 章：4 编即总则，立案、侦查和提起公诉，审判，执行；17 章分别为：总则编下的指导思想、任务和基本原则，管辖，回避，辩护，证据，强制措施，附带民事诉讼，期间、送达，其他规定，共 9 章；立案、侦查和提起公诉编下的立案、侦查和提起公诉 3 章；审判编下的审判组织、第一审程序、第二审程序、死刑复核程序、审判监督程序 5 章。该法结束了以往刑事办案程序没有基本法律规定的局面，确立了普通的刑事诉讼程序，但并没有对刑事速简程序作出规定。

二、1983 年至 1996 年：萌芽时期

1983 年 9 月 2 日，第六届全国人民代表大会常务委员会第二次会议通过了《全国人民代表大会常务委员会关于迅速审判严重危害社会治安

的犯罪分子的程序的决定》,该决定于同日公布实施。该决定共2条,根据该决定,对于罪名上涉嫌杀人、强奸、抢劫、爆炸和其他严重危害公共安全应当判处死刑的犯罪,对事实方面主要犯罪事实清楚且证据确凿、舆情方面民愤极大的案件,相应地简化了如下刑事诉讼程序:一是起诉书副本不受"至迟开庭前7日"的限制,开庭通知不受"开庭3日前通知"的限制,传唤当事人和通知其他诉讼参与人不受"至迟开庭3日前"的限制。二是直接将上诉抗诉期由"不服判决的10日"和"不服裁定的5日"统一修改为"3日"。

上述决定是在"严打"的刑事政策下,为快速惩治严重危害社会治安的犯罪分子而制定的。当时总体的情况是:刑事案件、恶性案件数量大幅增加,但对犯罪分子打击不严、不快、判得较轻。[①] 具体而言,一方面,"文化大革命"中,随意打砸抢事件不断,对所谓"黑五类"进行革命斗争甚至成为正当方式,且由于当时公检法机关已被砸烂,社会治安形势很不乐观,"文化大革命"后,尽管公检法机关得以重建,但短时间内社会治安形势却并未扭转。[②] 另一方面,当时,对严重危害社会治安的犯罪分子依法实行从重从快的方针尚有不同意见,导致公安机关打打停停、摇摇摆摆、零敲碎打、软弱无力。[③] 在这一时代背景下,上述决定在强调简化诉讼程序的同时,并没有对当事人尤其是犯罪嫌疑人和被告人的权利保障作出规定。实际上,在当时"严打"的刑事政策下,从快是与从重相结合的,也不可能对犯罪嫌疑人、被告人的权利保障作出规定。正因如此,这一时期的刑事诉讼程序速简化事实上并不符合法治时代背景下刑事诉讼程序速简化的概念,前文对此已作了说明。

---

① 参见邓小平:《严厉打击刑事犯罪活动》,载《邓小平文选》第3卷,人民出版社1993年版,第33~34页。

② 据公安部统计:1980年,全国立案75万件,大案5万多起;1981年89万件,大案6.7万起。而且许多地方还发生了一些骇人听闻的重大恶性案件,如上海控江路案件、北海劫持女学生轮奸案件等。1983年上半年,还发生了东北"二王"特大抢枪、抢劫、杀人案,沈阳劫持民航班机案等恶性案件。(参见肖扬主编:《中国刑事政策和策略问题》,法律出版社1996年版,第154页)

③ 参见肖扬主编:《中国刑事政策和策略问题》,法律出版社1996年版,第154页。

三、1996 年至 2003 年:形成时期

1996 年 3 月 17 日,第八届全国人民代表大会第四次会议通过了《全国人民代表大会关于修改〈中华人民共和国刑事诉讼法〉的决定》,该法于当日公布,自 1997 年 1 月 1 日起施行,前述决定同时废止。[①] 1996 年《刑事诉讼法》维持了 1979 年《刑事诉讼法》4 编 17 章的体例,但在最后增加了附则的规定。这次修改内容较多,其中的一大亮点即在原先的审判编下的第一审程序中增加了“简易程序”一节。该节共 6 条,具体内容如下:一是对简易程序的适用条件作了规定。明确适用于下列案件:依法可能判处 3 年以下有期徒刑、拘役、管制、单处罚金,事实清楚、证据充分,人民检察院建议或者同意适用简易程序的公诉案件;告诉才处理的案件;被害人起诉的有证据证明的轻微刑事案件。[②] 二是对程序简化作了规定。明确可以简化的诉讼程序包括:人民法院由审判员 1 人独任审判,人民检察院可以不派员出庭,庭审中不受讯问被告人、询问证人、鉴定人、出示证据、法庭辩论程序规定的限制,审限为受理后 20 日内审结。

法定调查环节具体的简化内容如下:讯问被告人可不受“公诉人宣读起诉书后,被告人、被害人先陈述,公诉人再讯问,接着由被害人、附带民事诉讼的原告人和辩护人、诉讼代理人,经审判长许可后发问,最后审判人员讯问”的程序限制。[③] 询问证人、鉴定人可不受“公诉人、当事人和

① 一同废止的还有《中华人民共和国逮捕拘留条例》《全国人民代表大会常务委员会关于刑事案件办案期限的补充规定》。

② 后两类案件均属于自诉案件,即绝对自诉案件和相对自诉案件。

③ 参见 1996 年《刑事诉讼法》第 155 条:“公诉人在法庭上宣读起诉书后,被告人、被害人可以就起诉书指控的犯罪进行陈述,公诉人可以讯问被告人。被害人、附带民事诉讼的原告人和辩护人、诉讼代理人,经审判长许可,可以向被告人发问。审判人员可以讯问被告人。”

辩护人、诉讼代理人经审判长许可后对证人、鉴定人发问”的程序限制。[①]出示证据不受“物证由公诉人、辩护人当庭出示并交当事人辨认”和“未到庭的证人的证言笔录、鉴定人的鉴定结论、勘验笔录和其他作为证据的文书，当庭宣读，听取公诉人、当事人和辩护人、诉讼代理人的意见”的程序限制。[②] 法庭辩论则不受“公诉人、当事人和辩护人、诉讼代理人经审判长许可后发表意见且可互相辩论”的程序限制。[③] 所谓不受程序限制，既可以省略该程序，也可以灵活地进行。

尽管1996年《刑事诉讼法》将简易程序入法，具有极其重大的意义，但也存在一些问题，具体如下：一是对于公诉案件的适用条件没有规定犯罪嫌疑人和辩护人对指控事实无异议的规定，容易使一些控辩双方有争议的案件进入简易程序，从而使简易程序不简，反而拖累了诉讼进程。二是没有保障被告人、辩护人在简易程序启动方面的权利，造成了实际上的控辩不平等，使被告人仅仅成为被追诉的对象，而不是参与刑事诉讼的一方主体。三是并没有规定量刑折扣，这与简易程序的启动缺乏被告人、辩护人一方参与不无关系。

四、2003年至2007年：探索时期

2003年3月14日，最高人民法院、最高人民检察院、司法部印发了《关于适用普通程序审理“被告人认罪案件”的若干意见（试行）》（已失效）和

---

① 参见1996年《刑事诉讼法》第156条：“证人作证，审判人员应当告知他要如实地提供证言和有意作伪证或者隐匿罪证要负的法律责任。公诉人、当事人和辩护人、诉讼代理人经审判长许可，可以对证人、鉴定人发问。审判长认为发问的内容与案件无关的时候，应当制止。审判人员可以询问证人、鉴定人。”

② 参见1996年《刑事诉讼法》第157条：“公诉人、辩护人应当向法庭出示物证，让当事人辨认，对未到庭的证人的证言笔录、鉴定人的鉴定结论、勘验笔录和其他作为证据的文书，应当当庭宣读。审判人员应当听取公诉人、当事人和辩护人、诉讼代理人的意见。”

③ 参见1996年《刑事诉讼法》第160条：“经审判长许可，公诉人、当事人和辩护人、诉讼代理人可以对证据和案件情况发表意见并且可以互相辩论……”

《关于适用简易程序审理公诉案件的若干意见》(已失效)。一方面,对人民法院适用简易程序审理公诉案件又作了部分细化规定;另一方面,又在公诉案件的第一审普通程序和公诉案件简易程序之间,增加了一种针对被告人认罪案件的普通的简化审理方式,[①]进一步丰富了速简程序的种类。

《关于适用普通程序审理"被告人认罪案件"的若干意见(试行)》(已失效)共计 12 条,内容如下:一是规定了程序的适用条件。对事实清楚,证据确实、充分,[②]且被告人对基本犯罪事实无异议并自愿认罪的第一审公诉案件,又不具有以下情形之一的:被告人系盲、聋、哑人或者系外国人的,被告人可能判处死刑或者可能不构成犯罪的,部分共犯不认罪或不同意适用的,案件社会影响重大或有其他因素的。二是规定了程序的启动方式。一种由检察机关建议,另一种由人民法院主动征求意见,无论哪一种,均须经由检察机关、被告人及辩护人同意,[③]人民法院查明被告人同意适用该程序的自愿性后适用,[④]并书面通知控辩双方。三是规定了程序简化的内容。法院可以庭前阅卷(这也意味着检察机关庭前将移送案卷);当庭核实被告人自愿认罪并同意适用该程序后可不再供述;公诉人、辩护人、审判人员对被告人的讯问、发问可以简化

① 也有一种观点认为,简化审并不是一种创设的新程序,而是在普通程序的规定之内对审理方式的适当运用。事实上,司法实践中,简化审俨然已经是独立于普通程序而与简易程序十分相近的一种速简程序,故实践中多将简化审与简易程序并列提及,这从专门办理两简案件的两简办案组、两简法庭的规定可见一斑。

② 尽管该意见第 1 条并未强调案件事实清楚,证据确实、充分的要求;但该意见第 8 条明确要求,适用简化审要做到案件事实清楚,证据确实、充分。

③ 针对《关于适用普通程序审理"被告人认罪案件"的若干意见(试行)》第 3 条有两种理解,即"人民检察院、被告人及辩护人同意的,适用本意见审理"是仅适用于法院主动启动的方式,还是同时适用两种启动方式。对比同时出台的有关简易程序的规定,将其解释为同时适用两种启动方式更符合逻辑。

④ 《关于适用简易程序审理公诉案件的若干意见》强调的是庭前核实同意适用该程序的自愿性。

或者省略;对无异议的证据可仅说明证据名称及证明事项,不再出示、宣读和质证,并当庭予以认证;辩论主要围绕罪名、量刑及其他有争议的问题进行;一般应当庭宣判。四是原则性规定了程序适用的结果。对自愿认罪的被告人酌情予以从轻处罚。五是在人权保障方面,为保障被告人的程序权利,要求人民法院在决定适用该程序前,告知被告人相关法律规定、认罪和适用该意见审理可能导致的法律后果,确认被告人同意适用该意见的自愿性。同时,在开庭审理时,要求人民法院在公诉人宣读起诉书后,询问被告人对被指控的犯罪事实及罪名的意见,核实其是否自愿认罪和同意适用该意见进行审理,是否知悉认罪可能导致的法律后果。

《关于适用简易程序审理公诉案件的若干意见》(已失效)共 11 条,针对 1996 年《刑事诉讼法》对简易程序的规定又进一步作了细化和补充规定。主要如下:一是增加简易程序适用的条件,即被告人及辩护人对所指控的基本犯罪事实没有异议,并明确排除简易程序适用的五种情形:被告人系盲、聋、哑人的,被告人、辩护人作无罪辩护的,被告人的行为不构成犯罪的,[①]比较复杂的共同犯罪案件,其他不宜适用简易程序审理的情形。二是增加规定了简易程序的启动方式:[②]一种是先由检察机

---

① 《关于适用简易程序审理公诉案件的若干意见》第 2 条并未明确该情形,但从第 10 条的规定可以推知。且被告人的行为不构成犯罪与被告人、辩护人作无罪辩护还有差异,前者系就人民法院的角度而言,而后者系就辩护一方的角度而言。

② 根据《关于适用简易程序审理公诉案件的若干意见》第 3 条人民检察院建议适用简易程序的规定、第 4 条人民检察院未建议适用简易程序的规定,这两种方式中,被告人、辩护人在程序启动中的地位不同,前者要求被告人、辩护人同意方可启动,而后者仅规定了人民法院向其征求意见,至于意见的内容是否同意,并不直接影响人民法院是否决定适用简易程序的结果。从实践的效果看,尽管两种启动方式存在上述区别,但实践中差别并不大,在人民法院主动启动的情况下,人民法院最终决定是否适用简易程序往往会将被告人、辩护人是否同意作为一个重要的因素。[参见 2003 年 4 月 25 日最高人民检察院公诉厅印发的《关于检察机关公诉部门贯彻执行〈关于适用普通程序审理"被告人认罪案件"的若干意见(试行)〉和〈关于适用简易程序审理公诉案件的若干意见〉的几点意见》。]

关建议,再征得被告人、辩护人同意,后由人民法院决定;[①]另一种是人民法院认为可以适用,然后征求检察机关、被告人和辩护人的意见,经检察机关同意后即可决定适用。[②] 三是增加了程序简化的内容,为配合检察人员可不出庭的规定,增加了全案卷宗和证据材料庭前移送的规定。另又将开庭时间、地点的通知时间由“开庭3日以前”调整为“开庭前”,通知方式也不受传票(对当事人)、通知书(对其他诉讼参与人)的限制,可以采用简便方式。并规定一般应当庭宣判,并在5日内送达判决书。四是增加了对程序结果的规定,即对自愿认罪的被告人酌情予以从轻处罚。五是在人权保障方面,除在决定适用简易程序之前,要求被告人、辩护人同意适用简易程序(针对检察机关建议启动)或者就应否适用简易程序听取被告人、辩护人意见(针对人民法院主动启动)外,庭审中还要求独任审判员讯问被告人对起诉书的意见,是否自愿认罪,并告知有关法律规定及可能导致的法律后果。

本次速简程序的改革是在案多人少矛盾已经凸显、全国法院适用简易程序不平衡、部分地方法院对适用普通程序的被告人认罪案件简化审理方式的探索做法不一的背景下推出的,[③]也契合了我国刑事政策开始

---

① 参见《关于适用简易程序审理公诉案件的若干意见》第3条:“人民检察院建议适用简易程序的,应当制作《适用简易程序建议书》,在提起公诉时,连同全案卷宗、证据材料、起诉书一并移送人民法院。人民法院在征得被告人、辩护人同意后决定适用简易程序的,应当制作《适用简易程序决定书》,在开庭前送达人民检察院、被告人及辩护人。人民法院认为依法不应当适用简易程序的,应当书面通知人民检察院,并将全案卷宗和证据材料退回人民检察院。”

② 参见《关于适用简易程序审理公诉案件的若干意见》第4条规定,对于人民检察院没有建议适用简易程序的公诉案件,人民法院经审查认为可以适用简易程序审理的,应当征求人民检察院与被告人、辩护人的意见。人民检察院同意并移送全案卷宗和证据材料后,适用简易程序审理。人民法院决定适用简易程序的,应当制作《适用简易程序决定书》,在开庭前送达人民检察院、被告人及辩护人。

③ 参见2003年4月25日最高人民检察院公诉厅印发的《关于检察机关公诉部门贯彻执行〈关于适用普通程序审理“被告人认罪案件”的若干意见(试行)〉和〈关于适用简易程序审理公诉案件的若干意见〉的几点意见》。

从“严打”向“宽严相济”转型的客观情况。① 本次改革对于进一步扩大简易程序的适用力度，统一各地法院对适用普通程序审理被告人认罪案件的做法、化解人案矛盾都具有积极的意义。但本次改革也存在一些问题，主要表现在：一是将公诉案件适用简易程序的案件范围限制在可能判处3年有期徒刑以下的刑罚的案件，使简易程序适用的案件范围受到一定的限制，影响了诉讼效率的整体提升。二是规定简易程序中人民检察院可不派员参加，造成实践中简易程序案件人民检察院基本都没有派员参加，使控辩审三方的诉讼结构异化为辨审两方，实践中法官又往往承担了控诉的职能，饱受诟病。三是在量刑折扣方面，仅抽象规定酌情从轻处罚，量刑折扣不明，既难以在程序选择上激励辩方，也不利于限制法官的自由裁量权。② 四是在诉讼阶段上，无论是简易程序，还是简化审程序，都将提高诉讼效率的着眼点置于审判阶段内，无法实现整个诉讼流程的全程提速。

五、2007年至2012年：拓展时期

2006年12月28日，最高人民检察院通过了《关于依法快速办理轻微刑事案件的意见》，于2017年1月30日印发并实施。该意见共计12

---

① 2004年，中央政法工作会议明确提出，政法工作应实行宽严相济的刑事政策。其实，在此之前刑事政策已经发生了变化。2006年12月28日，最高人民检察院又制定了《关于在检察工作中贯彻宽严相济刑事司法政策的若干意见》。2010年2月8日，最高人民法院也制定了《关于贯彻宽严相济刑事政策的若干意见》。参见高铭暄：《刑法体现宽严相济刑事政策》，载《人民日报》2015年8月28日，第7版。

② 根据2010年最高人民法院印发的《人民法院量刑指导意见（试行）》规定，自首的，可以减少基准刑40%以下，情节较轻的，可以减少基准刑的40%以上或者免除处罚。坦白的，减少基准刑的20%以下。当庭自愿认罪的，减少基准刑的10%以下。退赃退赔或积极赔偿被害人经济损失的，减少基准刑的30%以下。取得被害人或者家属谅解的，减少基准刑的20%以下。（参见熊选国主编：《〈人民法院量刑指导意见〉与“两高三部”〈关于规范量刑程序若干问题的意见〉理解与适用》，法律出版社2010年版，第508～509页）从上述内容看，即便在后来的量刑规范化改革中，对于适用两简程序应如何从轻也没有直接规定，至于相关量刑意见中规定的自首、坦白、认罪、退赃退赔或积极赔偿损失、取得被害人一方谅解与适用两简程序尚不属于一类问题，后者减少基准刑的原因在于被告人的程序选择有效节省了国家的司法资源，是对其程序选择的激励。

条,主要对检察机关快速办理轻微刑事案件工作机制的适用条件、适用范围、办案期限、简化内容、程序衔接、承办主体、决定主体等作了规定。一是规定适用快速办理机制的轻微刑事案件必须同时符合如下条件:案情简单,事实清楚,证据确实、充分;可能判处 3 年以下有期徒刑、拘役、管制或者单处罚金;犯罪嫌疑人、被告人承认实施了被指控的犯罪;适用法律无争议。[①] 二是明确了适用的案件情形。一方面,明确应当适用的情形为:未成年人、在校学生、70 岁以上的老年人、盲聋哑人、严重疾病患者或者怀孕、哺乳自己未满 1 周岁婴儿的妇女等特殊主体涉嫌犯罪的案件(其中,盲聋哑人恰恰属于排除两简程序适用的情形),主观恶性较小的初犯、过失犯,因亲友、邻里等之间的纠纷引发的案件,已达成和解的案件,具有法定从宽处罚情节的案件,其他轻微刑事案件。另一方面,明确了排除适用的情形为:危害国家安全的案件,涉外的案件,故意实施的职务犯罪案件,其他疑难、复杂的案件,严重刑事犯罪案件。三是明确了简化的内容,主要是缩短办案期限和简化审结报告的制作。办案期限方面,将审查逮捕期限由"犯罪嫌疑人被拘留的 7 日、未被拘留的 15 日或重大复杂的 20 日"[②]分别缩短为相应的"3 日、5 日";将审查起诉期限由"一个月,重大复杂的可延长半个月"[③]缩短为"20 日,人案矛盾突出的 30

---

① 与简易程序相比,快办机制的适用条件增加了证据确实的要求。而与快办机制相比,简易程序的适用条件则增加了辩护人对指控的事实也没有异议的要求。实际上,快办机制所增加的证据确实的要求,在实践中与简易程序适用条件相差并不大,即便简易程序未提及证据确实,也必须以确实的证据充分为条件。而简易程序之所以增加辩护人对指控事实无异议的要求,是因为辩护人的意见可以影响审判程序的进程,而快办机制仅限于审查逮捕和审查起诉环节,辩护人的意见对审查逮捕、审查起诉的进程影响较小,故未将辩护人的意见作为快办机制适用的前提。

② 根据 1996 年《刑事诉讼法》的规定,犯罪嫌疑人被拘留的,审查逮捕期限为 7 日。根据《人民检察院刑事诉讼规则》(1999 年修正)第 99 条[2012 年修订后的《人民检察院刑事诉讼规则(试行)》第 316 条、2019 年《人民检察院刑事诉讼规则》第 282 条]的规定,犯罪嫌疑人未被拘留的,审查逮捕期限为 15 日,重大、复杂的可以延长至 20 日。

③ 1996 年《刑事诉讼法》第 138 条:"人民检察院对于公安机关移送起诉的案件,应当在一个月以内作出决定,重大、复杂的案件,可以延长半个月。"

日,且不得延长”。简化事项方面,可以简化审查逮捕意见书、审查起诉终结报告的制作,即简要说明与侦查机关认定一致的事实,不必重复叙述;简单列明证据出处及证明事实,不必详细抄录。四是其他方面:由部门负责人决定适用;可指定专人承办;符合条件的应建议法院适用两简程序;侦监部门负责快速移送审查起诉建议书的制作与送达;要求公检法之间加强联系,共同建立轻案快办机制。

轻案快办程序的改革始于检察系统的工作机制变革,使刑事速简程序改革从审判环节拓展至审查逮捕和审查起诉环节,为实现整个刑事诉讼程序的全程提速又迈出了重要一步,无疑具有极为积极的意义。然而,由于轻案快办程序本身始于检察机关内部的工作机制改革,对公安机关、人民法院没有约束力,故在审查逮捕、审查起诉环节与侦查环节、审判环节之间的衔接方面尚有不足,既难以提高轻微刑事案件的侦查效率,也受制于两简审判程序办案时限的规定而难以进一步提高审判效率。部分地方检察机关在贯彻落实最高人民检察院要求的过程中,通过与相应的公安机关、人民法院加强联系,延伸了轻案快办机制适用的诉讼阶段,为提高侦查和审判效率作出了积极探索。如 2007 年 12 月 18 日,北京市公检法三机关就印发了《关于快速办理犯罪嫌疑人、被告人认罪的轻微刑事案件的意见》,规定:公安机关捕后侦查移送审查起诉的期限为 30 日,取保和监视居住后移送审查起诉的期限为 60 日;检察机关审查起诉的期限为 20 日;人民法院适用简易程序的审限为 20 日,适用简化审程序的审限为 30 日。

六、2012 年至 2014 年:规范时期

2012 年 3 月 14 日,第十一届全国人民代表大会第五次会议通过了《关于修改〈中华人民共和国刑事诉讼法〉的决定》,自 2013 年 1 月 1 日起施行。本次修改对简易程序进行了调整,将简化审程序融进了简易程序,关于两简程序的司法解释也被废止。具体修改内容如下:一是适用

案件范围方面,扩大了简易程序的适用范围,不再作 3 年以下有期徒刑的限制,而是扩大到基层法院审理的所有案件。二是适用条件上,规定案件事实清楚,证据确实、充分,被告人承认自己所犯罪行,对指控的犯罪事实没有异议,被告人对适用简易程序没有异议。删除了“辩护人对指控事实没有异议”“人民检察院建议或者同意适用简易程序”“就应否适用简易程序征得辩护人同意或听取辩护人意见”的规定。在不适用简易程序的情形中,删除了“被告人、辩护人无罪辩护”(根据 2012 年最高人民法院《关于适用〈中华人民共和国刑事诉讼法〉的解释》第 290 条的规定,辩护人作无罪辩护的,重新被解释为不适用简易程序的情形)和“复杂的共同犯罪”的规定,吸收了简化审程序中“有重大社会影响”和“共同犯罪中部分被告人不认罪或不同意适用”的规定,对简化审程序中外国人犯罪、可能判处死刑、可能不构成犯罪的情形没有吸收。[①] 三是审判组织上,对以往适用简化审程序审理的案件,规定应适用合议庭审判,以往适用简易程序审理案件的审判组织由“独任制”修改为“独任制”或“合议制”。四是就简化的事项而言,将人民检察院“可以不派员出庭”修改为“应当派员出庭”;将修改前简易程序中“开庭时间、地点通知采开庭前简便方式进行”修改为不受普通程序送达期限的限制;将修改前简易程序的审限“20 日”修改为一般 20 日,“对可能判处的有期徒刑超过三年的,可以延长至一个半月”。五是人权保障方面,就开庭时讯问被告

---

① 通过分析可见,删除的情形主要包括两种:一种是本身就不符合修改后的简易程序适用条件的情形,如可能判处死刑的案件、不属于基层法院一审的案件、可能不构成犯罪的案件,就不符合事实清楚、证据充分的条件,被告人作无罪辩护的案件就不符合被告人认罪的条件,故自然不适用简易程序。另一种是为扩大简易程序的适用,只要符合法定条件也可以适用简易程序的情形,如仅从 2012 年修正的《刑事诉讼法》第 208 条、第 209 条的规定来看,即使系辩护人作无罪辩护的案件、复杂共同犯罪案件、外国人犯罪案件也没有绝对排除适用简易程序。当然,从最高人民法院随后出台的《关于适用〈中华人民共和国刑事诉讼法〉的解释》第 290 条的规定来看,由于辩护人作无罪辩护可能导致庭审无法简化,故做了不适用简易程序的解释,除此之外,对复杂共同犯罪案件、外国人犯罪案件依然没有绝对排除适用简易程序。

人自愿适用简易程序环节,将讯问"是否自愿认罪"修改为"是否同意适用简易程序审理",对简化审程序中讯问"对罪名的意见"没有吸纳。

另外,本次修正还规定了当事人和解的公诉案件程序,并用3个条文就该程序的适用条件和范围、和解协议的制作和审查、和解协议的效力作了规定。具体如下:一是明确适用条件为犯罪嫌疑人、被告人5年内无故意犯罪前科且真诚悔罪,向被害人赔偿损失、赔礼道歉,获得被害人的谅解,被害人自愿和解。二是明确适用范围为因民间纠纷引起,涉嫌侵害公民人身权利、民主权利和侵害财产权的犯罪,可能判处3年以下有期徒刑的,或者是渎职犯罪以外的可能判处7年以下有期徒刑的过失犯罪。三是规定了和解协议的制作审查程序为公检法机关先听取当事人和有关人员的意见,再审查和解的自愿性和合法性,后主持制作协议书。四是规定了从宽处罚的量刑优惠原则,即公安机关可以提出从宽的建议,检察机关既可以提出从宽的建议,也可以作出不起诉的决定,人民法院可以从宽处罚。尽管当事人和解的公诉案件程序看似与提高刑事诉讼效率相关,但由于该程序以非犯罪化、轻刑化、减少矛盾、恢复性司法等理念为基础,并非以追求诉讼效率为目标,立法中也没有程序简化的内容,故并非严格意义上的刑事速简程序,这一点在前文已有所述。

两简程序的探索为缓解案多人少的矛盾起到了积极作用,但也存在实践中适用比例不理想、简易程序中检察机关基本不出庭等问题,需要加以修改完善。正是在这一背景下,对简易程序的修改以扩大简易程序的适用范围为目的,主要将试行多年的适用普通程序审理"被告人认罪案件"的规定纳入刑诉法之中,并结合两简案件办理的多年实践经验,就部分问题进行了修改、完善。可以说本次对简易程序的修改,摆脱了以往立法中以可能判处的刑罚轻重作为繁简分流主要标准的做法,转而以是否认罪作为审判程序繁简分流的主要标准,具有积极意义。[①] 另外,简化审程序通过融入简易程序之中被写入刑诉法的方法正式入法,提升了立法位阶,也有利于规范司法实践。然而,本次修改也存在不足,主要表现在:一是并未在简易程序之外创设一种更为简易的程序,未增加速简程序的种类,反而使速简程序种类更加单一。二是即便在简易程序内部,也仅仅是对原有两简司法解释的整合,仅仅是对试行多年的简化审程序的立法确认,简易程序的进一步速简化基本没有被考虑在内。

第二节　我国刑事诉讼程序速简化的发展

一、2014 年至 2016 年:速裁程序试点

2014 年 6 月 27 日,第十二届全国人民代表大会常务委员会第九次会议通过了《全国人民代表大会常务委员会关于授权最高人民法院、最高人民检察院在部分地区开展刑事案件速裁程序试点工作的决定》。同年 8 月 22 日,最高人民法院、最高人民检察院、公安部、司法部又印发了《关于在部分地区开展刑事案件速裁程序试点工作的办法》。根据上述规定,速裁程序的内容如下:一是适用范围方面,规定危险驾驶、交通肇事、盗窃、诈骗、抢夺、伤害、寻衅滋事、非法拘禁、毒品犯罪、行贿犯罪、在公共场所实施的扰乱公共秩序 11 类犯罪情节较轻可能判处一年以下有期徒刑、拘役、管制或者单处罚金的案件。二是适用条件方面,规定为事实清楚、证据充分,犯罪嫌疑人、被告人认罪认罚并同意适用速裁程序的,且当事人双方对适用法律无争议并已达成调解或者和解协议的。排

① 从世界的范围看,美国的辩诉交易实践显然是以被告人是否自愿认罪作为审判程序繁简分流的标准。而在法国,由于罪分三类,法院也往往存在违警罪法院、轻罪法院、重罪法院之分,相应的审判程序也有差异。

除适用的情形则包括三类:第一类是不符合适用条件的情形,如不构成犯罪、辩护人作无罪辩护以及部分共犯不认罪认罚。[①] 第二类是违反保障人权的要求,如犯罪嫌疑人、被告人是限制刑事责任能力人、量刑建议不当。[②] 第三类是具有程序法和实体法上从重的情节,如违反强制措施规定严重影响诉讼或具有刑法法定的从重情节等。三是简化内容方面,包括审查起诉期限缩短为8个工作日,简化制作起诉书并在起诉书中提出量刑建议,调查评估缩短为5个工作日,独任制审理,不受送达期限的限制,不进行法庭调查和法庭辩论,审限缩短为7个工作日,当庭宣判并采用格式裁判文书。四是人权保障方面,规定:审前对符合取保候审和监视居住条件的应当取保候审和监视居住,只有违反取保候审和监视居住规定,严重影响诉讼的才可以逮捕;建立了法院、看守所"有求必应"的法律援助律师值班制度;赋予辩方与检察机关平等的速裁程序的建议权;检察环节与庭审环节对犯罪嫌疑人、被告人自愿认罪、认罚、同意适用速裁程序的双保险确认,庭审中还要求听取公诉人、辩护人、被害人及其诉讼代理人的意见。五是在量刑折扣方面,规定对被告人自愿认罪,退缴赃款赃物、积极赔偿损失、赔礼道歉,取得被害人或者近亲属谅解的,可以依法从宽处罚。根据2014年1月1日实施的《最高人民法院关于常见犯罪的量刑指导意见》(已失效):自愿认罪构成自首的,可以减少基准刑的40%以下,犯罪较轻的,可以减少40%以上或免罚;自愿认罪构成坦白的,可减少基准刑的20%以下,坦白司法机关尚未掌握的同种重罪的,可减少10%~30%,坦白后避免特别严重后果的,可减少30%~50%;当庭自愿认罪的,可减少基准刑10%以下;退赃退赔的,可减少基准刑的30%以下;积极赔偿被害人经济损失并取得谅解的,可减少基准

---

① 前两类属于事实不清、证据不足的情形,其中,不构成犯罪也具有人权保障的考量。

② 对于被告人认罪认罚并同意适用速裁程序的,但量刑建议本身可能畸轻畸重的,也不能适用速裁程序。因为畸重的,为保障被告人的人权,不应被法院接受;而畸轻的,显然存在花钱买刑的问题,为保障被害人的人权,也不应当被法院认可。

刑的 40%以下;适用当事人和解的公诉案件程序的,可以减少基准刑的 50%以下,犯罪较轻的,可以减少 50%以上或者免罚。根据量刑情节同向相加的原则,即便不考虑特殊坦白、自首,速裁程序案件最高也可减少基准刑的 90%。[①] 结合速裁程序仅适用于可能判处一年以下有期徒刑的案件,这就可以理解审前"应保尽保"的规定了。

随着经济社会发展,我国司法实践中的人案矛盾越发突出,亟待速简程序的进一步改革。速裁程序改革是我国刑事速简程序的一次大变革,具有积极重大的意义。主要表现在:一是遵循了合法性的程序,第一次由立法机关授权最高人民法院、最高人民检察院进行改革。二是由最高人民法院、最高人民检察院同时承担改革任务,解决了以往改革中法检机关各自为政、衔接不畅的问题,并实现了审查起诉和审判环节的同时提速。三是丰富了刑事速简程序的种类,跳出了以往在普通程序或简易程序之内进行程序再简化的思路。四是程序简化实现了较大进步,如大大缩短了审查起诉期限和审判期限,简化了起诉书和裁判文书制作,还创新性地简化了法庭辩论环节。五是进一步革新了繁简分流的标准,将程序分流中"认罪与否的标准"继续深化为"认罪认罚与否的标准"。六是在程序启动上,纠正了以前忽视被害人的问题,规定速裁程序以当事人对适用法律无争议为前提。七是对当事人和解的公诉案件程序具有探索的意义。从适用条件看,速裁程序与当事人和解的公诉案件程序属于交叉关系,其中,交通肇事、盗窃、诈骗、抢夺、伤害共五类犯罪,当事

---

① 一般坦白减少 20%以下,退赃减少 30%以下,积极赔偿经济损失取得谅解 40%以下,三者相加即 90%以下。不考虑当庭认罪,是因为速裁程序无法当庭启动,而是规定了审查起诉阶段审查和庭前审查的程序。不考虑当事人和解的公诉案件程序适用,是因为速裁程序适用的 11 类案件中,有 6 类不符合当事人和解的公诉案件程序的适用范围,二者属于交叉关系。另外,退赃与积极赔偿被害人经济损失属于两个不同的情节,退赃即犯罪行为有赃可退时,直接退还被害人的量刑情节,在有赃但不可退时,直接退还被害人相应的价款的量刑情节即退赔,但除赃物以外,犯罪行为造成被害人其他经济损失的,犯罪嫌疑人、被告人积极赔偿该部分损失的,即为积极赔偿被害人经济损失的量刑情节,故二者完全可以并用。

人和解且符合速裁程序适用条件的,属于二者交叉部分,针对这部分案件,速裁程序对当事人和解的公诉案件程序进行了适当的细化。速裁程序改革也存在缺陷:一是将程序的适用范围设置为11类犯罪可能判处一年有期徒刑以下刑罚的案件,使速裁程序的适用范围还比较窄,对解决人案矛盾的作用不足。据统计,截至2015年8月20日,试点法院共审理速裁案件15,606件、16,055人,占同期一年以下有期徒刑案件的30.70%,占同期全部刑案的12.82%,其中,检察机关建议适用速裁程序的占65.36%。[①] 二是审前羁押率偏高和实刑率偏高并存。据统计,截至2015年8月20日,速裁案件被告人被拘留、逮捕的占52.08%,适用非监禁刑的占36.88%。这与速裁程序规定"应保尽保"的要求不相符合,适用羁押性强制措施的惯性没有改变,也容易造成"刑期倒挂"的问题。三是在量刑折扣方面,仍然对适用速裁程序没有单独规定折扣的幅度,仅规定了从宽处理,尽管根据法院量刑规定,可以得出一定的结论,但仍缺乏直接的明确性,难以对被告人认罪认罚起到激励作用。

二、2016年至2018年:认罪认罚从宽制度试点

2016年8月,速裁程序改革两年的试点工作到期。同年,9月3日,第十二届全国人民代表大会常务委员会第二十二次会议通过了《全国人民代表大会常务委员会关于授权最高人民法院、最高人民检察院在部分地区开展刑事案件认罪认罚从宽制度试点工作的决定》,赋予最高人民法院、最高人民检察院制定有关试点办法,在原试点速裁程序的18个城市中继续开展认罪认罚从宽制度试点工作。其中明确:一是将速裁程序改革纳入了认罪认罚从宽制度改革试点,故规定速裁程序试点按照认罪认罚从宽试点办法继续试行。二是取消了适用范围的限制,与速裁程序试点相比,没有作罪名和刑罚的限制,原则上可以适用于所有罪名、可能

① 参见《最高人民法院、最高人民检察院关于刑事案件速裁程序试点情况的中期报告》。

判处各种刑罚的犯罪。三是放松了适用的条件,没有规定“事实清楚、证据充分”的条件,也没有规定“犯罪嫌疑人、被告人自愿的程序选择权”,理论上被告人认罪认罚可能出现在普通程序、简易程序和速裁程序等各程序中。四是与速裁程序试点相比,增加了维护社会公共利益、完善诉讼权利告知程序、强化监督制约的要求。五是要求最高人民法院、最高人民检察院试点办法中除适用条件、办理程序外,还要对从宽幅度、证据标准、律师参与等作出具体规定。根据上述授权决定,2016 年 11 月 11 日,最高人民法院、最高人民检察院、公安部、国家安全部、司法部联合印发了《关于在部分地区开展刑事案件认罪认罚从宽制度试点工作的办法》,对认罪认罚从宽制度试点进行了细化。从上述规定看,本次认罪认罚从宽制度改革内容如下:一是明确适用条件,即适用于“犯罪嫌疑人、刑事被告人自愿如实供述自己罪行,对指控的犯罪事实没有异议,同意人民检察院量刑建议并签署具结书”的案件。同时,对于“犯罪嫌疑人、刑事被告人属于尚未完全丧失辨认或者控制自己行为能力的精神病人的,未成年犯罪嫌疑人、刑事被告人的法定代理人、辩护人对未成年人认罪认罚有异议的,犯罪嫌疑人、被告人行为不构成犯罪的,以及其他不宜适用的情形”,排除出认罪认罚从宽制度的适用范围。二是明确了认罪认罚从宽制度的要求和原则,其中,要求包括保障当事人权利、维护社会公共利益、强化减负制约、确保司法公正。原则包括宽严相济原则、罪责刑相一致原则和证据裁判原则。三是规定了保障犯罪嫌疑人、被告人获得有效法律帮助的权利。一方面,规定法律援助机构可根据需要在法院、看守所设立法律援助工作站派驻值班律师提供法律帮助;另一方面,规定公检法机关应告知申请法律援助的权利,并对符合条件的依法通知法律援助机构指派律师担当辩护人。四是规定了程序从宽。对于犯罪嫌疑人、被告人认罪认罚,没有社会危险性的,应当取保候审、监视居住。五是规定了被害人的程序参与权。办理认罪认罚案件,应当听取被害人及其代理人意见,并将双方和解、赔偿谅解作为量刑的重要因素考量。

六是规范了审前程序。规定审前侦查机关、检察机关应当告知犯罪嫌疑人、被告人认罪认罚的法律后果，听取犯罪嫌疑人、被告人及辩护人或值班律师意见，在相关法律文书中写明认罪认罚的情况。另外，审查起诉阶段犯罪嫌疑人还应当签署认罪认罚具结书，检察机关还应当提出幅度或确定的量刑建议，检察机关建议适用速裁程序的，应当在 10～15 日内审结。七是强化认罪认罚案件的监督制约。规定认罪认罚案件，犯罪嫌疑人有重大立功或者案件涉及国家重大利益，需要撤销案件，应层报公安部提请最高人民检察院批准，需要不起诉的，报请最高人民检察院批准，经批准撤销案件或者不起诉的，已查封、扣押、冻结的财物及其孳息，查证属实属于违法所得、违禁品或者供作案所用的本人财物，除发还被害人外，一律收缴国库。八是扩大了认罪认罚速裁程序的适用范围。对于基层人民法院管辖的可能判处 3 年有期徒刑以下刑罚的所有案件（被告人是盲、聋、哑人的，案件疑难、复杂，或者有重大社会影响的，部分共犯对指控事实、罪名、量刑建议有异议的，没有达成赔偿调解或者和解的，其他不宜适用速裁程序的情形除外），只要事实清楚、证据充分，当事人对适用法律没有争议，被告人认罪认罚并同意的，即可适用速裁程序，由审判员独任审理，不限制送达期限，不进行法庭调查、法庭辩论，当庭宣判，10～15 日内审结。九是规定认罪认罚简易程序。对于基层人民法院管辖的可能判处 3 年有期徒刑以上刑罚的案件，被告人认罪认罚的，可以依法适用简易程序，一般应当当庭宣判。十是规定人民法院对程序适用建议和量刑建议的采纳和退出机制。人民法院一般应当采纳检察机关的程序适用建议和量刑建议，但发现被告人认罪认罚系非自愿、被告人否认指控犯罪事实等情形之一的，应转为普通程序审理，发现包括上述两种情形在内，另有被告人不构成犯罪或者不应当追究刑事责任、起诉的罪名与审理认定的罪名不一致等情形之一的，可以不采纳检察机关的量刑建议。人民法院认为量刑建议明显不当或者被告人、辩护人对量刑建议提出异议的，人民法院可以建议人民检察院调整量刑建议，人民检察院不同意调整或者调整后被告人、辩护人仍有异议的,人民法院应当作出判决。十一是规定了从宽的幅度和上诉的救济程序。对不具有法定减轻处罚情节的认罪认罚案件,一般应在法定刑限度以内从轻判处或者免予刑事处罚。从相关条文看,具有法定减轻处罚情节的,也可以在法定刑以下判处刑罚。同时,规定上诉可以不开庭审理以及处理方式,这也意味着被告人对认罪认罚的速裁程序的判决不服具有上诉权。

实际上,早在2014年,党的十八届四中全会就提出了开展认罪认罚从宽制度改革的要求,本次试点改革正是这一要求的具体落实,而2014年开启的速裁程序改革,按照《全国人大常委会〈关于授权在部分地区开展刑事案件认罪认罚从宽制度试点工作的决定(草案)〉的说明》中的表述,"速裁程序试点,是完善刑事诉讼中认罪认罚从宽制度的先行探索""速裁程序两年试点期限已满,可将其纳入认罪认罚从宽制度,继续在北京等18个城市开展试点",可见速裁程序试点并非与认罪认罚从宽制度试点相并行的改革,而是一开始就是认罪认罚从宽制度试点改革的一部分,而且是先行探索的那一部分,在认罪认罚从宽制度试点启动后,速裁程序试点就成为认罪认罚从宽制度试点的一部分,而不再具有独立试点的意义。认罪认罚从宽制度改革对进一步实现案件繁简分流、提高诉讼效率、构建科学合理的刑事速简程序体系都具有极其重要的意义。具体表现在以下几个方面:一是延续了立法机关授权最高人民法院、最高人民检察院试点的做法,遵循了合法性的试点程序,并由法检共同试点,防止了试点过程中的推诿扯皮、沟通不畅的问题。二是明确了"认罪认罚从宽制度"的适用条件就是"认罪"和"认罚",认罪体现在对指控的事实没有异议,并非对罪名没有异议,认罚是指同意检察机关的量刑建议并签署具结书。三是明确了协商司法的中国方案,如坚守实体法上的罪责刑相一致原则和程序法上的证据裁判原则,防止花钱买刑和降低证明标准的质疑,明确了上诉程序,对实践中犯罪嫌疑人、被告人认罪认罚后是否允许上诉的问题进行了澄清。四是加大了人权保障力度,通过设置值班律师制度,强化了被告人的辩护权,通过设置听取被害人及诉讼代理人的意见,强化了被害方的程序参与权。五是规定了认罪认罚从宽制度的全流程操作模式,使认罪认罚从宽作为一项制度贯穿于侦查、审查起诉和审判环节,实现刑事诉讼尽早提速、全程提速的目的。六是进一步明确了程序分流:一方面扩大了刑事速裁程序的适用范围,针对事实清楚、证据充分、可能判处3年以下有期徒刑的案件,当事人自愿认罪认罚的,可以适用速裁程序。另一方面,规定对于事实清楚、证据充分、可能判处3年以下有期徒刑的案件,当事人自愿认罪认罚的,可以适用简易程序,从而明确了认罪认罚简易程序的适用,有利于进一步提高刑事诉讼效率。七是速裁程序简化程度更高,除保留试点期间独任审理、不受送达期限限制、不进行法庭调查和法庭辩论、当庭宣判外,还修改了试点期间规定的"审查起诉期限为8个工作日、审判期限为7个工作日"的规定,将审查起诉期限和审判期限均统一规定为:一般为10日,可能判处1年以上3年以下有期徒刑的为15日。对于原先试点期间"简化制作起诉书并在起诉书中提出量刑建议、采用格式裁判文书"的做法则可以继续参照执行。八是规定了程序从宽和实体从宽两个方面,前者规定对于犯罪嫌疑人、被告人认罪认罚,没有社会危险性的,应当采用非羁押的强制措施。后者规定犯罪嫌疑人、被告人认罪认罚的,可以视具体情节给予从轻或者减轻处罚。九是为确保适用认罪认罚从宽制度的犯罪嫌疑人对裁判的可预见性,增加认罪认罚制度的严肃性,明确了认罪认罚从宽的效力即人民法院一般应当采纳量刑建议。

认罪认罚从宽试点作为刑事诉讼领域一项新的内容,由于经验不足等难免存在一些问题。具体不足之处体现在:首先,在适用范围上,尽管认罪认罚从宽制度对适用范围基本没有限制,但是否真的没有限制,也不无疑问。最高人民法院、最高人民检察院、公安部、司法部于2019年2月28日发布的《关于办理恶势力刑事案件若干问题的意见》明确规定:"对于犯罪性质恶劣、犯罪手段残忍、社会危害严重的犯罪嫌疑人、被告人,虽然认罪认罚,但不足以从轻处罚的,不适用该制度。”可见,认罪认罚从宽制度在具体适用中还是存在一定的限度的,当然这样的限制是极个别的,但应当在制度中予以说明。其次,尽管认罪认罚从宽制度规定了速裁程序和三年以上的简易程序,但没有说明“认罪认罚的速裁程序”与《刑事诉讼法》规定的“认罪的三年以下的简易程序”有何区别,“认罪认罚且可能判处三年以上有期徒刑的简易程序”与《刑事诉讼法》规定的“认罪且可能判处三年以上有期徒刑的简易程序”又有何不同。这就造成:司法实践中对于可能判处三年以下有期徒刑的认罪案件,即使犯罪嫌疑人、被告人认罚的,也没有适用认罪认罚从宽制度;对于可能判处三年以上有期徒刑的案件,即使犯罪嫌疑人、被告人认罚的,也可能没有适用认罪认罚从宽制度。司法实践中随意性较大。再次,没有明确认罪认罚从宽是否适用于普通程序的问题。其可能的原因是:立法者和学者往往认为 2012 年《刑事诉讼法》修正已将简易程序的适用范围扩大至基层法院管辖的所有刑罚种类的案件,凡是认罪案件都适用了简易程序,认罪认罚也只是在速裁程序和简易程序中适用,没有考虑普通程序的问题。然而实践并非如此,即使是犯罪嫌疑人、被告人认罪案件,仍有一部分案件可能适用普通程序审理,如有重大社会影响的案件、附带民事诉讼的案件、需要报请指定管辖的案件、由于案多人少等简易程序审判期限内不能审结的案件等。尽管认罪认罚的普通程序与不认罪的普通程序界限分明,但认罪认罚的普通程序简化审、认罪的普通程序简化审(尽管司法解释已经废止,但实践中该程序适用仍比较普遍)往往难以区分,司法实践中随意性较大。最后,在从宽的问题上,“认罪认罚从宽制度”规定从宽的幅度视具体法定情节予以从轻或者减轻,使程序法规定的“认罪认罚从宽制度”与实体法规定“坦白、自首”情节的关系备受质疑,认罪认罚从宽制度中的从宽量刑的折扣究竟是实体法法定情节之上的折上折,还是包括在实体法法定情节之中的折内折,不无疑问。

三、2018年至今：速裁程序和认罪认罚从宽制度入法

2018年10月26日，全国人大常委会通过了《关于修改〈中华人民共和国刑事诉讼法〉的决定》，总结了认罪认罚从宽制度、速裁程序试点的工作经验，将可复制、可推广的行之有效的做法上升为法律规范，在全国范围内实行。本次修改基本上是对认罪认罚从宽制度试点的吸收和采纳，除了在个别细节问题上作了调整外，基本上承袭了试点期间的规定。自此，速裁程序和认罪认罚从宽制度一起成为刑事诉讼法中亮丽的名片，并对司法实践影响巨大。根据2020年10月15日，最高人民检察院向全国人大常委会所作的《关于人民检察院适用认罪认罚从宽制度情况的报告》中的表述，“认罪认罚从宽制度的建立和完善，推动我国刑事诉讼程序、模式发生重大变化，也赋予检察机关贯彻落实的更重责任”。可见，包含速裁程序在内的认罪认罚从宽制度对我国刑事诉讼的影响是全方位的和立体式的。笔者将在下文中详细阐述。

第三节 我国刑事诉讼程序速简化的动向

我国刑事诉讼程序速简化历经30余年，从无到有，从单一到多元，走过了一条艰辛的道路。这一发展历程积累了丰富的改革经验，也给我们继续推进改革提供了可行的启示，具体如下。

一、程序简化立法：由“非法治化”向“法治化”转变

如果从程序从简和程序从快角度看，我国刑事诉讼程序速简化的立法始于“严打”时期通过的全国人民代表大会常务委员会《关于迅速审判严重危害社会治安的犯罪分子的程序的决定》，该决定是全国人大常委

会对全国人大通过的1979年《刑事诉讼法》的一次修改。根据宪法的规定,全国人大常委会在全国人大闭会期间确实有权对全国人大制定的法律进行补充和修改,但前提是不得同该法律的基本原则相抵触。而上述决定的修改恰恰是违背了1979年《刑事诉讼法》第10条依法保障诉讼参与人诉讼权利的原则,其程序简化的合法性存疑。1996年,简易程序被写入《刑事诉讼法》,由于条文相对简单,实践中适用率不高。随后,有关两简程序和轻案快办机制的规范性文件相继出台,均在《刑事诉讼法》规定之外力求实现诉讼提速。其中,最高人民法院就两简程序出台的规范性文件,以及最高人民检察院就轻案快办机制出台的规范性文件都采用了“意见”的形式,而根据相关意见出台时最高人民法院、最高人民检察院各自的司法解释规定,两简程序的意见并非司法解释,轻案快办机制的意见出台时确属司法解释,但根据最新的规定也已非司法解释。[①]可见,一定时期内,这种推动速简程序改革的方式还不是一种妥当的法治化的方式。2012年以来,我国又开始了速裁程序改革和认罪认罚从宽制度改革试点。在这两次改革试点中,尽管最高人民法院、最高人民检察院出台的“试点办法”并非司法解释,但却是以全国人大常委会的授权决定为前提的。诚然,全国人大常委会的决定也系对《刑事诉讼法》的部分修改,但是由于其注重了当事人的权利保障,并没有违背《刑事诉讼法》的基本原则,故具有合法性。从上述历程看,我国的速简化程序立法经历了非法制化、法制化、非法制化、法制化的反复,这就启示我们要用法治方法来推进改革。

---

① 根据1997年制定的《最高人民法院关于司法解释工作的若干规定》(已失效)的规定,最高人民法院司法解释的形式分为“解释”“规定”“批复”三种,而“意见”的形式并非司法解释。根据2006年《最高人民检察院司法解释工作规定》(已失效)的规定,最高人民检察院的司法解释文件采用“解释”“规定”“规则”“意见”“批复”等形式,故“意见”显然属于司法解释。根据2021年《最高人民法院关于司法解释工作的规定》的规定,司法解释只能采用解释、规定、规则、批复和决定五种。根据2019年《最高人民检察院司法解释工作规定》的规定,司法解释只能采用解释、规则、规定、批复和决定五种。故目前无论是最高人民法院出台的“意见”,还是最高人民检察院出台的“意见”均非司法解释。

二、案件适用范围：由“仅限轻罪”向“不限罪刑”扩张

我国长期以来将罪刑轻重作为刑事诉讼程序繁简分流的标准，这与大陆法系类似。然而，程序的繁简与罪刑的轻重并无太大关系，而是与刑事证明的难易、控辩双方的意见分歧相关，这在美国辩诉交易的制度设计中得到了很好的体现。简易程序被写入《刑事诉讼法》时，就将其适用公诉案件的范围限制在 3 年以下有期徒刑的轻罪，而在简化审程序中，简化审程序的适用范围则扩大至所有第一审公诉案件。后来，尽管检察机关探索的轻案快办程序改革将案件范围仍限制在 3 年以下有期徒刑的范围之内，但审判阶段简易程序和简化审程序并存的局面一直得以延续，至《刑事诉讼法》第二次修改时，两简程序得以合并，简化审程序被并入简易程序，至此，简易程序作为单独的一审审判程序已无适用范围上的限制。但是随着速裁程序改革试点，对速简程序适用范围的限制不仅重现而且得以加强，既对可能判处的罪刑轻重加以限制，也对罪名加以限制。例如，速裁程序试点期间被严格限制在 11 类罪名可能判处 1 年以下有期徒刑的范围内。认罪认罚从宽制度改革试点开始启动以来，又取消了对罪名和刑罚的限制，但在认罪认罚从宽制度下的速裁程序则被限定在可能判处 3 年有期徒刑以下刑罚的案件中，认罪认罚简易程序和认罪认罚普通程序的出现使速简程序适用范围的拓宽再一次成为可能。以上给我们的启示是：我国刑事速简程序在适用范围上经历了限制、放宽、更加严格的限制、再放宽的曲折历程，而最终，放宽才是未来可能的趋势。

三、程序适用条件：由“认罪”向“认罪认罚”深化

由于“严打”时期程序简化的目的在于从严从快地打击严重危害社会治安的犯罪分子，因此，彼时程序简化对犯罪嫌疑人、被告人的态度在

所不同。1996 年《刑事诉讼法》虽规定了简易程序，但由于仅将罪刑轻重作为程序繁简分流的依据，故对被告人是否认罪没有规定。2003 年，最高人民法院增加简易程序的适用条件为被告人及辩护人对指控的基本犯罪事实无异议，规定简化审程序的适用条件为被告人对基本犯罪事实无异议并自愿认罪，二者均要求承认指控的基本事实。另外，轻案快办机制中，要求犯罪嫌疑人、被告人承认实施了被指控的犯罪，且对适用法律无争议，这就意味着犯罪嫌疑人、被告人在轻案快办机制中不仅要认犯罪事实，也要认罪名。2012 年《刑事诉讼法》对简易程序的改造中，规定适用条件为“被告人承认自己所犯罪行，对指控的犯罪事实没有异议”。这样改造后的简易程序还是要求被告人对指控的犯罪事实无异议。2016 年试点结束的速裁程序的适用条件为“犯罪嫌疑人、被告人承认自己所犯罪行，对指控的犯罪事实没有异议的，当事人对适用法律没有争议，犯罪嫌疑人、被告人同意人民检察院提出的量刑建议的”。同时，2016 年试点的认罪认罚从宽制度也要求适用条件为“犯罪嫌疑人、刑事被告人自愿如实供述自己的罪行，对指控的犯罪事实没有异议，同意人民检察院量刑建议”。二者均可以总结为“既认事实，又认罪名，还认罚”，简称为“认罪又认罚”。2018 年认罪认罚从宽制度正式上升为法律规定，“认罪”的概念得以澄清为“对指控的犯罪事实没有异议”，“认罚”是指“真诚悔罪，愿意接受处罚”。从目前的情况看，我国刑事速简程序进一步速简化的前提就在于“认罪又认罚”，这也意味着新的速简程序种类应当在“认罪认罚”的基础上加以构建。

四、程序启动方式：由“控方优势”向“辩方优势”转变

自简易程序立法以来，我国刑事速简程序在启动环节上越来越重视维护辩方的程序选择权。1996 年《刑事诉讼法》仅规定“人民检察院建议或者同意适用简易程序”，对辩方的程序启动权没有规定，属于典型的“控辩不平等”。2003 年，在最高人民法院对简易程序的细化规定中，区

分了检察机关建议启动和人民法院主动启动两种方式，前者要求征得被告人、辩护人同意，后者只要求听取被告人和辩护人意见，但要求经检察机关同意，相较于《刑事诉讼法》而言，虽有较大的进步，但辩方的启动权仅相当于控方的一半，属于“片面的控辩平等”。最高人民法院对简化审程序的规定，与简易程序的细化规定相似，也区分了检察机关建议启动和人民法院主动启动两种方式，但两种方式均应经检察机关、被告人、辩护人同意后方能启动，首次实现了程序启动上的控辩平等。两简程序合并后，《刑事诉讼法》规定人民检察院对于程序启动仅具有建议权，人民法院决定适用简易程序应征得被告人同意，使被告人在简易程序启动上具有比检察机关更为优势的地位，简易程序启动权开始向被告人一方倾斜。速裁程序中，同样仅以犯罪嫌疑人、被告人同意适用速裁程序为前提，至少在立法表述上对检察机关是否同意没有要求（司法实践中往往尊重检察机关的意见），但同时也规定当事人对适用法律无争议的要求，进一步考虑了被害方的要求。认罪认罚试点要求，以犯罪嫌疑人、被告人自愿认罪，对指控的犯罪事实没有异议、认罚，签署具结书为前提，在具体办理认罪认罚案件过程中，侦查机关、检察机关应当告知犯罪嫌疑人认罪认罚可能导致的法律后果，并听取犯罪嫌疑人及其辩护人或值班律师的意见，人民法院应当告知被告人认罪认罚可能导致的法律后果，并审查认罪认罚的自愿性，以及具结书的真实性和合法性，另外还应当听取被害人及代理人的意见。在认罪认罚制度下的速裁程序中，同样以被告人认罪认罚并同意适用速裁程序为前提。2018 年《刑事诉讼法》修改基本上借鉴试点期间的经验。综上所述，就程序的启动权的变换而言，我国速简程序大致经历了控方绝对优势、控方相对优势、控辩平等、辩方相对优势、辩方绝对优势的变化。未来在保障被告人权利的问题上，应当在被告人权利保障与诉讼效率提升之间寻求妥当的契合，将被告人同意作为速简程序的必要条件可能并非最佳的程序设计。同时，适当考虑被害人的利益，弱化辩护人在程序选择中的作用。

五、程序简化阶段:由“审判阶段”向“审前阶段”延伸

刑事速简程序的发展正式开始于简易程序立法,而无论是简易程序立法,还是简化审程序的探索,都仅仅局限于人民法院一个主体、刑事审判一个阶段,而且是刑事审判中的第一审程序一个层级的程序简化,在公检法三机关分别主导的侦查、审查起诉、审判环节中,这一简化对整个刑事诉讼效率的提升效果是有限的。正是看到了这一点,检察机关开启了轻案快办机制的改革,将程序速简化的目标引入审查逮捕和审查起诉环节,并在落实这一机制的地方实践中,争取了公检法司四机关的配合和支持,出台了一些促进公安机关及时侦查、法院审判进一步提速、缩短司法行政机关社会调查期限的探索,实现了整个刑事诉讼程序的全过程提速。速裁程序和认罪认罚从宽制度试点是全国人大常委会授权最高人民法院、最高人民检察院在全国 18 个城市开展的当代刑事速简程序改革的新尝试,改变了以往单主体、单阶段改革的不足,实现了审查起诉与审判程序简化一体规划、同步实施,并要求地方检察机关和人民法院加强同公安机关、司法行政机关的联系,实现刑事诉讼各阶段衔接流畅。速裁程序试点期间,不仅规定了审判阶段独任制审理、不受送达期限的限制、不进行法庭调查和法庭辩论、缩短审限为 7 个工作日、当庭宣判并采用格式裁判文书等简化环节,而且规定审查起诉期限缩短为 8 个工作日、简化起诉书、在起诉书中提出量刑建议从而省略了量刑建议书、调查评估缩短为 5 个工作日,从而将简化环节向审查起诉阶段延伸。认罪认罚制度试点期间,除对审判阶段的速裁程序(由审判员独任审理,不限制送达期限,不进行法庭调查、法庭辩论,当庭宣判,10～15 日内审结)予以规定外,还规定认罪认罚制度适用于刑事诉讼全过程:早在侦查阶段,侦查机关就应当告知犯罪嫌疑人认罪认罚的法律后果,听取犯罪嫌疑人及辩护人或值班律师意见,并在起诉意见书中写明认罪认罚的情况;审查起诉阶段,检察机关除履

行上述职责外,还应当主持签署认罪认罚具结书、提出量刑建议,以及速裁程序适用建议、适用速裁程序的在 10～15 日内审结。将认罪认罚制度直接延伸到侦查阶段,以实现侦查阶段提速。可见,我国刑事速简程序改革在刑事诉讼阶段上大致经历了单独的审判速简改革、单独的检察速简改革、检法一体的速简改革直至公检法一体的速简程序改革过程,未来的刑事速简程序必然以实现刑事诉讼全过程提速为目标,应当坚持向公检法司(就司法行政机关而言,主要是配合刑事诉讼速简化改革设置派驻式值班律师,防止具体办案过程中"案件等值班律师",从而延误办案效率的问题)四机关全覆盖方向努力。

六、程序简化事项:由"庭前准备"向"诉讼活动"扩展

刑事诉讼实现速简化目标,关键在于确定简化什么和如何简化的问题。"严打"时期主要以简化庭前送达和缩短上诉抗诉期为内容。1996 年《刑事诉讼法》则规定了简易程序的简化内容为:庭审模式为独任制和检察院可不派员出庭,庭审程序可简化法庭调查和辩论,审限缩短为 20 日。这一规定使原来的庭前简化被庭审简化代替。2003 年,最高人民法院又添加了案卷庭前移送、开庭通知等庭前准备活动简化的内容以及当庭宣判和 5 日内送达等庭审活动简化的内容。与简易程序的细化规定相比较,普通程序简化审简化的内容有限,仅限于庭前移送案卷、法庭调查和辩论以及当庭宣判。从两简程序尤其是简易程序的细化规定看,简易程序简化的内容既包括了庭审活动,也包括了庭前准备活动,而且庭前准备活动的内容还从庭前送达向案卷移送等内容延伸。由检察机关开启的轻案快办机制改革主要将缩短办案期限和简化内部审结报告作为简化的内容,使程序简化开始由审判活动向检察活动推进,并开始转向对简化法律文书的尝试。而后进行的两简程序合并改革,主要是对以往简易程序和简化审程序中相关简化内容的整合,故没有作进一步简化的规定,但纠正了人民检察院不派

员出庭的做法，规定人民检察院应当派员出庭。速裁程序改革，从检察和审判两个环节上，大幅缩短了办案期限，包括将司法行政机关社会调查报告的制作期限缩短至 5 天；简化了对外法律文书制作，甚至不要求制作量刑建议书，规定可采用格式化的裁判文书；简化了整个庭审活动，包括简化了法庭调查、法庭辩论和当庭宣判；规定实行独任制和送达不受期限的限制。速裁程序简化的事项，突破了检察和审判两个环节，开始向司法行政机关的社会调查环节溢出，文书简化由内部法律文书简化开始向对外法律文书简化延伸，庭审环节开始由简化法庭调查、当庭宣判向法庭辩论简化拓展。认罪认罚制度从宽试点改革中，速裁程序基本延续了试点期间简化环节的规定，只是对审查起诉期限和速裁程序的审判期限调整为10～15日。从 30 多年历次简化的情况看，程序速简化已经由庭前环节向庭审环节、由审判阶段向检察阶段、由对内法律文书向对外法律文书不断延展，随着向整个刑事诉讼过程的覆盖，整个诉讼活动的简化必将成为趋势。

七、人权保障方面：由“认罪自愿性”向“程序自愿性”延展

根据 2003 年有关两简的司法解释，简易程序中，除在程序启动上庭前要征得被告人、辩护人同意或征求被告人、辩护人意见外，庭审中也要核实被告人是否认罪、认罪的自愿性，并告知其可能的法律后果。可见，此时的“自愿性保障”属于认罪自愿性的保障。简化审程序中，庭前要确认被告人是否同意适用简化审程序，而且要在告知其法律规定和可能的法律后果后确认同意的自愿性。开庭时，还要核实被告人是否认罪、认罪的自愿性、适用简化审程序的自愿性以及对可能的法律后果是否明知。在简化审程序中，“自愿性保障”已经不仅限于“认罪自愿性的保障”，而是扩大为“程序自愿性的保障”。在 2012 年《刑事诉讼法》的简易程序规定中，除适用条件要求被告人认罪、程序启动要求被告人同意适用外，在庭审中，要求再核实被告人是否认罪、在告知相关法律规定后

确认被告人同意适用简易程序的自愿性。可见,简易程序在自愿性确认问题上已经演变为完全的“程序自愿性保障”。实际上,从条文来看,这种从“认罪自愿性保障”向“程序自愿性保障”的过渡,完全是由于我们对被告人程序选择权的认识发展造成的。由于简易程序入法时未考虑到被告人的程序选择权问题,在细化简易程序规定时,对被告人的自愿性也就仅限于“认罪的自愿性确认”上,而由于简化审程序属于最高人民法院的法外探索,为防止这种做法侵害被告人的程序权利,简化审程序对被告人“程序自愿性保障”格外关注,以致简易程序再修改时,这种“程序自愿性保障”得以全面化。而从法理的角度看,“认罪自愿性保障”和“程序自愿性保障”都是必需的,可以说前者是后者的题中之义,因为认罪是适用简易程序的前提条件,而认罪不自愿显然不具有适用简易程序的条件,确认被告人同意适用简易程序的自愿性更无从谈起。为防止再生误解,速裁程序试点改革中直接取消了以往条文中自愿性的表述,直接规定了检察环节与庭审环节讯问犯罪嫌疑人、被告人,对指控的犯罪事实、量刑建议及适用速裁程序的意见,在检察环节还要求告知犯罪嫌疑人相关的法律规定并要求其签字具结,在提起公诉时将具结材料一并移送法院,由于相应的权利义务告知书和具结书面材料一并附卷,自愿性问题当可确认。除此之外,速裁程序中还规定了“审前应保尽保”、法律援助律师值班制度,保障了犯罪嫌疑人、被告人权利。认罪认罚从宽制度试点中,犯罪嫌疑人、被告人认罪认罚是前提,而且签署具结书时也包括了程序适用的内容,同时,在认罪认罚从宽制度下的速裁程序也明确要求“被告人同意适用速裁程序”。为确保值班律师提供法律帮助的有效性,而不是浮于形式,又规定“人民法院、看守所应当为值班律师开展工作提供便利的工作场所和必要办公设施,简化会见程序,保障值班律师依法履行职责”。随着认罪认罚从宽制度上升为刑事诉讼法的明确规定,上述规定也被立法吸收固定,还规定:“人民法院、人民检察院、看守所应当告知犯罪嫌疑人、被告人有权约见值班律师,并为犯罪嫌疑人、被告人约见值班律师提供便利。”这就启示我们在实现程序简化的同时，也应适当关注犯罪嫌疑人、被告人权利保障的底线问题，必须明确程序简化的上限不能突破权利保障的底线。值得注意的是，以往我们将“被告人同意”作为权利保障的底线之一可能存在一定的误区，事实上，程序简化以被告人同意为前提，系完全保障了被告人的程序选择权，而非减少或限制了被告人的权利，而所谓底线一定是权利的适度减损，因此，被告人同意并非权利保障的底线。同时，域外部分国家在坚持事实清楚的前提下，仍强调“程序自愿性保障”的做法，可能存在对英美法系“认罪答辩和辩诉交易”的误解。在美国，被告人认罪答辩带有实体认罪和程序从简的双重效果，并不要求在认罪答辩之外追求单独的程序自愿性保障，而辩诉交易不仅不要求以事实清楚为前提，相反，恰恰是在事实不清时控辩双方出于避免败诉风险的选择。

八、法律后果方面：由“从严从重”向“从轻从宽”转变

对程序的本质、程序简化的目的理解不同就决定了程序简化结果的不同。改革开放后，法制尚未健全，法治意识还相对淡薄，此时将刑事诉讼程序作为保障权力行使的观点还比较牢固，面对刑事案件的高发和打击犯罪力度较轻的矛盾，“严打”应运而生，其在要求对严重危害社会治安的犯罪分子快速审判的同时，也修改了实体法的规定，规定对流氓罪，故意伤害罪，拐卖人口罪，传授犯罪方法罪，引诱、容留、介绍妇女卖淫罪以及非法制造、买卖、运输或者盗窃、抢夺枪支、弹药、爆炸物罪和组织反动会道门、利用迷信进行反革命活动罪，在具备特定情节时，可在法定刑以上判刑直至判处死刑。后来，随着我国法治建设的进步，人们对程序的理解已经从权力保障向权利保障转型，程序简化的目的也不再是从严从重打击犯罪，而转变为提高诉讼效率，化解案多人少矛盾，相应的法律后果也就转变为从轻从宽。简易程序立法中，虽对程序简化作了规定，但对程序简化后处刑如何并未明确。2003 年，最高人民法院对简易程

序、简化审程序的规定中首次明确为“酌情予以从轻处罚”。检察机关探索的轻案快办机制改革中规定,程序简化后对符合两简程序的应建议法院适用两简程序办理,对于是否建议从轻没有明确。2012 年,《刑事诉讼法》再修改时,虽然主要是对两简程序的合并,但对两简程序中均提及的对被告人酌定予以从轻的法律后果则没有规定。速裁程序改革试点中,人民法院适用速裁程序审理案件,对被告人自愿认罪,退缴赃款赃物、积极赔偿损失、赔礼道歉,取得被害人或者近亲属谅解的,可以依法从宽处罚。该规定尽管并未明确“从宽处罚”的依据究竟是因速裁程序的适用,还是因“退缴赃款赃物、积极赔偿损失、赔礼道歉,取得被害人或者近亲属谅解”等实体法酌定情节的考量,但至少在速裁程序中直接表明了“从宽处罚”态度。认罪认罚从宽制度试点后,明确了速裁程序是认罪认罚从宽制度的先行探索,并将速裁程序纳入认罪认罚从宽制度试点继续予以试点,这就清楚表明认罪认罚从宽制度下的速裁程序从宽的观点,使过程上的程序简化与结果上的从轻从宽相联系在一起。与速裁程序中的“从宽处罚”的表述不同,认罪认罚从宽制度改革试点中对程序简化结果明确为“依法从宽处理”,单从表述的差别看,认罪认罚从宽处理比速裁程序从宽处罚具有更加丰富的内容,也就意味着从宽的幅度更大。目前,认罪认罚从宽与实体法中坦白、自首从宽的关系在理论界尚有争论(根据相关司法解释的规定,实务部门已采用“折内折”的观点,但理论界仍有质疑),从长远来看,随着我国法治建设不断进步,程序简化在法律后果上必定要对被告人从轻从宽。

结　语

我国刑事程序速简化历经 30 余载,从无到有,从单一到多元,走过了一条艰辛的道路。自 1979 年新中国第一部刑事诉讼法通过以来,我国刑事诉讼程序速简化经历了缺位、萌芽、形成、探索、拓展、规范共六个阶段，目前，进入了速裁程序和认罪认罚从宽制度入法的新阶段。纵观上述历程，我国刑事诉讼程序简化大致呈现如下八大趋势：程序简化立法由“非法制化”向“法制化”转变，案件适用范围由“仅限轻罪”向“不限罪刑”扩张，程序适用条件由“认罪”向“认罪认罚”深化，程序启动方式由“控方优势”向“辩方优势”转变，程序简化阶段由“审判阶段”向“审前阶段”延伸，程序简化事项由“庭前准备”向“诉讼活动”扩展，人权保障方面由“认罪自愿性”向“程序自愿性”延展，法律后果方面由“从严从重”向“从轻从宽”转变。

第五章

我国刑事诉讼程序速简化之现状与反思

第一节　我国刑事诉讼程序速简化之立法评析

一、现行《刑事诉讼法》的规定与评析

2018 年 10 月 26 日,在认罪认罚从宽制度试点二年以后,全国人大常委会通过了《关于修改〈中华人民共和国刑事诉讼法〉的决定》,总结了认罪认罚从宽制度、速裁程序试点的工作经验,将可复制、可推广的行之有效做法上升为法律规范,在全国范围内实行。涉及速裁程序和认罪认罚从宽制度的具体修改内容如下:一是直接在《刑事诉讼法》总则部分第一章任务和基本原则中规定了"认罪认罚从宽制度",并且没有设定适用范围的限制。二是规定值班律师制度,法律援助机构可在人民法院、看守所等场所派驻值班律师,由值班律师负责向犯罪嫌疑人、被告人提供法律帮助,人民法院、人民检察院、看守所应当告知犯罪嫌疑人、被告人有权约见值班律师,并为约见值班律师提供便利。同时,规定在审查逮捕环节将"认罪认罚"作为社会危险性审查判断的要素。三是规定侦查阶段侦查人员讯问犯罪嫌疑人时认罪认罚从宽制度的告知义务,并在起诉意见书中写

明自愿认罪的情况。四是规定审查起诉阶段速裁程序的审查起诉期限一般为10日、可能判处1年以上3年以下有期徒刑的为15日,以及认罪认罚从宽制度的告知,听取犯罪嫌疑人、辩护人或者值班律师、被害人及其诉讼代理人意见,为值班律师了解案情提供便利,主持签署认罪认罚具结书,提出量刑建议并移送具结书的义务,以及可以建议适用速裁程序。五是规定审判阶段审判长的认罪认罚从宽制度告知、审查认罪认罚自愿性及具结书真实性和合法性的义务,认罪认罚具结书的效力(一般应当采纳,特殊情形下不采纳,认为量刑建议不当或辩方有异议的建议调整量刑建议)。六是规定了速裁程序的适用范围为可能判处3年有期徒刑以下刑罚、事实清楚、证据确实充分(《关于在部分地区开展刑事案件速裁程序试点工作的办法》仅规定了证据充分,没有确实的要求,由于域外对速简程序往往存在传闻证据规则、直接言词原则的例外,故引发了理论界对证据规则的疑问)、被告人认罪认罚且同意适用速裁程序的案件。不适用速裁程序的情形包括:被告人是盲、聋、哑人,或者是尚未完全丧失辨认或者控制自己行为能力的精神病人的或者未成年人的;案件有重大社会影响的,共同犯罪案件中部分被告人对指控的犯罪事实、罪名、量刑建议或者适用速裁程序有异议的,被告人与被害人或者其法定代理人没有就附带民事诉讼赔偿等事项达成调解或者和解协议的,其他不宜适用速裁程序审理的。具体程序简化环节包括:独任审理、不受送达期限的限制,一般不进行法庭调查、法庭辩论,当庭宣判审限为10日、对可能判处的有期徒刑超过一年的可以延长至15日。速裁程序审理过程中转简易程序、普通程序后重新审理。七是强化认罪认罚案件的监督制约。吸收以往试点的经验,规定认罪认罚案件,犯罪嫌疑人有重大立功或者案件涉及国家重大利益,经最高人民检察院核准,公安机关可以撤案,人民检察院可以全案不起诉或部分犯罪不起诉,并应及时对查封、扣押、冻结的财物及其孳息作出处理。

认罪认罚从宽制度被正式写入刑事诉讼法,积极的意义主要体现在如下方面:一是进一步扩大了认罪认罚从宽制度的适用范围。对于适用范围没有罪名和罪刑的限制,区分了“不适用认罪认罚从宽制度的情形”与“不需要签署认罪认罚具结书的情形”,根据2018年修正的《刑事诉讼法》第174条第2款的规定(2019年最高人民检察院《人民检察院刑事诉讼规则》第272条第2款、第3款做了同样的规定),将前述试点办法规定的“犯罪嫌疑人是尚未完全丧失辨认或者控制自己行为能力的精神病人的”“未成年犯罪嫌疑人的法定代理人、辩护人对未成年人认罪认罚有异议的”的情形由不适用认罪认罚从宽制度调整为适用认罪认罚从宽制度,但不需要签署认罪认罚具结书。二是规定了派驻值班律师制度,保证了犯罪嫌疑人、被告人获得有效法律帮助的权利,为认罪认罚从宽制度落地和刑事诉讼程序提速提供了前提。三是降低了认罪认罚在社会危险性判断中的地位。将以往规定“没有社会危险性,应当取保候审、监视居住”完善为“批准或决定逮捕时作为是否可能发生社会危险性的考虑因素”,这降低了“认罪认罚”在取保候审、监视居住决定中的地位,与实践中大量认罪认罚犯罪嫌疑人处于羁押状态的实践是符合的。四是完善了审前程序,有利于提高效率。与认罪认罚试点相比,在侦查阶段仅规定了告知犯罪嫌疑人认罪认罚的法律后果,删除了听取犯罪嫌疑人及辩护人或值班律师意见的规定,将在起诉意见书中写明“认罪认罚”的情况改为写明“认罪”的情况。同时,与试点相比,审查起诉阶段保留了告知认罪认罚的法律后果,听取犯罪嫌疑人、辩护人或值班律师、被害人及诉讼代理的意见,签署认罪认罚具结书,提出量刑建议、提出适用速裁程序的建议,适用速裁程序的审查起诉期限的规定,根据2018年修正的《刑事诉讼法》第173条第3款的规定(2019年最高人民检察院《人民检察院刑事诉讼规则》第269条第2款做了同样的规定),同时增加规定“人民检察院听取值班律师意见的,应当为值班律师了解案情提供便利”。从上述内容看,基本上承袭了试点期间的规定,仅对个别细节问题进行了完善。五是速裁程序适用范围的扩大与缩小并存,确保了速裁程序的速简化。本次修法延续了认罪认罚适用条件中“可能判处三年有期徒刑以下刑罚、事实清楚、证据充分、被告人认罪认罚并同意适用速裁程序”的内容,但是删除了“对适用法律没有争议”的表述,意味着只要被告人认罪认罚,即使对定性有争议也可以适用速裁程序审理(根据 2019 年最高人民法院等《关于适用认罪认罚从宽制度的指导意见》第 6 条关于“认罪的把握”的规定,认罪仅指对主要犯罪事实没有异议,对个别事实情节有异议,或者虽对行为性质提出辩解但表示接受司法机关认定意见的,不影响认罪的认定。这一规定似乎与删除“对适用法律没有争议”的表述契合)。同时,在具体的排除适用的情形方面,删除了“疑难复杂案件”的表述,意味着这类案件只要符合速裁程序的条件,无论案件难易,也可以适用速裁程序审理。另外,将试点期间规定的不适用认罪认罚从宽制度情形中的“尚未完全丧失辨认或者控制自己行为能力的精神病人的”情形,以及被告人是未成年人、共同犯罪案件中部分共犯对适用速裁程序有异议的情形规定为排除速裁程序的情形。这样一方面使能快速审理的轻罪案件尽可能有适用速裁程序的机会;另一方面又使因各种原因即使适用速裁程序也难以达到审判提速目的的轻罪案件从一开始就不再进入速裁程序,保证了速裁程序的名实相符。六是速裁程序具体简化环节兼具速简化和灵活性。在继承试点中独任审理、不受送达期限的限制、当庭宣判、审限一般为 10 日但对可能判处一年有期徒刑以上刑罚的案件为 15 日的经验基础上,对庭审中最为关键的法庭调查、法庭辩论环节由试点规定的“不进行”修改为“一般不进行”,更加灵活,以方便具体司法实践。七是在认罪认罚具结协议书的效力方面,强化了人民法院对量刑协议的审查职能。继承了试点中人民法院告知认罪认罚的法律后果、审查认罪认罚的自愿性及具结书的真实性和合法性、认罪认罚具结书的效力(一般应当采纳、特殊情形下不采纳、认为量刑建议不当或辩方有异议的建议调整量刑建议、人民检察院拒绝调整量刑建议的应当作出判决)的经验做法,但对于人民检察院调整量刑建议后,人民法院是否应当作出判决的条件由“被告人、辩护人仍有异议”修改为“仍然明显不当”，这事实上加重了人民法院的量刑审查职责。因为如果被告人、辩护人对调整后的量刑建议仍有异议，说明不能达成新的量刑协议，人民法院当然应当作出判决，但如果被告人、辩护人对调整后的量刑建议没有异议，只是人民法院认为“仍然明显不当的”，根据试点期间的规定，人民法院只能接受新的量刑协议，而根据本次修改，人民法院可以作出判决，诚然，这一判决既可以重于调整后的量刑协议，也可以轻于调整后的量刑协议。八是吸收以往试点中的值班律师制度和监督制约的规定，切实加强了犯罪嫌疑人、被告人的人权保障力度，确保犯罪嫌疑人、被告人获得有效的法律帮助，并对司法实践中认罪认罚案件中有关撤案、不起诉的处理方式加强监督，防止司法不公、罪责脱节甚至是司法腐败问题滋生。

本次速裁程序和认罪认罚从宽制度被写入《刑事诉讼法》，上升为立法规范，也存在一定的不足。主要表现在：首先，2018 年《刑事诉讼法》的修正，基本借鉴了以往试点中值班律师制度和监督制约规定，认罪认罚作为社会危险性要素考量，侦查人员的告知义务、起诉意见书中写明认罪情况，人民检察院对速裁程序的审查起诉期限、告知、听取意见义务、主持签署认罪认罚具结书、提出量刑建议、提出适用速裁程序的建议，人民法院的告知、审查义务、认罪认罚具结书的效力（一般应当采纳、特殊情形下不采纳、认为量刑建议不当或辩方有异议的建议调整量刑建议），速裁程序的适用范围和简化环节等内容，但对于认罪认罚从宽的幅度、上诉救济程序，以及对可能判处三年有期徒刑以上刑罚的案件、被告人认罪认罚的简易程序案件、一般应当当庭宣判等规定，没有予以吸收入法，这是对试点期间规定的否认还是默认并不清晰。其次，与前述试点期间相比，尽管 2018 年《刑事诉讼法》修正在第一审程序公诉案件中规定了认罪认罚程序，明确表明认罪认罚从宽制度可以适用于普通程序，但对于试点期间“认罪认罚从宽制度”是否存在特别的限制，速裁程序与一般简易程序、认罪认罚简易程序与一般简易程序、认罪认罚普通程序与普通程序之间有何区别，认罪认罚从宽与坦白、自首的法定情节如何适用的问题并没有明确，以致理论和实践中争论不断。

二、现行司法解释的规定与评析

面对认罪认罚从宽制度上升为法律规范后在全国推行中遇到的若干问题，2019 年 10 月 11 日，最高人民法院、最高人民检察院、公安部、国家安全部、司法部联合印发了《关于适用认罪认罚从宽制度的指导意见》，对司法实践中关注的部分问题进行了明确。2020 年 11 月 5 日，最高人民法院、最高人民检察院、公安部、国家安全部、司法部又联合印发了《关于规范量刑程序若干问题的意见》，结合量刑程序规范化改革的问题，就有关审判阶段适用认罪认罚从宽制度的程序简化进行了进一步规定。具体内容如下：

一是再次明确了认罪认罚从宽制度的基本原则，包括：坚持宽严相济原则，对严重危害国家安全、公共安全犯罪，严重暴力犯罪，以及社会普遍关注的重大敏感案件，应当慎重把握从宽，避免违反人民群众的公平正义观念；坚持罪责刑相一致原则，确保罚当其罪，避免罪刑失衡；坚持证据裁判原则，做到事实清楚，证据确实、充分，防止降低证明标准（对认罪认罚后事实不清、证据不足的，应依法存疑不起诉）；坚持公检法三机关配合制约原则，确保自愿认罪认罚，依法推进从宽落实，防止司法腐败。

二是明确了适用的范围和条件。在适用范围上，认罪认罚从宽制度适用于刑事诉讼全过程，没有罪名和可能判处刑罚的限定，但是可以适用并不等于一律适用，是否适用根据具体案件具体判断。在适用条件上，明确"认罪"即自愿如实供述自己的罪行，对指控的犯罪事实没有异议，承认主要犯罪事实和对行为性质有辩解，可以被认定为认罪。明确"认罚"即愿意接受处罚，在侦查阶段表现为"愿意接受处罚"，在审查起诉阶段表现为“认可量刑建议、签署具结书”，在审判阶段表现为“当庭确认自愿签署具结书，愿意接受刑罚处罚”。

三是明确从宽的内涵及幅度。“从宽”既包括实体从宽，也包括程序从简，是指一般从宽，而不是一律从宽，对于认罪认罚依法不足以从宽处理的，不适用认罪认罚从宽制度。从宽的范围包括：具有减轻和免除处罚情节的，可以减轻和免除处罚；不具有减轻和免除处罚情节的，可以从轻处罚；不需要判处刑罚的，可以不起诉或者判决免予刑事处罚。就从宽的幅度而言，早优于晚、主动优于被动、彻底优于不彻底、稳定优于不稳定，具有坦白、自首情节又认罪认罚的应当在法定刑幅度内给予相对更大的从宽幅度（采用折内折的观点）。

四是保障犯罪嫌疑人、被告人的辩护权。犯罪嫌疑人、被告人认罪认罚但没有辩护人的，人民法院、人民检察院、公安机关（看守所）应当通知值班律师提供法律帮助或者通知法律援助机构指派律师担任辩护人，并应当告知犯罪嫌疑人、被告人有权约见值班律师，获得法律帮助，并为其约见值班律师提供便利。值班律师可以采用派驻式，由人民法院、人民检察院、看守所提供场所和设施。值班律师可以会见犯罪嫌疑人、被告人，查阅案卷、了解案情，看守所、人民法院和人民检察院应当提供便利，值班律师提供法律帮助，确保犯罪嫌疑人、被告人在充分了解认罪认罚性质和法律后果的情况下，自愿认罪认罚。犯罪嫌疑人、被告人拒绝值班律师提供法律帮助的，值班律师在签署具结书时必须在场。

五是保障被害方权益。再次明确规定办理认罪认罚案件，应当听取被害人及其诉讼代理人的意见，但被害人及其诉讼代理人不同意对认罪认罚的犯罪嫌疑人、被告人从宽处理的，不影响认罪认罚从宽制度的适用。办案机关在办案中应将和解、调解、赔偿谅解作为从宽处罚的考虑因素，应当积极促成和解谅解，未能达成和解、调解、退赃退赔、赔偿损失的，从宽时应酌减，但被害人的主张明显不合理导致未能达成和解和调解的，不影响从宽的幅度。

六是树立程序从宽的意识。再次明确将认罪认罚作为社会危险性的重要考虑要素,尽量采用宽松的强制措施。对于罪刑较轻,采用非羁押强制措施足以防止发生社会危险性的,依法可不拘留。罪行较轻,没有社会危险性的,应当不提请审查逮捕或应当不批准逮捕,已经逮捕的,应当变更为取保候审或者监视居住。

七是进一步梳理了侦查机关的职责。主要包括认罪认罚从宽法律规定的告知、听取犯罪嫌疑人及其辩护人或者值班律师的意见,认罪教育中记录自愿认罪和自愿接受处罚即可、不得作出具体从宽承诺,应在起诉意见书中写明认罪认罚情况和适用速裁程序的建议,符合速裁程序的应当快速办理,探索在执法办案管理中心设置速裁法庭。

八是进一步梳理了检察机关的职责。主要包括:认罪认罚从宽法律规定的告知、听取犯罪嫌疑人及其辩护人或者值班律师的意见;开展侦查阶段认罪认罚的自愿性和合法性审查;探索证据开示制度,保障犯罪嫌疑人的知情权和认罪认罚的真实性及自愿性;对不需要判处刑罚、可能判处免刑的,可以依法相对不起诉;主持签署认罪认罚具结书,法律规定不需要签署认罪认罚具结书的情形不影响认罪认罚从宽制度的适用;起诉书中应当写明认罪认罚的情况、可以写明量刑建议的情况;量刑建议应以确定刑为原则、以幅度刑为例外,并应说明理由和依据,提出确定刑量刑建议时,无其他法定情节的,应在基准刑基础上适当减让,有其他法定情节的,按相关量刑规范确定;审查起诉期限为10~15日。

九是细化了调查评估流程。犯罪嫌疑人认罪认罚的,可能判处管制、宣告缓刑的,公安机关、人民检察院、人民法院可以委托犯罪嫌疑人居住地的社区矫正机构进行调查评估,人民检察院、人民法院也可以自行调查评估。调查评估意见是判处管制和缓刑的重要参考,但并非必经过程,即使没有调查评估意见,人民法院也可以判处管制和缓刑。

十是进一步梳理了人民法院的职责。主要包括:认罪认罚从宽法律规定的告知、听取被告人及其辩护人或者值班律师的意见,开展认罪认罚自愿性、合法性审查;开展对量刑建议的审查,事实清楚,证据确实、充分,指控的罪名准确,量刑建议适当的,应当采纳。对被告人不认罪的、认罪认罚非自愿的、事实不清且证据不足的、指控罪名不准确的、量刑建议明显不当或者被告人不认罚、辩护人对量刑有异议的,不采纳。其中,仅指控罪名不准确的,可以听取检察院、被告人及其辩护人意见后直接裁判;量刑建议明显不当,或者被告人不认罚、辩护人对量刑建议有异议且有理有据的,经检察机关调整量刑建议后,适当的应当采纳,拒绝调整量刑建议或者调整后仍然明显不当的,由人民法院判决。速裁程序中庭前或庭审中调整量刑建议后被告人同意继续适用速裁程序的,可以继续适用速裁程序审理。

十一是进一步明确认罪认罚从宽制度下多层次审判程序的具体操作。对于速裁程序,规定人民检察院可以建议适用速裁程序,由审判员一人独任审判,审限为 10～15 日,不受送达期限的限制(送达起诉书时一并送达权利义务告知书、开庭传票,并核实被告人自然信息等情况),可以简要宣读起诉书,一般不进行法庭调查、法庭辩论,应当当庭宣判,可以简化裁判文书(根据《关于规范量刑程序若干问题的意见》的规定,人民法院在刑事裁判文书中可以简化量刑说理)。可以集中送达、集中开庭、逐案审理、集中当庭宣判。发现不适用速裁程序审理的,可以视具体情形转为普通程序或简易程序重新审理。针对速裁程序上诉的案件,可以不开庭审理。不认罪的上诉,应撤销原判,发回适用普通程序重新审理;不认罚的上诉,原判量刑适当的,应当裁定驳回上诉,维持原判,原判量刑不当的,依法改判。对于认罪认罚的简易程序案件,可以简要宣读起诉书,可以简化法庭调查和法庭辩论,法庭调查和法庭辩论可仅针对有争议的事实、证据、问题进行(根据《关于规范量刑程序若干问题的意见》的规定,法庭审理可以不再区分法庭调查、法庭辩论,直接围绕量刑进行,一般应当当庭宣判),裁判文书可以简化。对于认罪认罚的普通程序,可以简化讯问、发问,可以适当简化法庭调查(对无异议的证据,可以仅就证据名称及证明内容进行说明，对有异议或者法庭认为有必要调查核实的证据，应当出示并进行质证)，可以简化法庭辩论(法庭辩论主要围绕有争议的问题进行)，裁判文书可以适当简化。根据《关于规范量刑程序若干问题的意见》的规定，法庭审理主要围绕量刑和其他有争议的问题进行，可以适当简化法庭调查、法庭辩论程序。对于一审当庭首次认罪认罚的，人民法院应当依法裁判。对于第二审程序中首次认罪认罚的，二审法院可以根据其认罪认罚的价值、作用决定是否从宽，并依法作出裁判。根据《关于规范量刑程序若干问题的意见》的进一步规定，对于被告人在侦查、审查起诉阶段认罪认罚，但人民检察院没有提出量刑建议的，以及被告人在庭审过程中反悔不同意量刑建议的，被告人当庭认罪，愿意接受处罚的，人民法院依法作出裁判。

十二是明确了认罪认罚后允许反悔撤回以及反悔撤回后的处理。因适用认罪认罚从宽制度后作相对不起诉处理的，犯罪嫌疑人反悔的，检察机关应区别情形分别维持原相对不起诉决定，撤销原相对不起诉决定后作出绝对不起诉决定或者提起公诉。提起公诉前或审判期间反悔的，具结书失效。

十三是明确了未成年人认罪认罚案件的办理程序。根据《刑事诉讼法》的规定，认罪认罚从宽制度并没有主体上的限制，只是规定对于未成年人犯罪案件不适用速裁程序，而且规定对于未成年犯罪嫌疑人的法定代理人、辩护人对未成年人认罪认罚有异议的，不需要签署认罪认罚具结书。这就意味着被告人是未成年人的，仍然可以适用认罪认罚从宽制度，并适用简易程序或者普通程序审理。具体在适用认罪认罚从宽制度过程中，未成年犯罪嫌疑人、被告人的法定代理人或辩护人同意未成年犯罪嫌疑人、被告人认罪认罚的，未成年犯罪嫌疑人、被告人可以签署具结书；反之，未成年犯罪嫌疑人、被告人的法定代理人或辩护人不同意未成年犯罪嫌疑人、被告人认罪认罚的，则不需要签署具结书。因此，2019年最高人民法院等《关于适用认罪认罚从宽制度的指导意见》第55条

“听取意见”、第56条“具结书签署”规定,检察机关、人民法院在办理未成年人认罪认罚案件时,应听取未成年犯罪嫌疑人、被告人的法定代理人或者合适成年人的意见,但受案时犯罪嫌疑人已经成年的除外,签署认罪认罚具结书时,未成年犯罪嫌疑人的法定代理人或者合适成年人应当到场并签字确认。

上述司法解释的出台澄清了司法实践中遇到的一些棘手问题,具有积极的意义。主要包括如下几个方面:一是明确“认罪”“认罚”“从宽”三者的具体内涵,以化解司法实践中对三者内涵的理解不一,造成司法实践适用混乱的问题。将“认罪”明确为“承认主要犯罪事实”,从而使“犯罪嫌疑人、被告人认事实而不认罪名的案件”纳入认罪认罚从宽制度的适用中。将侦查阶段的“认罚”明确为“愿意接受处罚”,从而回应了司法实践中普遍存在的“侦查阶段无罚难以认罚”的质疑。将“从宽”的内涵明确为包括“不起诉或者判决免予刑事处罚”,从而将不起诉案件和免予刑事处罚案件也纳入认罪认罚从宽制度的适用范围。二是明确了“认罪认罚从宽”的适用边界和情节性质,进一步澄清了司法实践中理解偏差和理论争议问题。尽管司法解释一再表明认罪认罚从宽制度并无适用罪名和刑罚的限制,所有刑事案件都可以适用,但是也强调了“可以”并非“一律”,其界限在于:对犯罪性质和危害后果特别严重、犯罪手段特别残忍、社会影响特别恶劣的犯罪嫌疑人、被告人,认罪认罚不足以从宽处罚的,也就不适用认罪认罚从宽制度。界限并不在于被害人及其诉讼代理人是否同意的问题上,即使被害人及诉讼代理人不同意,也可以适用认罪认罚从宽制度,只是从宽幅度应予酌减,但若被害方的要求明显不合理,则不影响从宽的幅度。同时,刑事诉讼法规定的“认罪认罚从宽”与实体法规定的“自首、坦白”等量刑情节之间关系如何,一直是理论界和司法实践中亟需解决的命题,它直接关系到犯罪嫌疑人、被告人认罪认罚后从宽的幅度,本次司法解释明确采用“折内折”的观点,即在刑法规定的量刑情节幅度内考虑更优惠的量刑折扣。三是提升了犯罪嫌疑人、被告人的权利保障水平。规定值班律师有会见权和阅卷权，看守所、人民法院和人民检察院应当为值班律师行使上述权利提供便利，确保了犯罪嫌疑人、被告人获得法律帮助的有效性。规定检察机关可以探索证据开示制度，保障犯罪嫌疑人的知情权，促使犯罪嫌疑人自愿认罪的同时，也提升了犯罪嫌疑人的辩护能力。规定了社会调查评估仅是判处管制和缓刑的重要参考，明确即使没有委托或者委托后没有及时收到社会调查评估结果，人民法院也可以判处管制和缓刑，从而使符合判处管制和缓刑条件的被告人不因有关机关未委托或未及时提交而失去判处管制和缓刑的机会。规定了反悔撤回认罪认罚的处理以及明确了适用速裁程序被告人上诉后的处理，这就意味着保障了犯罪嫌疑人认罪认罚的自愿性，既包括具结前认罪认罚的自愿性，也包括具结后认罪认罚的自愿性，甚至是一审判决后认罪认罚的自愿性，尤其是保障了上诉权。规定未成年人犯罪案件适用认罪认罚从宽制度，应听取法定代理人或者合适成年人的意见，并在签署具结书时到场，既保证了未成年犯罪嫌疑人、被告人的刑事诉讼权利，也保障了其获得认罪认罚从宽的同等机会。四是进一步着力着眼于刑事诉讼全流程开展刑事诉讼程序简化探索。对速裁程序，赋予侦查机关程序适用建议权，并要求侦查阶段快速办理，可以集中送达、集中开庭、逐案审理、集中当庭宣判，探索在执法办案管理中心设置速裁法庭，简要宣读起诉书，规定调整量刑建议后经被告人同意可以继续适用速裁程序审理，简化裁判文书及文书说理。对简易程序，可以简要宣读起诉书，可不区分法庭调查、法庭辩论，直接围绕量刑进行，一般应当庭宣判，简化裁判文书。同时，第一次明确了认罪认罚普通程序的简化措施，可以简化讯问、发问，可以适当简化法庭调查、法庭辩论、裁判文书，法庭审理主要围绕量刑和其他有争议的问题进行。

上述司法解释存在的问题主要包括：一是上述司法解释规定，对于被告人在侦查、审查起诉阶段认罪认罚，但人民检察院没有提出量刑建议,在一审庭审中坚持认罪认罚的,或者对于被告人在侦查、审查起诉阶段没有认罪认罚,但在一审当庭首次认罪认罚的,人民法院应当依法裁判。对于“应当依法裁判”并没有说明是否适用“认罪认罚从宽”制度,而且《关于适用认罪认罚从宽制度的指导意见》对“二审程序中被告人首次认罪认罚酌定适用认罪认罚从宽制度的规定”与上述一审中首次认罪认罚处理的表述不一致,容易造成立法者对二者法律效果有意区分的误解。事实上,我们认为上述一审中的“应当依法裁判”应当包含“可以适用认罪认罚从宽之意”,理由在于:认罪认罚从宽制度可以贯穿刑事诉讼全过程,自然包括一审庭审中首次认罪认罚的情形;司法解释既然允许对二审中首次认罪认罚的被告人酌定适用认罪认罚从宽制度,对于在一审庭审中认罪认罚的被告人,根据认罪认罚从宽制度中“越早认罪越有利于被告人”的精神,也当然应当允许在一审庭审中认罪认罚的被告人有适用认罪认罚从宽制度的机会;《关于规范量刑程序若干问题的意见》已经将一审庭审中首次认罪认罚与二审庭审中首次认罪认罚规定在一个条文中共同表述为人民法院应当“依法作出裁判”,已经将二者法律效果作了统一表述,不宜再作区分的理解。二是允许认罪认罚的犯罪嫌疑人、被告人反悔后撤回具结和上诉的规定,既可能浪费了诉讼资源,降低了诉讼效率,也可能造成罪责刑不一致、放纵犯罪的危险。一方面,根据司法解释的规定犯罪嫌疑人、被告人认罪认罚往往需要签署认罪认罚具结书、需要值班律师在场并提供法律帮助等,在一切认罪认罚工作完成之后,允许犯罪嫌疑人、被告人没有任何理由撤回具结,无疑使已经完成的认罪认罚工作成果付之东流,从某种意义上说不是对司法资源的节约,而是浪费,不是诉讼效率的提升,而是降低。另一方面,根据现有的规定,适用认罪认罚从宽制度毕竟存在从宽的考虑,在已经签署认罪认罚具结书且已被法院裁判确认的情况下,又允许没有任何限制条件的上诉,看似保障被告人诉讼权利的做法,可能存在权利保障过度之虞及在实体上违背罪责刑相一致原则的危险,给少部分被告人以投机的机会,即可能使并不真心认罪认罚的被告人以暂时的认罪认罚换取量刑优惠后,又利用上诉不加刑的原则,毫无顾忌地上诉,从而增加了司法机关的负担。

第二节　我国刑事诉讼程序速简化之理论反思

一、反思之一:认罪认罚从宽制度的初衷

2016 年 8 月 26 日,最高人民法院向全国人大常委会所作的《关于授权在部分地区开展刑事案件认罪认罚从宽制度试点工作的决定(草案)的说明》提出,试点认罪认罚从宽制度的必要性在于:一是需要鼓励引导犯罪嫌疑人、刑事被告人自愿如实供述罪行,依法适用速裁、简易程序,从而及时有力惩罚犯罪。二是落实宽严相济刑事政策,推动坦白从宽制度化,尊重被告人的程序选择权,强调被害人的有效参与。三是面对轻微刑事案件高位运行、司法机关案多人少矛盾突出的现实,落实以审判为中心的刑事诉讼制度改革,必须实现认罪认罚案件快速办理,优化司法资源,提高司法效率。四是根据刑事被告人认罪与否、案件难易、刑罚轻重等情况,探索速裁程序、简易程序、普通程序有序衔接,繁简分流的多层次诉讼制度体系的需要。可见,从司法机关的角度看,认罪认罚从宽制度的初衷依次为及时有效惩治犯罪、落实宽严相济刑事政策、提高司法效率、完善刑事诉讼程序。如果将"及时有效惩罚犯罪"与"提高司法效率"合并的话,其顺序为提高司法效率、落实宽严相济的刑事政策、完善刑事诉讼程序。然而,2016 年 9 月 3 日,全国人大常委会正式发布《关于授权最高人民法院、最高人民检察院在部分地区开展刑事案件认罪认罚从宽制度试点工作的决定》时,却将试点目的总结为,"为进一步落实宽严相济刑事政策,完善刑事诉讼程序,合理配置司法资源,提高办理刑事案件的质量与效率,确保无罪的人不受刑事追究,有罪的人受到

公正惩罚,维护当事人的合法权益,促进司法公正”。作为严谨的立法活动,这一顺位的调整意味着立法机关的初衷依次为落实宽严相济的刑事政策、完善刑事诉讼程序、提高司法效率。

2018年认罪认罚从宽制度上升为《刑事诉讼法》规定,被置于《刑事诉讼法》“任务和基本原则”一章第15条。在相关立法解读中,立法机关明确地指出:“认罪认罚从宽制度是宽严相济刑事政策的一个重要方面,包括实体上和程序上从宽两个方面。刑法中对认罪认罚从宽作了一系列规定,但刑事诉讼法中一直没有明确规定。”将“认罪认罚从宽制度”的立法初衷直接明确地表述为“在程序上落实宽严相济刑事政策”的要求。① 而相关实务部门在解读这一立法时认为,“认罪认罚从宽制度是指在刑事诉讼过程中,涉嫌实施犯罪行为的犯罪嫌疑人或被告人如自愿认罪并接受刑事处罚,则可简化某些程序环节,由司法机关快速处理案件,兑现从宽政策,以提高司法效率、节约司法成本的制度”。“其内涵包括实体从宽、程序从简、进度从快三个方面”“之所以探索认罪认罚从宽制度,主要目的不是为了从速处理轻罪案件,而是根据司法实践中的迫切需要,对犯罪嫌疑人、被告人认罪认罚的案件实行庭审简化程序减少法院的诉讼负担,提高诉讼效率”。② 可见,这一解读又一次将“认罪认罚从宽制度”的目的概括为提高诉讼效率。同样是认罪认罚从宽制度,立法机关和实务部门的关注点和强调点却不相同,如果说这是实践对立法的一种背离,这种背离又当如何理解与化解。

二、反思之二:诉讼效率与权利保障的抵牾与忽视

刑事诉讼程序显然要求公权力追究刑事犯罪必须遵守一定的程式,

---

① 参见王爱立主编:《中华人民共和国刑事诉讼法修改与适用》,中国民主法制出版社2019年版,第45页。

② 童建明主编:《刑事诉讼法修改决定的理解与适用》,中国检察出版社2019年版,第56~58页。

这就体现了刑事诉讼程序的本质在于限制公权力滥用,从而有效保障权利行使。如此从一般意义看:刑事诉讼程序越多,公权力追究犯罪的程序越复杂,权利保障的程度也就越好,但诉讼效率则越低;相反,刑事诉讼程序越少,公权力追究犯罪的程序越简化,权利保障的程度也就越低,但诉讼效率则越高。可见通常意义上诉讼效率与权利保障往往相互抵牾,呈现此消彼长的关系。然而,以往以及当前刑事诉讼程序速简化的改革为减少改革阻力、充实其正当性基础,往往强调:刑事诉讼程序的简化内容在于简程序而不减权利,力求在简化程序的同时,确保当事人尤其是犯罪嫌疑人、被告人的权利不减,甚至还要增加。这种看似双赢的改革思路设计要求程序简化应当尊重当事人刑事诉讼程序的参与权:认罪认罚从宽制度要求犯罪嫌疑人、被告人自愿认罪,速裁程序要求被告人认罪认罚并同意适用速裁程序,认罪认罚的简易程序要求被告人认罪认罚且对适用简易程序没有异议;认罪认罚案件应当听取被害人及其代理人的意见,被害人及其诉讼代理人不同意对认罪认罚的犯罪嫌疑人、被告人从宽处理的,不影响认罪认罚从宽制度的适用。可见对于被告人而言就是程序选择权,对被害人而言仅仅是程序参与权。为进一步调动被告人在行使程序选择权时选择同意适用的积极性,往往承诺给予一定幅度的量刑优惠。这样的程序设计看似完美化解了权利保障与诉讼效率之间此消彼长的矛盾关系,但事实是否果真如此,疑问重重。无论是从各种规范性文件越积越多、越垒越高的情况看,还是从司法实践案多人少的矛盾越来越突出的现实看,抑或是从司法人员实践办案越来越吃力的真实感受看,这种看似“完美化解诉讼效率与权利保障”的刑事诉讼程序速简化设计,在实质上并未走出“诉讼效率与权利保障相抵牾”的一般逻辑圈。

事实上,现有认罪认罚从宽制度下的刑事诉讼程序速简化的设计一定程度上背离了速简化程序的初衷。可以说以提高刑事诉讼效率为目的的刑事诉讼程序速简化,本应该在价值选择和利益衡量后,在确保底线正义的前提下选择部分减损权利保障的效果，但为降低改革的阻力而继续强调权利保障的效果，从而使整个刑事诉讼程序在提高刑事诉讼效率的目标上渐行渐远。具体表现在：一是就速裁程序而言，认罪认罚从宽制度增添了新的速裁程序（适用速裁程序的案件以往基本是适用简易程序办理的），相比于原来的简易程序而言，庭审时间因省略部分环节确实作了一定程度的缩短，但这一缩减所带来的诉讼效率提升与庭前因适用速裁程序而争取犯罪嫌疑人、被告人认罪认罚，制作认罪认罚具结书，签署具结书和通知辩护人或值班律师在场并听取意见等工作所造成的诉讼效率降低相比，几乎可以忽略不计，以致所谓的“速裁程序”提高的仅仅是审判效率，如果从整个刑事诉讼程序全过程看，刑事诉讼效率不仅没有提高，反而被严重降低了。二是就简易程序而言，认罪认罚从宽制度并没有提高刑事诉讼效率，甚至是降低了刑事诉讼效率。一方面，在审前增加了认罪认罚的环节，降低了审前的诉讼效率；另一方面，在庭审中增加了审查认罪认罚自愿性的环节，降低了庭审效率。综合来看，与单纯简易程序相比，认罪认罚的简易程序不仅没有提高整个刑事诉讼效率，而且单就审判环节而言也没有提高审判效率。三是就普通程序而言，符合适用认罪认罚从宽制度的普通程序案件，以往是被告人认罪但由于不符合适用简易程序转而适用了普通程序的案件，这部分案件在司法实践中基本是按照普通程序简化审方式审理的，这就意味着在诉讼效率上应当把适用认罪认罚从宽制度的普通程序与普通程序简化审理方式相比较，而不是与不认罪的普通程序相比较。如此比较的结论，与单纯普通程序简化审方式相比，认罪认罚的普通程序不仅没有提高整个刑事诉讼效率，而且单就审判环节而言也没有提高审判效率。

三、反思之三：程序量刑优惠与罪责刑相适应原则的冲突与弥合

“罪责刑相适应原则的含义是，犯多大的罪，就应承担多大的刑事责任，法院也应判处其相应轻重的刑罚，做到重罪重罚，轻罪轻罚，罪刑相

称,罚当其罪;在分析罪重罪轻和刑事责任大小时,不仅要看犯罪的客观危害性,而且要综合考虑行为人的主观恶性和人身危险性,把握罪行和罪犯各方面因素综合体现的社会危害性程度,从而确定其刑事责任程度,适用相应轻重的刑罚。"[①]罪责刑相适应原则是从传统罪刑相适应原则发展而来,传统的罪刑相适应原则以报应主义刑罚观为基础,但随着刑法新派学说的推广,罪刑相适应原则开始吸收新派的学说,将刑罚报应主义和刑罚个别化结合起来,使刑罚不仅考虑犯罪行为的要素,也要考虑犯罪人的要素。当前在认罪认罚从宽制度改革背景下,认罪认罚从宽制度改革一再强调"坚持罪责刑相适应"的原则。2016 年,最高人民法院、最高人民检察院、公安部、国家安全部、司法部在《关于在部分地区开展刑事案件认罪认罚从宽制度试点工作的办法》中就明确:办理认罪认罚案件,应当坚持罪责刑相适应的原则,"确保刑罚的轻重与犯罪分子所犯罪行和应当承担的刑事责任相适应"。2019 年,最高人民法院、最高人民检察院、公安部、国家安全部、司法部在《关于适用认罪认罚从宽制度的指导意见》中再一次明确,"坚持罪责刑相适应原则。办理认罪认罚案件,既要考虑体现认罪认罚从宽,又要考虑其所犯罪行的轻重、应负刑事责任和人身危险性的大小"。实际上,根据罪责刑相适应的原则,刑罚裁量只要考虑罪行轻重、主观恶性大小和人身危险性大小。在实际的裁判中是否考虑上述要素就已足够,究竟还有无考虑其他要素的空间。刑法理论界的马克昌教授在谈及刑罚量定时,就曾直言:"韩、俄两国刑法中的规定,虽然称谓不同,实际上与日本学者的论述相近似。西原教授从与责任相适应的量定和根据刑事政策的观点的量定两方面进行分析,有助于对量刑标准的全面理解。"[②]由此可见,罪责刑相适应原则作为刑法的基本原则,要求做到重罪重罚,轻罪轻罚,罪刑相称,罚当其罪,并没

---

① 高铭暄、马克昌主编:《刑法学》(第 6 版),北京大学出版社 2014 年版,第 28 ~ 29 页。

② 马克昌:《比较刑法原理:外国刑法学总论》,武汉大学出版社 2002 年版,第 831 页。

有问题;但必须明确作为基本原则,这是一种原则性的要求,而不是排除刑事政策的理由。从刑事政策的角度看,刑事诉讼程序速简化在某种意义上是在适度保障犯罪嫌疑人、被告人权利的基础上,通过量刑优惠鼓励犯罪嫌疑人、被告人通过自愿减损自身程序权利的方式,节约诉讼资源,维护公共利益,这种量刑优惠的考量显然超出了罪行的社会危害性、罪犯的主观恶性和人身危险性的范畴,从而体现出了刑事政策的考量韵味。

排除认罪认罚要素外,单纯刑事诉讼程序的速简化是否应当给予一定的量刑优惠,曾经在刑事诉讼法学界并无疑问,但随着刑事诉讼法的修改,最高人民法院量刑规范化改革的推进,以及认罪认罚从宽制度与实体法中坦白、自首制度如何适用的讨论,对这一问题的质疑越来越大、越来越多,但有权解释主体长期并没有给予明确的答案。首先,2003 年最高人民法院、最高人民检察院、司法部制定的《关于适用普通程序审理"被告人认罪案件"的若干意见(试行)》(已失效)和《关于适用简易程序审理公诉案件的若干意见》(已失效)均明确规定:"人民法院对自愿认罪的被告人,酌情予以从轻处罚。"长期以来,这被视为独立于实体法坦白、自首之外的独立量刑优惠规定。其次,2012 年《刑事诉讼法》对简易程序进行了较大程度的修改,吸收了上述 2003 年两个司法解释的规定,但对于"人民法院对自愿认罪的被告人,酌情予以从轻处罚"没有规定。这使被告人因单纯刑事诉讼程序利益减让是否应获得相应的量刑优惠变得不再明朗。即使认为 2011 年《刑法修正案(八)》已经将"坦白"作为法定从轻情节加以规定,也不能说明实体法的"坦白"规定可以代替"程序简化酌情从轻"的规定。比较权威的观点认为,"坦白"入法的目的在于纠正"坦白从宽、牢底坐穿;抗拒从严、回家过年"的政策兑现困境,而且明确指出:"将坦白的主体限定为犯罪嫌疑人,可以与认罪情节相区别,对于审判阶段如实供述自己罪行的,最高人民法院、最高人民检察院、司法部《关于适用普通程序审理'被告人认罪案件'的若干意见(试行)》和《关于适用简易程序审理公诉案件的若干意见》均已明确规定:人民法院对于自愿认罪的被告人,酌情予以从轻处罚。也就是说,司法实践中,对于被告人在审判阶段如实供述自己罪行的,已经单独认定为认罪情节了。"[①]再次,"自2009年6月1日,在全国120多家指定试点法院开展试点工作后,量刑规范化改革的影响越来越大"。[②] 2010年10月1日,最高人民法院制定的《人民法院量刑指导意见(试行)》(已失效)和最高人民法院、最高人民检察院、公安部、国家安全部、司法部制定的《关于规范量刑程序若干问题的意见(试行)》(已失效)开始在全国试行。2014年,最高人民法院又印发了《关于常见犯罪的量刑指导意见》(已失效),2017年,又对《关于常见犯罪的量刑指导意见》(已失效)进行了修订。在上述量刑指导意见中均没有涉及因程序简化而量刑减让的规定。由于司法解释在我国的独特法律地位,司法实践中在裁量刑罚时对刑事诉讼程序简化这一事实基本没有考虑。最后,在认罪认罚从宽制度被写入刑事诉讼法后,随着认罪认罚从宽制度改革的逐步推进,刑事诉讼法规定的"认罪认罚从宽"与刑法规定"坦白、自首"如何适用的问题成为必须回答的问题。几经争论后,2019年最高人民法院、最高人民检察院、公安部、国家安全部、司法部联合制定的《关于适用认罪认罚从宽制度的指导意见》明确采用"折内折"的观点:"对犯罪嫌疑人、被告人具有自首、坦白情节,同时认罪认罚的,应当在法定刑幅度内给予相对更大的从宽幅度。认罪认罚与自首、坦白不作重复评价。"这就使刑事诉讼法明确规定的"认罪认罚从宽"情节失去了绝对独立的量刑情节地位,而是被包含在自首、立功情节内予以考虑,只是考虑的幅度略有从宽而已。在此背景下,没有被刑事诉讼法明确规定的刑事诉讼程序速简化的量刑

---

① 张军主编:《〈刑法修正案(八)〉条文及配套司法解释理解与适用》,人民法院出版社2011年版,第83页。

② 熊选国主编:《〈人民法院量刑指导意见〉与"两高三部"〈关于规范量刑程序若干问题的意见〉理解与适用》,法律出版社2010年版,第1页。

减让更加无从谈起了。

四、反思之四:诉讼效率与证据裁判标准的协调

我国刑事诉讼法确立了"以事实为根据,以法律为准绳"的刑事诉讼基本原则,但对于事实如何认定则没有规定。最高人民法院等《关于办理死刑案件审查判断证据若干问题的规定》(以下简称《办理死刑案件证据规定》)明确"认定案件事实,必须以证据为根据",正式确立了证据裁判原则。证据裁判原则是"以事实为根据,以法律为准绳"原则的发展。至于证据裁判原则究竟包含哪些内容,目前存在不同的观点,理论界有学者认为,证据裁判原则主要解决的是认定案件事实的证据基础以及证据的法律资格问题,而不涉及司法证明的标准问题。[①] 与之相对,实务部门往往认为,证据裁判原则还包括"证据不足,则不能认定案件事实"的内容。[②] 鉴于此,抛开纯粹的理论之争,从贴近实践的角度看,证据裁判原则大致包含如下内容:一是认定案件事实只能以证据为根据;二是认定案件事实的证据必须是具备证据资格的证据;三是证据只有经过法庭调查并被查证属实,才能作为裁判的根据;四是综合作为裁判根据的证据只有达到确实、充分的程度才能认定案件事实。以往由于受域外辩诉交易制度的影响,国内学者出于对程序速简化下犯罪嫌疑人、被告人程序权利的减让可能诱发权力滥用,甚至是冤假错案的担忧,往往强调办理认罪认罚案件必须坚守证据裁判原则,或者在程序速简化的同时仍然对证明标准降低保持高度的警惕。例如,2003 年,在两简程序司法解释实施之后,最高人民检察院公诉厅在《关于检察机关公诉部门贯彻执行〈关于适用普通程序审理"被告人认罪案件"的若干意见(试行)〉和〈关于适用简易程序审理公诉案件的若干意见〉的几点意见》中就明确指出,

---

① 参见陈瑞华:《刑事证据法学》,北京大学出版社 2012 年版,第 30 页。

② 参见张军主编:《刑事证据规则理解与适用》,法律出版社 2010 年版,第 38 页。

“从此前个别地方适用简易程序和开展简化审理试点工作的情况看，也确实存在一些问题，如有的为使案件能够适用简易程序、简化审理，降低了对案件事实、证据规格的要求”。2016 年，最高人民法院、最高人民检察院、公安部、国家安全部、司法部在《关于在部分地区开展刑事案件认罪认罚从宽制度试点工作的办法》中直接规定：“坚持证据裁判，依照法律规定收集、固定、审查和认定证据。”2019 年最高人民法院、最高人民检察院、公安部、国家安全部、司法部在《关于适用认罪认罚从宽制度的指导意见》中再次重申“坚持证据裁判原则”的要求，规定：“办理认罪认罚案件，应当以事实为根据，以法律为准绳，严格按照证据裁判要求，全面收集、固定、审查和认定证据。坚持法定证明标准，侦查终结、提起公诉、作出有罪裁判应当做到犯罪事实清楚，证据确实、充分，防止因犯罪嫌疑人、被告人认罪而降低证据要求和证明标准。对犯罪嫌疑人、被告人认罪认罚，但证据不足，不能认定其有罪的，依法作出撤销案件、不起诉决定或者宣告无罪。”

以往的理论观点认为，刑事诉讼效率的提升和证据裁判原则之间往往体现为反向相关的关系：坚守证据裁判原则，可能不利于诉讼效率提升；放松证据裁判原则，有利于诉讼效率的提升。通俗地讲，证据收集得少，诉讼效率就高；证据收集得多，诉讼效率就低。受上述传统理论的影响，立法与司法之间一直存在一定程度的误读。一方面，立法上往往担心司法实践中因认罪认罚、程序速简化造成证明标准被降低、酿成冤假错案的风险，故而往往强调对证据裁判原则尤其是证明标准的坚守。另一方面，司法实践中在坚持证据裁判原则时，往往理解为“认罪认罚与不认罪认罚收集同等数量的证据”，以致侦查效率提升幅度有限。事实上，二者是否存在这种相互排斥的关系，不无疑问。我国刑事诉讼制度所追求的效率一定是有事实基础的效率，那种不顾事实、罔顾事实的效率，因违背了正义的要求，是不能被允许的，而现代法治所提倡的事实基础只能源于合法的证据证明。证据裁判原则的要求，尤其是证明标准的要求,并非对特定证据的收集、固定、审查和认定,而是综合全案具有证据资格的证据后,进行整体把握后的结果。这就意味着在认罪认罚的案件中,因犯罪嫌疑人、被告人认罪认罚,往往降低了侦查取证的难度,即使坚守证据裁判的原则,也可以有效提升诉讼效率;同时,坚守证据裁判原则并非要求与不认罪认罚相比收集同样数量的证据,更不是要求与不认罪认罚一样必须收集特定某一项的证据,而是只要犯罪嫌疑人、被告人认罪认罚的供述与在案证据相互印证,并排除合理怀疑即可。

第三节　我国刑事诉讼程序速简化之问题检视

我国刑事速简程序改革虽然取得了很大的成就,但不可避免地也存在一些问题,目前理论界较多学者都提出了对我国当前刑事速简程序改革进行全面检视的思想,只是总结的问题不尽一致。[①]

一、我国刑事诉讼程序速简化的基本问题

一是程序分流标准不科学。刑事简易程序最早在1996年《刑事诉讼法》修改时被写入法,彼时立法者就将其定义为:“人民法院按照第一审程序审理某些简单轻微的刑事案件时所依法适用的、较普通程序相对简化的程序。”[②]将程序分流的标准定位为“简单轻微”。而经理论界学者们对上述概念的逐步完善,基本达成了被理论界广泛使用的定义:基层人民法院审理某些事实清楚、情节简单、犯罪轻微的刑事案件所适用的比普通程序相对简化的第一审程序。将上述立法者的标准进一步具

---

① 参见刘玫、鲁杨:《我国刑事诉讼简易程序再思考》,载《法学杂志》2015年第11期。

② 全国人大常委会法制工作委员会本书编写组编:《中华人民共和国刑事诉讼法实用全书》,中国法制出版社1996年版,第139页。

体为“事实清楚、情节简单、犯罪轻微”。[①] 据此有观点认为，“确立了法定刑为简易程序的适用标准，以防止某些犯罪性质严重而因情节轻微的案件流入简易程序”。[②] 事实上，上述简易程序立法确立的繁简分流标准并非法定刑，而是“可能判处罪刑轻重”的预期宣告刑，这对以后速简程序立法影响深刻。普通程序简化审则在普通程序之内开创性地确立了“被告人是否认罪”的繁简分流标准。自此，无论是轻案快办机制，还是速裁程序，都对两种标准予以规定，而且速裁程序还进一步强调了“认罚”的标准。从 2014 年速裁程序试点对罪名与罪刑同时规定看，适用速裁程序的前提即符合相应的罪名和可能判处的刑罚条件，然后考虑是否认罪认罚，对认罪认罚的适用速裁程序，可见，罪名和刑罚是基础，划定了适用的范围，而认罪认罚是条件，速裁程序采用的混合分流标准是以罪刑轻重为主的混合分流标准。时至今日，速裁程序已经没有了罪名的限制，但仍然保留了罪刑的限制，规定适用于“可能判处三年有期徒刑以下刑罚的认罪认罚案件”，以罪刑轻重为主的混合分流标准并没有实质性改变。认罪认罚从宽制度实施后，作为一项制度嵌入速裁程序、简易程序和普通程序中，又开启了对简易程序和普通程序的再简化之路。这两种不同的程序分流标准的背后是对大陆法系和英美法系不同经验的借鉴。一般而言，大陆法系出于实质正义的考虑，往往将速简化的程序限于轻微犯罪。而美国为最大限度地提高诉讼效率，广泛实行辩诉交易制度，不仅可以对量刑进行交易，还可以对有无犯罪、罪名轻重进行交易。[③] 事实上，域外不同国家的做法与其诉讼模式不无关系，大陆法系坚持职权主义的模式，法官主导诉讼的进程，简化程序就意味着法官接触的证据可能变少，内心确信的程度变弱，出现错判的机会变大，故只能限

① 程荣斌主编：《中国刑事诉讼法教程》，中国人民大学出版社 1997 年版，第 494 页。

② 法学考研网主编：《诉讼法学》，中国法制出版社 2006 年版，第 420 页。

③ 参见施鹏鹏：《认罪认罚从宽制度的限度》，载《中国社会科学报》2016 年 7 月 6 日，第 5 版。

于轻微的犯罪。反之,美国坚持当事人主义的模式,由当事人双方主导诉讼进程,简化程序以控辩双方合意即可,法官只要确认该合意合法且自愿就可接受,甚至有观点指出在加拿大刑事诉讼中规定即便与事实不符,也不违背程序正义的要求,也可以被接受。

二是量刑折扣幅度不明确。在法律后果上,我国刑事诉讼程序速简化改革走过了一条"从严从重"到"从轻从宽"的道路。然而,自两简程序中明确规定"人民法院对自愿认罪的被告人可以酌情予以从轻处罚"以来,程序速简化的法律后果往往表述为"从宽处罚"或"从宽处理",并无明确的量刑折扣规定。实践中,由于量刑折扣不明,造成了各地标准不一。[①] 当前,由于刑事诉讼程序速简化本身的量刑折扣不明,加之刑事诉讼法明确规定认罪认罚从宽制度后,伴随刑事诉讼法中"认罪认罚从宽"与刑法中"坦白、自首"适用的争论,司法解释采用折内折的观点,刑诉法明确规定的"认罪认罚从宽"失去了绝对独立量刑情节的地位,刑事诉讼程序速简化这一刑事诉讼法意义上未被明确的量刑优惠究竟能否获得明确的地位,可以说遭遇了比以往更大的挑战。对此,首先,前文已有论述,由于设置刑事诉讼程序速简化量刑优惠的目的与"自首、坦白"具有根本性的差异,将其置于"自首、坦白"之内予以考虑显然是不合适的,主张给予其独立的量刑折扣是可接受的。其次,应当说明的是两简程序中的"酌情予以从轻处罚"与速裁程序中"从宽处罚"、认罪认罚从宽制度中"从宽处理"三者是不同的。实际上,从当事人和解程序来看,"从宽处罚"与"从宽处理"的区别显而易见。根据《刑事诉讼法》的规定,对和解的案件,公安机关可以提出"从宽处理"的建议,检察机关可以提出"从宽处罚"的建议或决定不起诉,人民法院可以依法"从宽处罚"。简言之,"酌情予以从轻处罚"指以定罪为前提,量刑时在法定刑范围内处刑。"从宽处罚"则是指以定罪为前提,量刑时从轻、减轻或者免除刑

---

① 参见郑红军:《关于完善我国刑事简易程序的思考》,载《山东审判》2015年第4期。

罚。而“从宽处理”不仅包括了以定罪为前提的从宽处罚,也包括了以不定罪为前提的非刑罚处罚或者不处罚,如按照权威的观点,从宽处理包括了审查起诉阶段的不起诉。[①] 由此可见,从宽处理是比从宽处罚、酌定从轻更为从宽的法律后果,内容也更加丰富。那么相对明确的量刑折扣与抽象的从宽处理之间究竟哪一种立法模式更具优势?显然是前者,理由如下:其一相对明确的量刑折扣使犯罪嫌疑人、被告人对法律后果具有较高的可预测性,有利于激励其同意适用速简程序。其二相对明确的量刑折扣,可以限制法官恣意。其三相对明确的量刑折扣由于是相对的,具有一定的幅度,“可以酌情减少基准刑”,故并不会违背罪刑均衡的原则。其四规定相对明确量刑折扣的同时,也可以规定“综合全案情节,可以免罚、不以犯罪论处,或者应当免罚、不以犯罪论处”的具体情形。

三是程序选择上辩护人与被害人地位设置不当。根据1996年《刑事诉讼法》的规定,对于符合法定条件的案件,人民检察院建议或者同意适用简易程序的,人民法院可以适用简易程序,根本没有考虑被告人及辩护人、被害人及诉讼代理人的程序权利。根据2003年有关两简的规定,适用简易程序要求以被告人及辩护人对指控的基本事实无异议为条件,程序上,对于检察机关建议的,要求征得被告人、辩护人的同意,对于人民法院主动适用的,要求听取被告人、辩护人的意见,并经检察机关同意。可见,无论是在适用条件上,还是在程序启动环节,都赋予了被告人、辩护人相同的权利,但对被害人及其诉讼代理人的相关权利则没有规定。简化审程序中,要求以被告人对被指控的基本事实无异议并自愿认罪为条件,程序上,对于人民法院主动适用的,都要求经检察机关、被告人、辩护人同意,对于检察机关建议适用的,则没有要求经被告人、辩护人同意。此时,简化审程序在适用条件层面取消了对被告人与辩护人设置相同权利的规定,但在程序选择上的相同权利则被保留了下来,对

① 参见陈光中:《认罪认罚从宽制度实施问题研究》,载《法律适用》2016年第11期。

被害人及其诉讼代理的相关权利仍未规定。可见,在程序启动阶段,辩护人与被害人的作用存在一定的错位。在2012年《刑事诉讼法》对简易程序修改时,规定了被告人承认自己所犯罪行并对指控的犯罪事实没有异议,以及适用简易程序没有异议的条件,并规定检察机关仅具有建议权,被告人在程序选择上具有了一定优势。此时还完全删除了辩护人在适用条件和程序选择方面的权利(最高人民法院在司法解释中仅规定了辩护人作无罪辩护的不适用简易程序),但对被害人的程序权利仍没有规定。然而,在同时被写入刑诉法的当事人和解的公诉案件程序中,要求以犯罪嫌疑人、被告人真诚悔罪、赔偿损失、赔礼道歉和被害人谅解、自愿和解为前提。在适用条件和程序选择方面,使被害人的权利第一次与犯罪嫌疑人、被告人的权利一样被赋予了实质的意义。实际上,按照正当程序的要求,与诉讼结果存在利害关系的被害人理应具有参与程序选择的机会,这并非要求程序选择应当以被害人的同意为绝对的前提,但听取被害人对程序选择的意见应当成为必要的步骤。[①] 速裁程序试点中,一方面,规定以犯罪嫌疑人、被告人承认所犯罪行、对指控犯罪事实无异议、同意量刑建议、同意速裁为前提;另一方面,也规定当事人对适用法律无争议的要求,以及当事双方没有达成调解或者和解的不适用速裁程序。速裁程序入法后,删除了“当事人对适用法律无争议的要求”,但保留了“当事双方没有达成调解或者和解的不适用速裁程序”的规定。这说明被害人的意见被考虑在程序适用条件之中,但并未直接、正面、具体规定被害人的程序意见权。在认罪认罚制度改革中,要求以犯罪嫌疑人、被告人自愿认罪、对指控的犯罪事实没有异议、认罚、签署具结书为前提,在程序上,要求听取犯罪嫌疑人、被告人及其辩护人或值班律师的意见,以及听取被害人及代理人的意见,由于适用认罪认罚从宽制度的法律后果是“从宽”,故并不存在犯罪嫌疑人、

---

① 参见陈光中、马康:《认罪认罚从宽制度若干重要问题探讨》,载《法学》2016年第8期。

被告人及其辩护人或值班律师不同意适用的情形,实践中不同意的仅仅是对量刑建议过重表达的异议。同时,2019 年的《关于适用认罪认罚从宽制度的指导意见》明确规定,被害人及其诉讼代理人不同意对认罪认罚的犯罪嫌疑人、被告人从宽处理的,不影响认罪认罚从宽制度的适用,清楚地表明了在认罪认罚从宽适用中"被害人及其诉讼代理人仅仅具有就认罪认罚发表意见的权利,并不具有决定认罪认罚适用的实质权利"。综上所述,一方面是辩护人在程序速简化适用中的地位呈现逐步弱化的趋势,另一方面是被害人在程序速简化适用中的地位却越发强化。但是也需要注意:尽管司法解释已明确在认罪认罚从宽制度中被害人仅仅具有就程序适用发表意见的权利,并不具有决定的意义;但在速裁程序、简易程序适用中并没有直接明确规定就程序启动听取被害人意见的环节,对被害人的保护略显不足。

二、我国刑事诉讼程序不当简化的问题

首先,速裁程序的不当问题。适用速裁程序,除《刑事诉讼法》明确规定的"可能判处三年有期徒刑以下刑罚"且不属于《刑事诉讼法》第 223 条规定的案件,10 日或 15 日内提起公诉,独任审判,不受送达期限的限制,一般不进行法庭调查、法庭辩论,当庭宣判,10 日或 15 日内审结,《关于适用认罪认罚从宽制度的指导意见》还规定"可以集中送达、集中开庭、派员集中出庭支持公诉、简要宣读起诉书、逐案审理、集中当庭宣判、简化制作裁判文书"。上述对刑事速裁程序的规定主要存在的问题如下:一是规定对"对可能判处的有期徒刑超过一年的,审查起诉期限和审判期限均可以延长至十五日"并无必要,适用速裁程序的条件本就是案情简单、事实清楚、证据确实充分、被告人认罪认罚且签署了具结书,针对这样的案件,即使是宣告刑超过一年,也不会影响审查起诉和审判的难度。事实上,司法实践中这部分案件也基本都在 10 日内审结,并没有出现难以接受的问题。二是规定"被告人是盲、聋、哑人,或者是尚

未完全丧失辨认或者控制自己行为能力的精神病人的”以及“被告人是未成年人的”不适用速裁程序,但均可以适用认罪认罚从宽制度,前者适用认罪认罚从宽制度不需要签署具结书,后者适用认罪认罚从宽制度,应当听取法定代理人或合适成年人的意见,签署具结书时,其法定代理人或合适成年人应当到场并签字确认,法定代理人不同意认罪认罚的,不需要签署具结书。上述规定看似保障了盲聋哑、“半精神病”、未成年犯罪嫌疑人及被告人的权利,但从另一个方面看可能有不同的结论:如果认为速裁程序本身因为节约诉讼资源的考虑可以成为量刑酌定从轻要素的话,那么法律直接禁止上述人员适用速裁程序,就等于剥夺了上述人员从轻处理的机会;即使否认速裁程序可以作为量刑酌定从轻的要素,也应当尊重上述人员刑事诉讼的主体地位,在保障其相应权利的基础上,遵从与其智力水平相适应的意见,维护其合法的利益。三是尽管规定“10日或15日内提起公诉”,但对侦查和审查起诉阶段的简化仍然不足,相比于以往检察机关“依法快速办理轻微刑事案件”(审查逮捕期限为拘留案件3日和非拘留案件5日、简化制作审查逮捕意见书和审查起诉报告、审查起诉期限一般20日内或案多人少矛盾突出的单位30日内且不得延长、指定人员专门办理)、《关于在部分地区开展刑事案件速裁程序试点工作的办法》(审查起诉期限为8个工作日、起诉书可以简化)的规定,在简化侦查和检察工作流程、缩短办案期限方面,部分环节的诉讼效率不仅没有相应提升,反而有所降低。

其次,简易程序的不当问题。除《刑事诉讼法》明确规定的可能判处有期徒刑以下刑罚且不属于《刑事诉讼法》第215条规定的案件(《刑事诉讼法》第21条、第214条、第215条)、根据可能判处的刑罚轻重采用独任或合议庭审判(《刑事诉讼法》第216条),不受送达期限的限制,不受法庭调查、法庭辩论程序规定的限制(《刑事诉讼法》第219条),20日或45日内审结(《刑事诉讼法》第220条),针对适用简易程序审理认罪认罚案件,2021年最高人民法院《关于适用〈中华人民共和国刑事诉讼法〉的解释》第365、367条还规定："可以简要宣读起诉书，可以简化法庭调查，但对有争议的事实和证据应当进行调查、质证，可以仅围绕有争议的问题进行法庭辩论，可以简化制作裁判文书。"上述对刑事简易程序的规定主要存在的问题如下：一是规定"对可能判处有期徒刑超过三年的，可以延长至一个半月"并无必要，适用简易程序的条件即案件事实清楚、证据充分，被告人认罪且对指控的犯罪事实没有异议，这就意味着适用简易程序案件的定罪事实和量刑事实都比较清楚，被告人也没有异议，即使可能判处的刑罚较重也没有增加案件审理的难度，实践中，这部分案件也基本都在20日内审结，也没有出现难以接受的问题。二是规定"被告人是盲、聋、哑人，或者是尚未完全丧失辨认或者控制自己行为能力的精神病人的，不适用简易程序"，如前述速裁程序一样，也可能存在剥夺盲聋哑、"半精神病"被告人被从轻处理的机会，没有尊重其刑事诉讼主体的地位。三是规定"对可能判处三年有期徒刑以下刑罚的，可以组成合议庭进行审判，对可能判处有期徒刑超过三年的，应当组成合议庭进行审判"，适用简易程序的案件都是案件事实清楚、证据充分，被告人认罪且对指控的犯罪事实没有异议的案件，这部分案件是否需要合议庭审理值得怀疑，面临法院案多人少的压力，对事实清楚、毫无争议或毫无根本性争议的案件规定必须采用合议庭审理显然是对司法资源的浪费。实践中，对可能判处三年有期徒刑以下刑罚的案件鲜有采用合议庭审判的情况，对可能判处有期徒刑超过三年、采用合议庭审理的案件，也鲜有发生实际承办法官意见与合议庭意见不一致的情况，这说明合议庭审判在简易程序中的作用有限，可能存在形式意义大于实质意义的弊病。事实上，2012年《刑事诉讼法》如此修改的目的在于：确保可能判处三年有期徒刑以下刑罚案件的质量，以及对可能判处有期徒刑超过三年的案件体现慎重原则。但是立法者在谈到简易程序范围扩大至基层人民法院管辖的案件时，也承认基层审判人员法治观念和审判业务水平不断提高,基本具备了审理各类案件和处理复杂问题的能力。[①] 同时,伴随员额制改革,遴选优秀人员担任法官办理案件,保证了案件质量,而且司法责任制改革,使法官办理案件要终身追责,即使不采用合议庭审理,承办法官也会慎重处理。

三、我国刑事诉讼程序当简不简的问题

(一)侦查阶段未能提高诉讼效率

我国采取流水线式的诉讼构造,使每一个案件都要经历多重的诉讼环节,而且在每个环节内也需要经过承办人、承办组长、部门领导和分管领导的层层把关造成了诉讼拖延的问题。例如,随着司法责任制改革的推进,"谁办案,谁负责""让办案者决定、让决定者负责"的原则被提出,无疑具有积极的意义,但由于同时也提出了"强化对办案人员监督""办案责任终身追责"的做法,降低了检察官独立决定的积极性,以及检察官权力清单中存在大量名为"检察官决定、需部门负责人或分管领导审核"的权力,与以往三级审批的差别并不显著,而且由于检察机关行政化的传统、内部条线考核的做法,层层把关的现象也难以杜绝。以往单方面强调法庭审理期限的缩短,必然降低正当法律程序的价值。[②] 我国刑事诉讼程序速简化改革已关注到这一问题,并开始从审判阶段不断向检察阶段延伸,但对侦查阶段实现诉讼提速则未有规定。侦查阶段能否提速,实践中很有争议。简言之,侦查就是收集固定证据和使犯罪嫌疑人到案的刑事诉讼活动。这样来看,侦查活动显然不应倡导简化的思想,相反,应当要求侦查活动尽量细致、详尽,最好能反映整个案件客观事实

---

① 参见王爱立主编:《中华人民共和国刑事诉讼法修改与适用》,中国民主法制出版社 2019 年版,第 399 ~405 页。

② 参见陈瑞华:《"认罪认罚从宽"改革的理论反思——基于刑事速裁程序运行经验的考察》,载《当代法学》2016 年第 4 期。

的原貌。然而,侦查活动不能简化并不意味着侦查阶段不能提速。首先,由于侦查活动有其自身的规律和特性,加之社会生活的复杂性,侦查手段、侦查能力、侦查资源的有限性,不能苛求侦查活动都必须在某一个固定的期限内完成,故侦查不设期限。其次,尽管侦查无期限,但由于侦查活动可能限制犯罪嫌疑人的人身自由,现代法治国家已经抛弃了那种单纯追求打击犯罪的价值取向,而改向追求打击犯罪与保障人权相协调,不能为了侦查犯罪而无限期地羁押犯罪嫌疑人,故侦查羁押是有期限的。侦查羁押期限的设定,虽出于人权保障的考量,但客观上却促进了公安机关尽快完成侦查活动,提高了侦查效率。就此而言,侦查阶段提高诉讼效率是可能的,只不过侦查效率的提升并非通过程序的简化实现,而是通过促进侦查人员勤于履职实现。目前,侦查阶段可以简化而未能简化的部分主要包括:一是侦查流程没有实现繁简分流,往往不加区分地采用派出所和业务办案队侦查、预审机构预审、法制机构把关的流程,不利于侦查资源的合理利用。二是提讯活动没有区分认罪与不认罪,而是统一按照固定模式开展提讯,造成次数过多、内容重复,一般情况下,针对同一犯罪事实认罪的讯问,包括派出所和业务办案队的初次讯问、宣布刑拘的讯问、预审讯问、宣布逮捕的讯问、捕后讯问共 5 次讯问,如果加上检察机关在审查逮捕阶段、审查起诉阶段的讯问,一个开始就认罪的案件在正常情况下庭前就有 7 次讯问,这显然不利于诉讼效率的提升。三是由于公安机关往往强调打击数,而打击数并不体现在办案数上,而是具体体现在刑拘数、逮捕数等数字上,公安机关为完成打击数任务,更倾向于采取羁押的强制措施,造成以往"构罪即拘、一拘 30 日、每案必报捕、一捕两个月"的情形,以致侦查阶段的效率难以提升。四是侦查文书没有根据认罪与不认罪案件的区别进行差别化的制作,相反,在既有的侦查文书中,对于认罪认罚的,法律规定反而增加了表述要求,并增加了认罪认罚制度告知和听取意见等文书,使认罪认罚案件的侦查文书日益繁杂化。

（二）审查逮捕环节未能繁简分流

审查逮捕环节由于流程简单、时限较短，以往的传统观点往往认为，在诉讼流程上几乎没有简化的空间，即使流程可以简化、时限可以压缩，由于其通常审查起诉期限仅有 7 天，可以压缩的办案时间也十分有限，对于提升诉讼效率的效果并不明显。可以说上述观点有一定的道理，但是从轻微刑事案件快速办理机制的实践看，审查逮捕环节并非完全没有简化的空间。首先，根据司法解释规定，轻微刑事案件快速办理机制适用的前提即案情简单、事实清楚、证据确实充分，犯罪嫌疑人、被告人认罪，可能判处 3 年有期徒刑以下刑罚，对适用法律无争议的刑事案件，应当简化审查逮捕意见书，不必重复叙述事实、不必详细抄录证据。其次，在缩短办案期限方面，根据以往快办机制的规定，对犯罪嫌疑人已被拘留的，审查逮捕期限为 3 日；未被刑事拘留的，审查逮捕期限为 5 日。再次，根据现行《刑事诉讼法》第 88 条的规定，审查批捕环节，除是否符合逮捕条件存疑、犯罪嫌疑人要求向检察人员当面陈述、侦查活动可能有重大违法的情形外，人民检察院可以讯问犯罪嫌疑人，而不是应当讯问犯罪嫌疑人。然而，实践中出于谨慎的考虑，检察机关往往在审查逮捕环节要求每案必讯问，即使在新冠疫情最紧张的时候也没有放松上述要求，不利于提高诉讼效率。最后，实践中对于适用速裁程序办理的醉驾案件往往实行刑拘直诉，直接省略了审查逮捕环节，有效地提升了诉讼效率，也有利于防止刑期倒挂的问题，说明对于部分轻微刑事案件，即使并非取保候审或监视居住的直诉案件，也可以采用刑拘直诉的方式简化强制措施转换程序、缩短办案时限，只是这种“刑拘直诉”的方式往往采用“一拘 30 日”的最长期限，是否符合《刑事诉讼法》规定的“流窜作案、多次作案、结伙作案”的规定，不无疑问。

（三）审查起诉阶段繁简分流不到位

我国《刑事诉讼法》仅在审判环节规定了简易程序、速裁程序，在审查起诉环节仅对办案时限规定为:符合速裁程序适用条件的,应当在 10 日以内作出决定,对可能判处的有期徒刑超过一年的,可以延长至 15 日。要提高刑事诉讼效率,仅仅依靠简化审判环节显然是不够的,必须将提高刑事诉讼效率的要求向审前转移,审查起诉阶段作为直接连接审判阶段的诉讼环节无疑应当在流程简化上作出努力,但是从立法和司法实践看,这样的努力因为各种复杂的因素并没有得到过多的关注。首先,尽管缩短了符合适用速裁程序条件案件的审查起诉时限,但对审查起诉阶段如何简化则没有规定,实践中各地在权利义务告知、法律文书简化、审查报告简化、是否专人办理、是否集中办理等多方面做法不一,可以说是各地有各地的做法。不仅如此,由于增加了认罪认罚环节,根据相关司法解释,审查起诉阶段还需要完成权利告知、听取意见、自愿性和合法性审查、证据开示、精准量刑、签署具结书等工作,这至少在法律层面上还增加了审查起诉阶段相应的工作量,反而不利于提高效率。其次,对于符合适用简易程序条件的案件,法律没有对审查起诉阶段作特别的规定,其审查起诉流程、时限与普通程序案件完全一致。同时,在认罪认罚简易程序中,审查起诉阶段也需要完成权利告知、听取意见、自愿性和合法性审查、证据开示、精准量刑、签署具结书等工作,可见认罪认罚在审查起诉阶段并非减少了工作量,而是增加了工作量。最后,认罪的普通程序案件,现行法律没有对审查起诉阶段作特别的规定,对于认罪认罚的普通程序案件,相关司法解释仅仅对审判阶段的程序简化作了规定,对于审查起诉阶段依然没有规定;相反,与前述认罪认罚的速裁程序、简易程序一样,却规定了审查起诉阶段要完成认罪认罚的大量工作,显然不利于诉讼效率的提高。尤其值得注意的是,办理认罪认罚案件在侦查阶段需要完成权利告知、听取意见、认罪认罚等工作,审查起诉阶段需要完成上述权利告知、听取意见、自愿性和合法性审查、证据开示、精准量刑、签署具结书等工作,而在审判阶段所简化的部分主要是送达、审理、时限、文书等,同时庭审中增加了核实具结书自愿性、真实性和合法性的工作,就审前增加的工作量与审判中简化的工作量两相对比来看,认罪认罚从宽制度的实施效果在提升诉讼效率上并不理想,即使就内含于认罪认罚从宽制度中的速裁程序而言,其提升诉讼效率的目标恐也难以实现。实践中法院对速裁程序和简易程序的排庭时间分别为10分钟左右和15分钟左右,可见实践经验中两种程序庭审时间相差不过5分钟左右,而在审前阶段侦查人员和检察人员所付出的工作时间可能要多于上述庭审时间的数十倍。

(四)审判环节的简化辨析

审判环节的程序简化是以往刑事诉讼程序速简化立法的重点内容,即便如此,由于理论认识上的分歧和司法改革动作频频,审判环节的速简化仍然存在一些不足之处,具体如下:

一是书面审理程序未设置。目前的刑事诉讼程序中,程序简化主要是规定在刑事审判程序阶段,审前程序主要是从对接不同审判程序的角度进行相应的刑事审前程序的简化。纵观世界范围内的刑事诉讼程序速简化举措和我国刑事诉讼程序速简化历程,目前的我国刑事审判程序简化存在“掐头去尾”的问题。在“掐头”的问题上,现行《刑事诉讼法》规定了“速裁程序”“简易程序”,却没有规定比“速裁程序”和“简易程序”更为简化的书面令状程序,不利于提高诉讼效率。从刑法的角度讲,随着刑法犯罪圈范围的不断扩容以及劳动教养制度的废除,部分原属于行政处罚的案件将被吸收入刑,而这部分案件往往属于轻微刑事案件,绝大多数的法定刑都配置在一年有期徒刑以下刑罚,甚至是拘役以下刑罚,司法实践中的宣告刑往往在三四个月左右。而且这部分案件在劳教制度废止前都是由行政机关处理的,考虑提高诉讼效率的需要,在犯罪嫌疑人、被告人认罪认罚基础上由人民法院采用令状程序处理,并不会存在过多的障碍。同时,从诉讼法理论上讲,采用书面审理程序并不违反直接言词原则(大陆法系称为直接言词原则,该原则与英美法系的传闻证据排除规则具有同样的效果)。所谓直接言词原则包含直接原则和言词原则,前者是指审案法官必须直接对证据进行审查,认定案件事实;后者是指庭审调查过程中的举证和质证都必须以言词方式进行。但直接言词原则并非适用于一切庭审程序,而是有一定的适用范围,即仅适用于一审法院对证据的收集、审查和判断,不适用于一审法院就程序性事项的裁定或决定和二审法院就法律适用的审查和判决,仅适用于一审普通程序,而不适用于简易程序,如大陆法系各国中的"处刑令程序"、"简易审判程序"以及美国的"辩诉交易程序",仅适用于一般取证,不适用于证人因死亡、重病、未成年、出国等客观情况而无法或不宜出庭作证的情形。[①] 可见,采用令状程序处理轻微刑事案件不仅不违反直接言词原则,相反恰恰符合直接言词原则的适用范围。另外,从现实角度讲,法院不得拒绝裁判,从速处理案件是司法机关必须面对的现实问题。一旦一部分轻微犯罪不能得到及时的处理,要么可能放纵犯罪、危害社会治安,要么可能造成刑期倒挂、刑罚过剩。从以往劳教实践并没有出现大面积冤假错案的经验看,那种认为书面审理程序可能会造成冤假错案的观点,可能是一种夸大的担忧。通过利弊比较,书面审理程序并非不可接受。

二是普通程序简化未规定。如前所述,目前的刑事审判程序简化存在"掐头去尾"的问题。在"去尾"的问题上,现行《刑事诉讼法》在规定了第一审普通程序的同时,也规定认罪认罚或认罪但不适用速裁程序和简易程序的情形,这就意味着势必存在认罪认罚或者认罪但需要适用普通程序的情形,包括被告人是盲、聋、哑人或者是尚未完全丧失辨认或者控制自己行为能力的精神病人的、案件有重大社会影响的、共同犯罪案件中部分被告人不符合适用简易程序或速裁程序条件的,以及被告人是未成年人,被告人与被害人或者其法定代理人没有就附带民事诉讼赔偿等事项达成调解或者和解协议的情形等。实际上,2003 年《关于适用普

① 参见何家弘、刘品新:《证据法学》,法律出版社 2011 年版,第 87 ~ 88 页。

通程序审理“被告人认罪案件”的若干意见(试行)》(已失效)已经规定了普通程序简化审理程序,但在2012年《刑事诉讼法》只是吸收了2003年两简程序的规定,扩大了简易程序的适用范围,修改为基层人民法院管辖的可能判处有期徒刑以下刑罚、被告人承认自己所犯罪行的案件,但没有另行规定普通程序简化审程序。本次认罪认罚从宽制度试点启动时,仅仅在《全国人大常委会关于〈关于授权部分地区开展刑事案件认罪认罚从宽制度试点工作的决定(草案)〉的说明》中提到“对于基层人民法院管辖的可能判处三年有期徒刑以下刑罚的案件,刑事被告人认罪认罚的,可以适用速裁程序……对于基层人民法院管辖的可能判处三年有期徒刑以上刑罚的案件,刑事被告人认罪认罚的,可以适用简易程序审判”,但在相关规范性文件中并没有明确认罪认罚下简易程序和普通程序的适用问题。在本次认罪认罚从宽制度入法后,尽管在《刑事诉讼法》第三编审判第二章第一审程序第一节公诉案件中规定了认罪认罚的内容,但并没有对适用认罪认罚的普通程序简化审作出规定,甚至对认罪认罚下的简易程序与一般的简易程序有何不同也没有规定。直至2019年《关于适用认罪认罚从宽制度的指导意见》第5条“适用阶段和适用案件范围”中才明确指出认罪认罚从宽制度适用于刑事诉讼各阶段,没有罪名和刑罚的限制,并且规定了认罪认罚情况下简易程序的具体适用和普通程序的简化适用,其中,与一般简易程序相比,认罪认罚的简易程序,除需要核实被告人对指控的事实和适用简易程序的意见、不受送达期限的限制、简化法庭调查(有争议的事实和证据应当进行调查和质证)和法庭辩论(可以仅围绕有争议的问题进行)外,还需要当庭核实被告人对量刑建议的意见即具结书的自愿性、真实性、合法性,可以简要宣读起诉书、可以简化制作裁判文书。同时,与上述认罪认罚的简易程序相比,对认罪认罚的普通程序,规定可以适当简化法庭调查(可以简化讯问和发问,控辩双方无异议的证据,可以仅就证据名称及证明内容进行说明,控辩双方有异议或者法庭认为有必要核实的证据,应当出示和质证）和法庭辩论（主要围绕有争议的问题进行），但没有规定可以简要宣读起诉书，但可以适当简化制作裁判文书。可见，司法解释对认罪认罚普通程序的表述为“可以适当简化法庭调查和法庭辩论、可以适当简化裁判文书”，而对认罪认罚简易程序的表述则为“可以简化法庭调查和法庭辩论、可以简化裁判文书”，二者的差异性说明，即使二者都规定可以简化的环节，简化的幅度也存在差异，认罪认罚的简易程序简化的幅度要大于认罪认罚的普通程序。综上所述，尽管司法解释对认罪认罚情况下的普通程序作了规定，看似部分弥补了刑诉法的不足，但这不能从根本上改变适用普通程序审理“被告人认罪案件”的程序缺位问题。以往官方的观点往往强调普通程序简化审并非独立的审判程序，仅仅是普通程序的审理方式，即使按照这一观点理解，在刑诉法中对其作相应的规定也未尝不可。而且在修法的同时，也可以考虑将认罪认罚的普通程序和认罪认罚的简易程序分别作为普通程序、简易程序的审理方式加以规定，只是需要考虑好不同审判程序和审理方式之间简化程度衔接的妥当方案。

三是认罪认罚下的程序如何简化未明确。认罪认罚从宽制度实施以来，实践中开创了认罪认罚简易程序和认罪认罚普通程序两种做法，认罪认罚简易程序与一般简易程序、认罪认罚普通程序与一般普通程序之间究竟是不同的程序，还是同一程序内不同的审理方式，确实存在不同认识。2019 年《关于适用认罪认罚从宽制度的指导意见》中“审判程序和人民法院的职责”部分规定了认罪认罚从宽制度适用于刑事诉讼各阶段，没有罪名和刑罚的限制，并且规定了认罪认罚情况下速裁程序、简易程序的具体适用和普通程序的简化适用。其中，适用速裁程序，《刑事诉讼法》明确规定，不受送达期限的限制，一般不进行法庭调查、法庭辩论，当庭宣判，且该司法解释也对其作了较为详细的规定。如前所述，尽管根据该司法解释的规定，认罪认罚的简易程序与一般简易程序、认罪认罚的普通程序简化审相比，简化幅度更大，但必须看到，一方面，认罪认罚的普通程序简化审与一般普通程序简化审相比,简化的内容则并不明确;另一方面,即使认罪认罚的简易程序比一般简易程序简化幅度更大,但从适用认罪认罚所增加的工作量的角度观察,这样的简化是否果真有利于提升诉讼效率值得怀疑。

结　语

当前,认罪认罚从宽制度已成为刑事诉讼新的时代特征。在认罪认罚从宽制度下,刑事诉讼程序的速简化仍面临不少问题。理论上的问题包括:一是以落实宽严相济刑事政策为立法初衷的认罪认罚从宽制度,在实践中几乎变成了“提高诉讼效率”的代名词,早已经背离了认罪认罚制度的初衷。二是强调简程序不减权利的刑事诉讼程序速简化改革,因缺乏价值选择和利益衡量,最终使整个刑事诉讼程序在提高刑事诉讼效率的目标上渐行渐远,陷入了越简越多的逻辑怪圈。三是排除认罪认罚要素后,单纯刑事诉讼程序的速简化是否应当给予一定的量刑优惠,曾经在刑事诉讼法学界并无疑问,但随着对认罪认罚从宽制度的讨论以及相关解释的出台,越来越遭受质疑。四是提高诉讼效率与坚守证据裁判规则之间的关系,受传统理论的影响,司法与立法彼此之间一直存在一定程度的偏差,立法出于降低证明标准的担忧往往强调对证据裁判规则的坚守,而司法往往认为坚守证据裁判规则就意味着“认罪认罚与不认罪认罚收集同等数量的证据”,以致侦查效率提升幅度有限。实践中的问题包括:首先,在总的方面,存在程序分流标准不科学、量刑折扣幅度不明确、程序选择上辩护人与被害人地位设置不当等问题。其次,在具体程序方面,存在简化不当的问题,例如速裁程序和简易程序均存在延长办案期限不当、剥夺弱势群体程序利益等问题,速裁程序还存在对侦查和审查起诉阶段的简化不足,简易程序中合议庭审判可能浪费司法资源等问题。最后,在具体程序方面,也存在当简不简的问题,例如侦查阶段未能提高诉讼效率、审查逮捕环节未能繁简分流、审查起诉阶段繁简分流不到位,以及审判环节未设置书面审理程序,未规定普通程序简化审,未明确认罪认罚制度下刑事诉讼程序速简化在原有基础上如何进一步简化等问题。

第六章

我国刑事诉讼程序速简化之理论澄清与厘定

我国刑事诉讼程序速简化立法与实践之所以存在诸多问题,很大一部分是因为理论上存在诸多不明确或者混乱之处,而要讲清楚这些问题不仅需要了解域外立法,更需要了解本国国情。目前,案件数量主要集中在基层,从办案数量上看,基本呈现基层人民法院远大于中级人民法院、中级人民法院大于高级人民法院、高级人民法院大于最高人民法院的情况。根据 2021 年《关于完善四级法院审级职能定位改革试点的实施办法》的规定,要求实现审判重心进一步下沉,尽管这一要求目前还仅限于民事、行政案件,但刑事案件的情况与此也基本一致。反观办案人员数量,却正好与案件数量相反,基层人民法院低于中级人民法院、中级人民法院低于高级人民法院、高级人民法院低于最高人民法院,乃当前现实情况,可见人案矛盾主要集中在基层,刑事诉讼程序速简化的需求也主要在基层。尽管从现有员额制改革的政策看,基层员额检察官、法官的比例相对较高,但高出的幅度有限,从员额检察官、法官的绝对数上看,上级远远多于下级。

第一节　我国刑事诉讼程序速简化之理论澄清

一、刑事诉讼目的:查明真相与纠纷化解的再选择

综观两大法系的刑事诉讼模式,大致可以认为大陆法系坚持“真相查明”模式,而英美法系坚持“纠纷解决”模式,二者在刑事诉讼目的上差异显著,原因在于大陆法系坚持职权主义的诉讼思路,而英美法系坚持了当事人主义的诉讼思路,再深究二者背后深层次缘由:大陆法系信赖权力在输送社会正义方面的积极价值,而英美法系则偏向“真理将在双方辩论中越辩越明”。不同的刑事诉讼目的往往导致刑事诉讼程序速简化路径的差异,因为刑事诉讼目的不同就意味着达成刑事诉讼目的的要求不同,就英美法系的“纠纷解决模式”而言,无论采取正式审判,还是简化审判,只要控辩双方的纠纷得以解决,刑事诉讼目的就已达成,再利用有限的司法资源去回溯性地证明事实真相就显得冗余。与之不同,就大陆法系的“查明真相模式”来说,查明事实真相是一切刑事诉讼活动的出发点和落脚点,在事实真相已经查明的前提下,再采用正式审判就显得多余,而简化审判则获得了正当性。我国的国情更类似大陆法系职权主义的模式,且我国“重实体、轻程序”的传统本就注重事实真相的查明,可以说在我国刑事诉讼目的只能而且必须坚持“真相查明”模式,那种放弃事实真相、偏重纠纷解决的模式,既可能因事实没有查清而无法得到广大人民群众的认同,也可能造成顶包式的冤假错案,因此,在我国无论程序如何速简化,都应当保证“事实查明”这一前提。

二、刑事诉讼价值:公正与效率的再平衡

公正与效率一直是法律追求的价值所在,二者的关系是对立统一

的:一方面,追求公正可能降低效率,提高效率又可能牺牲公正。另一方面,迟来的正义非正义,没有效率的公正可能失去了公正的价值;相反,没有公正的效率,效率越高对社会的伤害越大,更不值得提倡。刑事诉讼一直将程序速简化作为平衡公正与效率的典范,认为程序速简化是以牺牲公正换取提高效率的程序设计,但牺牲公正应当有度,需要贯彻"底线正义"的思维,不同国家正义底线也应有所区别。我国通常将正义底线划设为"事实清楚且证据确实充分、被告人获得有效的律师帮助、被告人在理解法律后果的前提下自愿选择认罪和程序简化"。这一正义的底线果真是底线吗?其实不无疑问。事实清楚,证据确实、充分的要求保证了实体正义的实现,而程序正义可以通过正当程序来获得,正当程序既可以是法律规定的普通程序,也可以是被告人自愿放弃普通程序后选择的简化程序,这也就意味着以往要求刑事诉讼程序速简化所守护的正义底线可能远远高于应有的正义底线。事实上,理论界和实务界很多同志将刑事程序简化总结为"简程序而不减权利",从而为程序简化寻求正当性支撑,可见多数人也认为"权利不减就是维护了正当程序",而不是将正当程序仅仅锁定在普通程序的范围之内。因此,我国刑事诉讼程序速简化效率不彰的原因在于:以提高效率为名的程序简化往往被套上了"查明真相""权利保障"的牢笼,实质上是提出了"实体和程序公正一分不减,效率大大提升"的要求,在一定程度上忽视了"公正与效率二者之间此消彼长的关系"。对于刑事诉讼程序速简化而言,公正与效率不可兼得,要提高效率,必然要牺牲部分公正,只是牺牲公正应有限度和底线,而限度和底线应当意味着权利的部分减损,而不能是权利的完全化,更不能是权利的不减反增(如那种主张程序简化强制指定辩护,以及为确保辩护有效性要求精选顶级律师辩护的观点)。事实上,这样的权利减损,对被告人而言并不都是坏的,在强调事实查明的基础上,并有量刑优惠相衔接的情况下,通过听取被告人意见的方式体现了尊重被告人的诉讼主体地位,应该是可以接受的。其他方面的权利减损主要是对被追诉人不应强调过度的律师帮助和不要求必须征得被害人同意。一方面,在司法责任制终身追责的要求下,即使律师的帮助没有达到高度有效的程度,司法人员从自身利益出发也会尽最大努力认真办案,即使规定了有效的律师帮助,目前律师的专业化程度也不一定能做到,而且何为“有效的律师帮助”也很难判断;另一方面,被害人具有严惩被告人的自然冲动,一旦设定以征得被害人同意为前提,那么简化程序的适用率将令人担忧,诉讼效率提升可能难以达到预期。综上所述,为求效率,应当适当让渡公正,在确保实体正义不减的情况下,牺牲部分程序正义应当是必然的选择。

三、程序简化属性:权利克减与权利本身的再定位

就普通程序和简化程序对比而言,单纯从程序一个视角看,而且是从理论的层面出发,似乎可以得出程序越复杂对人权保障越是有利的结论,从而肯定英美法系将适用普通程序视为权利的观点。但实践往往是比较复杂的,如果从程序适用的量刑结果看,适用简化程序无疑可以获得一定的量刑优惠,既然适用简化程序对被告人有利,那么适用简化程序又似乎更应被视为权利。可见,将适用普通程序视为权利,还是将适用简化程序视为权利,要根据程序简化的属性而定。如果程序简化的后果是获得量刑优惠,那么适用简化程序就是权利;相反,如果程序简化的后果仅是方便办案机关追诉,那么将适用普通程序视为权利就更为合理。同时,究竟将适用普通程序视为权利,还是将适用简化程序视为权利,还与一个国家的司法实践相关,英美法系审前羁押率较低、保释的比例较高,按照普通程序审理,即使旷日持久对被告人的影响也有限,反观我国,审前羁押率较高、取保候审比重较小,将简化程序视为权利,更有利于迅速处理案件,防止审前羁押时间过长,从而避免刑期倒挂、以押定罚。另外,如前所述,大陆法系往往将适用简化程序视为权利,而英美法系往往将适用普通程序视为权利,将程序简化视为权利的克减,由于权

利可以放弃，二者在实践中的结果可能趋于一致，只是背后折射出了两大法系对公权力截然不同的态度，显然大陆法系对公权力给予了更多信赖，而我国的情况与大陆法系更为接近，我国在“为人民服务”的宗旨下，权力信赖才是主流的价值观。综上所述，建议我国将适用刑事速简程序作为权利本身看待。

四、认罪认罚从宽：效率提升与诉讼拖累的再思考

随着恢复性司法理念被广为接受，协商性司法又开始引人注目，[①]认罪认罚从宽制度就被广泛视为协商性司法在我国的实践。传统司法关注被裁判者对诉讼过程的控制和影响，却忽略了对裁判结果的控制和塑造；而协商性司法下，控辩双方不再通过诉讼对抗来影响裁判结果，而是直接对裁判结果实施了直接塑造和控制，寻求一种基于利益兼得、互利双赢的结果。法院不再按照法定标准来寻求客观的实体正义，而是更多地尊重控辩双方对结果所形成的诉讼合意。协商性司法建立在诉讼主体理论、理性选择理论和功利主义哲学的基础上，具有五项独立的构成要素：一是可弃权性，二是弃权的自愿性，三是可协商性，四是诉讼结果的获益性，五是最低限度的参与性。与传统的对抗性司法不同，协商性司法不承认公正程序与公正结果的独立性（传统理论强调程序对于公正结果的保障作用；而协商性司法则认为，根本不存在绝对客观的公正结果，控辩双方自愿协商的结果就是可以接受的公正结果），也不推崇控辩双方诉讼参与的充分性和有效性（传统理论认为唯有参与性、中立性、对等性等公正审判的标准才能维护被追诉者的人格尊严和诉讼主体地位；而协商性司法则认为，被追诉者为追求最有利的诉讼结局，完全可以放

---

① 通常认为，协商性司法包括检察机关与犯罪嫌疑人、被告人的协商；而认罪认罚从宽制度，也包括了被害人与犯罪嫌疑人、被告人的协商，即刑事和解。

弃上述程序保障,甚至放弃整个正式的审判)。[①] 由此可见,协商性司法是与传统对抗性司法相区别的一种案件处理模式,因诉讼各方直接参与了裁判结果的控制和塑造,使结果具有可接受性,从而取得了正当化的地位。协商性司法的发端和典型代表即美国的辩诉交易,而美国的辩诉交易确实是一种简化审判程序的设计,从这一角度来说,协商性司法天然具有程序简化的本性。然而,对我国的认罪认罚从宽制度而言,其立法价值是否包含"程序简化或提升效率",不无疑问。

肯定说(多数说)认为,认罪认罚从宽制度包含控辩协商,但不同于美国的辩诉交易(理论根据上,当事人主义、契约观念与职权主义、和谐文化不同;制度定位上,避免诉讼风险的策略与严格依法办案不同;价值追求上,单一效率与公正效率不同;办案依据上,形式审查事实前提下注重认罪自愿性与注重事实审查实质化前提下的认罪自愿性不同;协商范围广泛与有限不同),[②]其具有多重目的:一是感召犯罪人认罪,突破侦查"瓶颈",及时惩治犯罪;二是落实宽严相济刑事政策,加强人权保障;三是优化司法资源配置,提升司法效率;四是深化刑事诉讼制度改革。[③] 我国的认罪认罚从宽是法定从宽并非交易从宽,其效率导向不言而喻。[④]其中,层次说进一步认为,认罪认罚从宽制度立法目的呈现波动化,由一元化的"繁简分流,提升诉讼效率"到"及时有效惩罚犯罪,维护社会稳

---

① 参见陈瑞华:《论协商性的程序正义》,载《比较法研究》2021 年第 1 期。

② 参见朱孝清:《认罪认罚从宽制度中的几个理论问题》,载《法学杂志》2017 年第 9 期。

③ 从世界范围来看,"放弃审判制度"近些年来得到迅猛发展,截至 2015 年年底,在 90 个国家和地区中,有 66 个建立了鼓励被告人认罪、放弃完整审判权的制度,包括量刑激励、指控激励、事实激励、撤销指控四种类型,其原因包括提高诉讼效率、增加有效定罪、推进刑事司法改革、保护被害人利益等方面的考虑。然而,两大法系的逻辑不同,英美法系追求纠纷解决,将认罪作为分流依据。大陆法系追求发现真相,将事实清楚、罪刑轻微作为分流依据,近年来引入协商程序,如德国 2009 年确立量刑协商,法国 2004 年创设了庭前认罪答辩,意大利 1988 年创设了当事人要求适用刑罚的特别程序,但对适用范围进行了严格限制。

④ 参见熊秋红:《比较法视野下的认罪认罚从宽制度——兼论刑事诉讼"第四范式"》,载《比较法研究》2019 年第 5 期。

定”“落实宽严相济刑事政策，加强人权司法保障”的多元化并存，建议将其立法目的划分为三个层次：第一层次的立法目的是繁简分流，提升诉讼效率；第二层次的立法目的是保障程序和实体处理上的宽严相济；第三层次的立法目的是探索推进实质性的控辩协商。[①]

否定说认为，与美国辩诉交易在案件压力、制度功能、保障条件上均有不同，我国的认罪认罚从宽制度改革的目的不在于程序从简、追求效率，而在于实体从宽，致力于解决被追诉人认罪认罚却得不到适当、有效从宽处理的实践难题。综观世界各国，对于认罪认罚的被追诉人给予实体从宽的程序机制大致可分为交易协商（庞大的数量和普通程序高昂的成本、双方都有规避风险的动力、高质量的律师协助作为支撑）和法定职权（相对普通程序而言程序简单、审判结果可预期）两种机制，秉持我国刑事诉讼程序本身效率较高和律师队伍较弱的实际，我国实体从宽程序构造应采法定职权模式。具体落实上，应主要从实体法层面明确认罪认罚后从宽处理的具体规则，程序法方面更好地保障实体法目标的实现，防止过度追求效率。[②] 其中，不彻底的否定说主张，重罪案件适用认罪认罚从宽制度的价值取向在于落实宽严相济的刑事政策，鼓励引导被追诉人自愿如实供述等，而节约司法资源、提升诉讼效率的价值受限，建议在律师参与、证据制度、量刑建议和庭审程序等方面进行设置，具体内容应趋向于人权保障和错案风险防范。[③]

在笔者看来，我国认罪认罚从宽制度是在刑事诉讼各阶段全面落实宽严相济的刑事政策。然而，由于认罪从宽制度与协商性司法的特殊关系，往往被认为是为提高诉讼效率的改革举措，以致现有认罪认罚从宽

---

① 参见张泽涛：《认罪认罚从宽制度立法目的的波动化及其定位回归》，载《法学杂志》2019 年第 10 期。

② 参见左卫民：《认罪认罚何以从宽：误区与正解——反思效率优先的改革主张》，载《法学研究》2017 年第 3 期。

③ 参见汪海燕：《重罪案件适用认罪认罚从宽程序问题研究》，载《中外法学》2020 年第 5 期。

制度虽然有刑事诉讼程序速简化这一初衷,但在事实上却使整个刑事诉讼程序在提高刑事诉讼效率的目标上渐行渐远。首先,与辩诉交易不同,辩诉交易中认罪与程序简化是一体实现的,故辩诉交易达成与否对于适用认罪程序还是不认罪程序意义重大,而我国的认罪认罚从宽制度,即使不具有认罪认罚的情节,也可以通过自首或坦白、赔偿谅解、适用简化程度等获得量刑优惠,因此,单纯的认罪认罚从宽制度对刑事诉讼程序速简化的影响不大。其次,根据法律规定,实行认罪认罚从宽需要多次权利义务告知,需要在法律文书中注明,需要提前通知辩护人或值班律师,需要拟定量刑建议后签署认罪认罚具结书,需要释明量刑建议的理由并听取辩护人或值班律师的意见,等等,可以说实行认罪认罚从宽制度无疑大大增加了审前的工作量。最后,即使是在审判阶段,除速裁程序中可以省略部分庭审环节外,不仅认罪认罚的简易程序与一般的简易程序庭审要求一致,而且认罪认罚的普通程序与一般的认罪普通程序要求也一致,庭审不仅要经过一般简易程序、一般认罪普通程序中的步骤,而且要查明庭前认罪认罚的真实性、合法性、自愿性,综合来看,审判阶段的效率提升可以说微乎其微。综上所述,认罪认罚从宽制度已然成为诉讼效率提升的掩累。

另外,综观当前立法和实践,"我国认罪认罚制度立法偏重法定从宽,但实践越来越强调交易从宽",①存在明显的"协商逻辑"和"职权逻辑"的纠缠。职权逻辑说从维护"职权逻辑"的思路出发,认为英美法系的纠纷解决模式和大陆法系的查明真相模式,塑造了对抗式和审问式的程序展开,即当事人主义和职权主义的推进方式,而我国显然偏向于查明真相模式,与"协商思路"相抵牾,应采取限制"协商逻辑"的思路:一是管控冲突的烈度,将认罪认罚从宽制度的性质从"案件处理机制"调整为"案件查明机制",将协商的目的定位为取得有罪供述,删除"法院一般

① 熊秋红:《认罪认罚从宽制度中的量刑建议》,载《中外法学》2020年第5期。

应当采纳”的规定，量刑建议应以幅度为主、完善告知程序和保障上诉权；二是管控冲突的范围，将“协商”限制在轻微犯罪的范围内、主要就量刑进行协商、法院的审核和救济。[①] 与之相对，协商逻辑说主张认罪认罚从宽制度存在“职权逻辑”（检察机关独享认罪认罚从宽制度的启动权、被追诉方承担着先行认罪悔罪的前置性义务、具结书的检察主导性和行政性、量刑建议是检察机关依职权自主决定）和“协商逻辑”（确定刑量刑建议、一般得到采纳、上诉引发抗诉的回应性、检察官主导作用的逻辑则是协商逻辑）的混合，并以“职权逻辑”占主导（这与实体定性、职权主义诉讼体制，以及突出提高效率和保护被害人利益的功能，淡化解决证据难题和有效定罪的功能不无关系），存在容易导致认罪认罚从宽制度适用的混乱、审判机关的权力被不当限缩、检察机关的权力不当扩张以及被追诉人诉讼地位的恶化等风险，故应立足程序性制度定位，承认其合意本质；去除合意过程和合意结果形成中的职权逻辑，以幅度刑量刑建议为主；对认罪认罚从宽制度进行权利化改造，赋予被追诉人启动权、改具结书为协议书、强制辩护、平等协商的司法审查。[②] 对此，我们赞成职权逻辑说，理由如下：我国坚持查明真相的刑事诉讼模式，侦查终结、起诉的标准均系事实清楚，证据确实、充分，与判决的标准一致，协商或交易并非从宽的实质理由，法律也不允许仅仅因为协商或交易而从宽，而且由于认罪认罚依然要求事实清楚，证据确实、充分，因此，控方并不具有协商或交易的动力，辩方也不具有协商或交易的筹码。事实上，认罪认罚从宽的从宽是考虑被告人的认罪悔罪态度，从人身危险性小的角度考虑给予的量刑优惠，控方基于查明的案件事实及情节，依法适用法律后从宽的结果，听取犯罪嫌疑人及值班律师、辩护人的意见，其中主要

---

① 参见魏晓娜：《冲突与融合：认罪认罚从宽制度的本土化》，载《中外法学》2020 年第 5 期。

② 参见杜磊：《认罪认罚从宽制度适用中的职权性逻辑和协商性逻辑》，载《中国法学》2020 年第 4 期。

体现的是职权逻辑，协商成分较少。

第二节　我国刑事诉讼程序速简化之争议厘定

一、程序速简化的前提：事实清楚、放弃无罪辩护

我国的刑事诉讼目的不同于英美法系的纠纷解决，而与大陆法系的查明真相模式比较接近，这就决定了我国刑事诉讼程序的速简化不能完全抛弃刑事诉讼目的初衷和使命，正所谓“条条大路通罗马”，如果将刑事诉讼目的比喻为“罗马城”的话，那么普通刑事诉讼程序和速简化的刑事诉讼程序都是“通向罗马城的康庄大道”，也正因为速简化的刑事诉讼程序在效果上维护了刑事诉讼目的的实现，方显其正当性之理据。同时，在事实清楚的前提下，刑事诉讼程序速简化是否可以落到实处，还取决于被告人是否认罪、辩护人是否作无罪辩护，一旦被告人与辩护人否认犯罪事实的成立，即使事实清楚，也无法剥夺被告人、辩护人参与庭审、质证、辩护等权利，因此，从辩方的角度讲，还必须放弃无罪辩护。另外，还需要讨论以下两个问题。

一方面，是否需要明确“证据确实、充分”的前提，即程序速简化是否可以降低证明标准的问题。降低说认为，借鉴美国辩诉交易采用“有力证据标准”、量刑证据采“优势证据标准”，德国在书面程序和协商程序中也放弃了“内心确信标准”的经验，放宽证据标准势在必行。[①] 诉讼程序简化也确实可能导致证明标准实际降低。[②] 即使仍以“案件事实清楚、证据确实充分”为标准，也可以根据案件特点进行分层次的把握，我国认罪

① 参见山东省高级人民法院刑三庭课题组：《关于完善刑事诉讼中认罪认罚从宽制度的调研报告》，载《山东审判》2016 年第 3 期。

② 参见熊秋红：《比较法视野下的认罪认罚从宽制度——兼论刑事诉讼“第四范式”》，载《比较法研究》2019 年第 5 期。

认罚从宽仅限于事实清楚，证据确实、充分案件中的量刑协商，是合作型刑事诉讼模式的表现，可以分层次把握。[①] 证明标准的差异化是解决我国诉讼程序“简易程序不简”顽疾的必由之路，具体可以对量刑和程序性事实采用“优势证明标准”；对定罪事实在坚守“确实充分证明标准”的前提下，可按照死刑及无期徒刑案件、不认罪普通程序案件、三年以上简易程序案件、三年以下简易程序案件、速裁程序案件划分出五个位阶，相应降低认定的要求，为化解对“降低证明标准”的忧虑，需要建立真正、彻底的沉默权制度和完善有效的律师帮助制度。[②] 保持说主张，认罪认罚从宽对侦查破案具有意义，[③]但考虑到无罪推定、实质真实和避免冤假错案等方面，量刑标准可以降低，但定罪标准不能降低。[④] 认罪认罚从宽案件适用的证明标准并无变化，只是基于被告人认罪认罚，证明程序或要求相应简化。[⑤] 标准本身没有变化，证据规则可以适度从简，[⑥]认罪认罚案件由于达到证明标准的难度较低，程序相应简化，并非程序简化故而可以降低证明标准。[⑦] 对此，我们倾向于保持说，理由如下：一是事实需要由证据加以证明，只有证据确实、充分，事实才能清楚，二者须臾不可分离。二是速简化程序坚持“证据确实、充分”的标准，但对证据形式可以作不同的要求。例如，对于外地前科劣迹材料的调取，由于程序速简化后办案时间有限，就可以考虑采用电话核实同步录音的方式认定，并不一定要调取法律文书并加盖与原件一致的公章。再如，对于银行卡交

---

① 参见朱孝清：《认罪认罚从宽制度的几个问题》，载《法治研究》2016 年第 5 期。

② 参见李勇：《证明标准的差异化问题研究——从认罪认罚从宽制度说起》，载《法治现代化研究》2017 年第 3 期。

③ 参见王敏远：《认罪认罚从宽制度疑难问题研究》，载《中国法学》2017 年第 1 期。

④ 参见陈瑞华：《认罪认罚从宽制度的若干争议问题》，载《中国法学》2017 年第 1 期。

⑤ 参见汪海燕：《认罪认罚从宽案件证明标准研究》，载《比较法研究》2018 年第 5 期。

⑥ 参见陈光中、马康：《认罪认罚从宽制度若干重要问题探讨》，载《法学》2016 年第 8 期。

⑦ 参见谢澍：《认罪认罚从宽制度中的证明标准——推动程序简化之关键所在》，载《东方法学》2017 年第 5 期。

易明细的查询,就可以考虑采用查询网上银行交易明细的方式,而不一定要开具协助查询财产通知书向银行查询。又如,对到案经过,可考虑只出具书面说明即可,不必制作抓获笔录。三是即使坚持"证据确实、充分"的标准,由于犯罪嫌疑人、被告人认罪,往往降低了侦查取证的难度,也可以实现提升诉讼效率的效果。

另一方面,是否需要划定适用案件的范围,即是否需要将程序速简化限制在轻罪的范围之内。对此,我们持否定说:一是我国正面临和经历的是案多人少的难题,一旦将程序速简化限制在一定案件范围之内,显然就会从整体上拖累诉讼效率的提升,无助于化解当前案多人少的难题,其结果势必使程序速简化的效果大打折扣。二是域外大陆法系主张将程序简化限制在轻罪范围内的观点,无疑是从重罪精办、轻罪简办的比例思想出发所得出的结论,力图做到司法资源的合理配置,这种观点看似符合普通民众的法感情,但却与司法实践相差甚远。其实,实践中司法资源的投入并不取决于可能判处刑罚的轻重,而是取决于辩方的态度。针对事实清楚、辩方放弃无罪辩护的重罪案件要求必须适用普通程序的做法,不仅对节约司法资源无益,而且不利于维护被告人的权利,即往往使被告人既难以尽快摆脱诉累,也无法享受一定的量刑优惠。三是从经验教训看,我国走过了一条由"仅限轻罪"向"不限罪刑"扩张的道路,以往"仅限轻罪"的实践已经说明划定适用范围的做法限制了诉讼效率的提升,在当前形势下再走回头路显然不可取。另外,刑事诉讼程序速简化不限于轻罪,是就整个刑事诉讼程序速简化的角度而言的,对于刑事诉讼程序速简化的具体程序类型是否设置一定的适用范围,应当具体问题具体分析,例如,对学术界普遍支持的书面审理程序,基本都主张将其限制在轻罪的范围之内。

二、程序速简化的标准:认罪、认罚、刑罚轻重

程序分流有广义和狭义之分,狭义的程序分流是指对特定的构成犯

罪的案件,在侦查和起诉环节即作终止诉讼的处理,并施以非刑罚性的处罚,而不是再提交法庭审判的制度和做法。广义的程序分流不但包括上述狭义的程序分流,还包括在审判阶段适用较普通程序更加简易的程序对案件进行处理。① 就审判阶段的程序分流而言,主要是基层第一审程序中的案件分流,这是案多人少矛盾的核心。当前,基层第一审程序原则上以是否认罪作为区分普通程序与简易程序和速裁程序的标准,以刑罚轻重作为区分简易程序和速裁程序的标准,但这一标准既无法区分认罪认罚从宽制度适用与否在不同程序中的差别,也无法说明可能判处三年以下有期徒刑的认罪认罚案件,在适用简易程序和速裁程序上的不同,还将部分认罪的案件作为强制适用普通程序例外的规定,从而剥夺了被告人量刑优惠的机会。建议以认罪、认罚、可能判处的刑罚轻重依次作为程序分流的标准。具体而言:

首先,以是否认罪作为区分普通程序与简易程序的标准,不认罪的案件一律适用普通程序、认罪的案件则适用简易程序,不设置例外规定。理由是:考虑到适用简易程序往往具有程序从简、量刑从宽的后果,既不能因为被告人是盲、聋、哑人或尚未完全丧失辨认或者控制自己行为能力的精神病人,也不能因为案件具有重大的社会影响,而剥夺其适用简易程序的机会;共同犯罪案件中部分被告人不认罪或者对适用简易程序有异议、辩护人作无罪辩护,本身就不符合"放弃无罪辩护"的前提,没有必要再重复规定;经审查认为可能不构成犯罪的情形,与"犯罪事实清楚"的前提相矛盾,本身也不符合程序简化的条件,也没有必要重复规定。值得注意的是,关于"认罪",存在"认事实、认罪名、悔罪说"②"认事

① 参见叶青主编:《刑事诉讼法学教学研究资料汇编》(第1辑),北京大学出版社2007年版,第218页。

② 参见山东省高级人民法院刑三庭课题组:《关于完善刑事诉讼中认罪认罚从宽制度的调研报告》,载《山东审判》2016年第3期。

实和认犯罪说"[①]"认事实说"[②]"区分说""多层说"的争论。其中,区分说认为"认罪"成立应区分不同程序设定不同标准,如速裁程序中的"认罪"要求认事实、认犯罪、认罪名,简易和普通程序中的"认罪"要求认事实、认犯罪即可。[③] 多层说主张"认罪"应当从实体法(如实供述)、程序法(具结前如实供述,具结后如实供述、认罪名)和证据法(提供具有证据能力和证明力的完整口供)等多层意义上把握。[④] 在与坦白、自首的区分上,基本认为:成立坦白或自首的不一定成立"认罪"(如认事实、概括认罪),"认罪"的一定成立坦白或自首。[⑤] 我们主张"认事实"说,不要求"认罪名",即仅对指控的事实没有异议,对罪名有异议但对指控事实无异议的也属于认罪,一方面是出于尽量扩大简易程序适用、节约司法资源、尽快使被追诉人摆脱诉累并有利于被追诉人获得量刑优惠的考虑;另一方面是考虑到让被追诉人在承认指控事实之外还要承认指控罪名可能超出了被追诉人本身的法律知识水平,即使存在律师提供的法律帮助,也难以保证这种法律帮助的精准性。如秘密转移被害人手机支付宝、微信、京东白条等网络平台内余额的行为,就存在刑法理论之争,司法实践也是判例不一、争论不休,最高人民法院不同法官之间的意见也常常相左,这样一个看似普通而又争议较大的定性问题显然超出了被告人应当具有的法律判断能力。

其次,以是否认罚作为区分简易程序与速裁程序的标准,认罪不认罚适用简易程序、认罪认罚适用速裁程序,也不再设置例外规定。与前述理由类似:同样考虑到与简易程序相比,速裁程序往往具有程序更加从简、量刑更加从宽的后果,故不能因为被告人是盲、聋、哑人,或尚未完

---

① 参见朱孝清:《认罪认罚从宽制度的几个问题》,载《法治研究》2016 年第 5 期。

② 参见黄京平:《认罪认罚从宽制度的若干实体法问题》,载《中国法学》2017 年第 5 期。

③ 参见赵恒:《"认罪认罚从宽"内涵再辨析》,载《法学评论》2019 年第 4 期。

④ 参见孙长永:《认罪认罚从宽制度的基本内涵》,载《中国法学》2019 年第 3 期。

⑤ 参见赵恒:《"认罪认罚从宽"内涵再辨析》,载《法学评论》2019 年第 4 期。

全丧失辨认或者控制自己行为能力的精神病人，或未成年人，也不能因为案件有重大社会影响，而剥夺其适用的机会；共同犯罪案件中部分被告人对指控的犯罪事实、罪名、量刑建议有异议，辩护人作无罪辩护，显然不符合认罪、认罚的标准，也没有必要再重复规定；至于没有达成民事调解或和解协议的原因众多，既有嫌疑人主观上不想赔、客观上赔不了的因素，也有被害人不接受、要价高的因素，基于后者的因素而降低诉讼效率显然缺乏说服力，可行的方案是取消这一强制规定，而将其转化为程序启动环节听取被害人意见后酌定的方案。值得注意的是，关于“认罚”，概括说认为“认罚指自愿接受刑罚，并随着刑事诉讼推进而逐步明晰”[①]，广义说认为“认罚还包括不同形式、不同程度的民事赔偿和解”[②]，核心说认为“认罚以接受量刑建议为核心”[③]，程序说认为“认罚不仅包括同意量刑建议，还包括同意程序简化和法院裁判”[④]。我们认为，所谓认罪认罚包括认事实、认罪名、认量刑建议，其中，认罪是指认事实，而认罚是指认罪名和认量刑建议，从而将“认罪名”归入“认罚”的范畴，而非认罪的范畴。一方面，可以保持与前述标准的一致；另一方面，“认罚”所指的认量刑建议一定是在对罪名无异议的前提下得出的量刑建议，在罪名认定不一的情况下很难得出相同的量刑建议，即使得出了相同的量刑建议，对得出量刑建议结果的过程也不可能完全一致，而量刑建议的过程是认罪认罚中应当向被追诉人释明的内容。需要说明的是，考虑到根据上述标准划分，速裁程序也可能适用三年以上有期徒刑的重罪案件，现有速裁程序可作两点修改：一是将现规定“一般不进行法庭调查和法庭辩论”的规定细化为“除可能判处超过三年有期徒刑的案件简化法庭调查和法庭辩论外，一般不进行法庭调查和法庭辩论”，由于被追诉人认

---

① 朱孝清：《认罪认罚从宽制度的几个问题》，载《法治研究》2016 年第 5 期。

② 黄京平：《认罪认罚从宽制度的若干实体法问题》，载《中国法学》2017 年第 5 期。

③ 赵恒：《“认罪认罚从宽”内涵再辨析》，载《法学评论》2019 年第 4 期。

④ 孙长永：《认罪认罚从宽制度的基本内涵》，载《中国法学》2019 年第 3 期。

罪认罚、辩护人也放弃无罪辩护，此时的法庭调查和法庭辩论主要不在于对抗，而在于确保事实清楚、证据确实充分、定性准确、量刑适当、程序合法等方面。二是将现规定“审判员独任审判”修改为“除可能判处超过三年有期徒刑的案件适用合议庭审判外，实行审判员独任审判”，从而确保裁判的严谨性、可接受度。实践中，有观点认为，作上述修改后与简易程序已无大的差别，主张合并简易程序和速裁程序。我们认为，这一观点并不妥当，因为速裁程序在办案期限和当庭裁判上仍然具有效率优势，完全体现了“速裁”的价值追求，同时，作为与认罪认罚制度相契合的程序设计，速裁程序还具有审前提速的优势。

最后，以可能判处刑罚的轻重为标准，认罪认罚但可能判处刑罚较重的，适用速裁程序，认罪认罚且可能判处刑罚较轻的，借鉴德国的处罚令、日本的简易命令等书面审理程序，[①]探索适用符合我国国情的书面审理程序。理由为：一是在事实清楚、辩护人放弃无罪辩护、被追诉人认罪认罚的前提下，无论是事实、证据、定罪、量刑等关键方面，控辩双方已无争议，再开庭审理的意义不大。实际上，对被告人认罪认罚的案件，庭审中控辩双方因无争议已显空洞化，集中开庭 10 分钟左右一个案件的情况已经屡见不鲜。二是不开庭审理并不意味着剥夺了控辩双方充分发表自己意见的机会，法官完全可以庭外听取意见，既可以在送达起诉书副本时讯问犯罪嫌疑人，也可以通过其他简便方式听取公诉人、辩护人、被害人及其诉讼代理人等诉讼参与人的意见，从而贯彻程序参与的原则。三是刑事司法作为防卫社会安全的最后手段，直接关涉到犯罪嫌疑人、被告人的生命权、自由权，人们普遍关注，对可能判处重罚的，设置相对复杂的程序，对可能判处轻罚的，配置相对简化的程序，使刑罚的轻重与程序设置的繁简正相关，既符合程序比例原则，也适当照顾了大众的法感情。对此，比较关键的问题是刑罚轻重的界限如何划定，我们认为，

---

① 参见刘根菊、李利君：《刑事简易程序比较研究》，载《比较法研究》2009 年第 5 期。

罪刑轻重的认定是一个开放性的标准,随着改革和实践的变化,也可以不断地发生变化。考虑到既要保证一定的案件适用量,以达到提高诉讼效率的初衷,又要保证不致使不开庭审理成为常态和多数,还要考虑以危险驾驶罪为代表的刑法扩张的趋势,建议将轻刑的标准确定为"可能判处不满一年有期徒刑、拘役、管制,并处或单处罚金"的刑罚(简称为不超过一年有期徒刑刑罚的案件)。

三、程序速简化的启动:被告人程序权利保障的适度化

从程序速简化的发展历程看,由"控方优势"向"辩方优势"转变明显。根据2021年最高人民法院《关于适用〈中华人民共和国刑事诉讼法〉的解释》的规定,无论是简易程序,还是速裁程序,均以被告人同意程序适用为前提、以法院决定程序适用为关键,检察机关仅具有建议权,被告人及其辩护人则具有申请权,被害人及其诉讼代理人则未规定。可见,现有程序速简化关键在于被告人同意、法院决定,检察机关根本无法实质影响程序的选择,更遑论被害人及其诉讼代理人了,相反的是,该规定却赋予辩护人程序申请权,对辩方程序权利保障的过度化与对被害方程序权利保障的淡漠化并存。对此,建议如下:

首先,没有必要"以辩护人同意"为前提。理由如下:一是速简程序的目的在于实现繁简分流,提高诉讼效率,解决案多人少的矛盾,故应当扩大适用,而不是限制适用,那么在适用条件上就应当坚持"当宽则宽"的原则。二是速简程序的实践适用还不理想,适用比例不高、地区之间不平衡的问题仍然存在,放松适用条件、扩大适用范围不仅是目的性的考虑,也是实践性的需要。三是辩护人在刑事诉讼中虽具有独立的地位,但刑事诉讼的结果对其并不具有实质性的影响,将辩护人与犯罪嫌疑人、被告人在程序选择上的权利直接画等号并不合适,相反,差异化的规定应当是可以接受的。四是如果赋予辩护人程序上的选择权,那么也应考虑是否赋予与之地位类似的检察机关、被害人的诉讼代理人程序选

择权的问题，但恰恰相反，从速简程序的历程看，检察机关的程序选择权一直处于被削弱的趋势，被害人的诉讼代理人则从未被考虑在程序选择环节之内。五是现行司法解释仅规定不适用简易程序和速裁程序的情形为“辩护人作无罪辩护的”情形，该情形与“辩护人不同意适用简易程序或速裁程序”显然是不能直接画等号的，前者是一种基于事实和法律的实体法判断，后者是一种对程序的意见。

其次，就程序速简化有无必要“以被害人同意”为前提，实践中存在两种观点。一种观点认为，刑事诉讼简化的结果是对被告人的量刑折扣，这与被害人利益直接相关，故应以被害人同意为条件。另一种观点则认为，对被告人量刑折扣的本质在于对节省司法资源的奖励，对这种奖励的兑现不需要被害人的同意。在认罪认罚从宽制度实施后，理论界几乎一致赞成强化对被害人的权利保护，明确被害人的诉讼主体地位，并辅以与其主体地位相适应的知情权、发表意见权、提出异议权、获得法律帮助权以及救济权等基本诉讼权利，[①]构建被害人对量刑梯次影响细则，[②]保证被害方对控辩协商结果和方案的知情权和救济权，[③]被害人意见仅作为考虑，并非决定因素。[④] 我们认为，在程序选择阶段完全排斥被害人或者以被害人同意为必备要件都是不合适的。一方面，被害人作为刑事诉讼的一方当事人，而且是与结果有直接利害关系的一方当事人，有权作为诉讼参与人参与刑事诉讼的各环节。另一方面，为保障后续速简程序的顺利进行，做到案结事了，防止过度上诉，程序选择环节中听取被害人的意见，尽早释法说理，消除矛盾，也应当被考虑。赋予被害人程

---

① 参见刘少军：《认罪认罚从宽制度中的被害人权利保护研究》，载《中国刑事法杂志》2017年第3期。

② 参见焦俊峰：《认罪认罚从宽制度下被害人权益保障问题研究》，载《法商研究》2021年第1期。

③ 参见陈瑞华：《认罪认罚从宽制度的若干争议问题》，载《中国法学》2017年第1期。

④ 参见熊秋红：《比较法视野下的认罪认罚从宽制度——兼论刑事诉讼“第四范式”》，载《比较法研究》2019年第5期。

序选择上的参与权,并非要求被害人同意,尽管被害人和被告人均为刑事诉讼的当事人,但被告人是作为追诉对象而存在的,是刑罚的直接施加对象。另外,即使主张刑事诉讼程序主要是对犯罪嫌疑人、被告人权利保障的观点,也认为刑事诉讼程序的简化主要是对犯罪嫌疑人、被告人权利保障程度上的克减,因此,将被害人与被告人在程序选择上同等看待也是不合适的,将二者差别看待是可以被接受的。

最后,程序速简化要求事先"征得被告人同意"缺乏理论上的正当性。由于程序速简化的前提是事实清楚、被告人和辩护人已放弃无罪辩护,程序速简化的后果是一定程度的量刑优惠,实践中也几乎没有认罪但不同意适用速简程序尽快摆脱诉累的案例,在这样的背景下,"征得被告人同意"似乎仅具有形式上表明诉讼主体地位的意义,并无实际的意义,程序速简化是否还有必要事先征得被告人同意就不无疑问。以往主张刑事程序速简化应当征得被告人同意的逻辑在于:认为适用刑事普通程序开庭审理是被告人的程序权利,刑事诉讼程序简化是对被告人这一程序权利的减损,本着权利可以放弃的思想,为了实现程序速简化,就要求事先征得被告人同意,为吸引被告人作出同意的决定,就配以适当的量刑优惠。但这一逻辑的前提就是"将普通程序视为程序权利",如前所述,这一定位显然具有浓厚的英美法系色彩,与我国职权主义的倾向和人们文化传统并不契合。英美法系,将普通程序视为程序权利是建构在"将权力预设为恶"的基础上,并通过程序约束权力,保障权利,并在程序正义优先的文化传统中被广泛接受。然而,我们国家倡导的"权力为权利服务"的主流价值,更侧重权力的内部约束,保障权利,而且在我国,与获得普通程序的程序保障相比,被追诉人更关心的是可能判处刑罚的轻重,而不是与实体关联不大的程序保障。因此,将"普通程序视为权利"可能存在法律思想移植的水土不服和学者罔顾被追诉人真实想法的主观臆断。

退一步看,即使是在美国,无论是"罪状认否"中的认罪,还是"辩诉交易”中的“认罪认罚”,都是一个实体和程序合一的概念,只要是在罪状认否阶段被告人认罪,就直接意味着省略了正式审判,并不需要再作出“同意省略正式审判的承诺”;同样,在控辩协商中,一旦犯罪嫌疑人、被告人认罪认罚也就意味着接受了协议,从而适用辩诉交易程序,并不需要在认罪认罚之外还要作出“同意适用辩诉交易处理的承诺”,可见即使是“将普通程序视为权利”“贯彻程序正义优先”的国家,也不要求脱离实体的认罪、认罚,再搞一套独立的程序适用承诺。另外,值得注意的是,英美法系的程序简化并不以事实清楚为前提,辩诉交易往往是“事实不清”前提下双方为避免败诉风险所寻求的妥协方案,与坚持事实清楚前提下的程序速简化方案是完全不同的程序设计,不能脱离案件事实已经查清这一前提来观察中外程序速简化的不同做法。综上所述,考虑到刑事诉讼程序速简化均不要求事先征得被害人同意,故建议取消“被告人同意”的规定,但不要求征得被告人同意并不意味着否定被告人的诉讼主体地位,在取消的同时可规定,法院在决定程序速简化时应听取检察机关、被告人、被害人的意见,这同样尊重了相关方的诉讼主体地位。

四、程序速简化的阶段:诉讼全程简化

如前所述,从发展历程看,我国刑事诉讼程序速简化的简化阶段呈现出由“审判阶段”向“审前阶段”延伸、简化事项由“庭前准备”向整个“诉讼活动”扩展的趋势。从比较研究的视角看,无论是大陆法系,还是英美法系,均坚持将“预审和审判”(法官的工作)作为程序简化的内容,存在差异的是大陆法系还将“起诉”作为程序简化的内容,部分国家甚至出现了简化侦查的意见,而英美法系则没有对起诉环节予以关注,其中可能的原因在于英美法系贯彻当事人主义原则,将公诉方完全作为一方当事人看待,对起诉环节的干预缺乏理论支持,同时,实行起诉便宜主义,赋予检察官较大的自由裁量权,使辩诉交易成为可能,也没有必要对起诉环节作过多的干预,从而没有对公诉程序简化作法律上的规定,可

见域外刑事诉讼程序速简化也开始跨越审判阶段,向审前阶段延伸。可以说刑事诉讼程序全流程速简化已经成为一种趋势,在做好审判简化的同时,也应当思考审前阶段的程序简化问题。具体如下:

首先,侦查阶段速简化的必要性和可行性。从现行法律的角度看,刑事诉讼法规定了侦查羁押期限、审查起诉期限、审判期限,其中,审查起诉期限和审判期限均系检法的办案期限,但侦查羁押期限并不等于侦查期限。可见,原则上侦查不设期限,但不能因侦查而长时间羁押犯罪嫌疑人,故对侦查阶段逮捕后羁押犯罪嫌疑人的期限进行了限定,这样的法律规定显然是在尊重侦查规律与尊重和保障人权方面寻求平衡,在理论上无疑是科学的。司法实践中,在轻微刑事案件快速办理机制的探索中,北京、浙江、四川等地针对可能判处三年以下有期徒刑刑罚的认罪案件,均曾出于全流程提速的目的,规定了明确的侦查期限。例如,北京规定羁押案件捕后30日内或非羁押案件60日内侦查终结,浙江规定侦查期限为10日,四川规定犯罪嫌疑人到案后15日内侦查终结,也都取得了较好的效果。即使从宏观、理论方面出发,不宜为侦查工作人为设定期限,但针对事实清楚、被告人认罪的轻微犯罪设定侦查期限仍然是可接受的。从可行性的角度看,对于事实清楚的案件,查明真相的侦查任务已基本完成,侦查的重点主要在于完成程序性事项,包括案件流转、工作要求、考核目标、法律文书等,而这些程序性事项原本主要是为查明真相服务的,既然真相已查明就应当简化,甚至省略。

其次,审查逮捕阶段速简化的必要性和可行性。现行《刑法》规定了审查逮捕由检察机关行使,并在7日内决定批准或者不批准。就审查逮捕环节是否可以简化的问题,主要包括对轻微犯罪案件是否可以省略、对讯问犯罪嫌疑人是否可以省略或者简化、对法律文书是否可以简化三个方面。一方面,从刑拘直诉探索和取保候审直诉的实践做法看:即使法定刑超过了拘役且可能判处有期徒刑的轻微犯罪案件,只要嫌疑人认罪,也完全可以省略逮捕;具有社会危险性、需要羁押的,可以采取刑拘直诉模式；不具有社会危险性、不需要羁押的，可以取保候审直诉。另一方面，根据司法解释规定，检察机关办理审查逮捕案件，可以讯问犯罪嫌疑人，而非应当讯问犯罪嫌疑人。显然对于犯罪嫌疑人认罪且事实清楚的案件，完全可以不讯问犯罪嫌疑人，这并不违反法律规定，而且事实已经清楚，被告人又认罪，审查逮捕阶段讯问犯罪嫌疑人突破口供的意义不大，如仅作为核实被告人供述或者听取被告人意见的话，完全可以采取书面听取、电话听取、远程听取等方式。还有一方面，审查逮捕阶段的法律文书简化主要应在力求做好审结报告的前提下，将现阶段各种义务告知材料、听取意见材料、非关键性的补充侦查文书、瑕疵类侦查监督文书等予以简化或省略，在去除周末的 5 天之内，要求检察官在处理好起诉案件、其他逮捕案件、各项业务和事务工作的同时，仔细审阅案卷、写好审结报告、制作法律文书已然非常不易，对这种事实清楚的案件还要求过多，并不适当。就可行性而言，在以往轻微犯罪办案机制下，四川和浙江检察机关均规定，检察机关应在 3 日内作出是否批准逮捕的规定，实践效果良好，并没有出现大的问题。

再次，审查起诉阶段速简化的实质分流。无论是从以往轻微刑事案件办理机制的实践经验看，还是从域外刑事诉讼程序速简化的比较借鉴看，审查起诉阶段简化无疑都是刑事诉讼程序进一步速简化的主要方向、趋势和内容，这一点毋庸置疑。值得注意的是，由于我们国家不实行起诉便宜主义，以往检察官的裁量权不大，不起诉的使用比例较低，程序分流的效果不明显。但在认罪认罚从宽制度实施以后，最高人民检察院首先提出检察机关要在刑事诉讼中处于主导地位，后又表述为担当主导责任，并向社会公开宣布检察官是刑事错案的第一责任人，实践中几乎没有遇到太大的质疑和责难，如果这一提法可以被接受的话，检察机关在刑事诉讼主导责任的提法下，完全可以扩大不起诉的适用比例，尤其是相对不起诉的适用比例，尽量减少微罪处罚过重的问题，也可以避免交叉感染，实现检察环节终结化处理，做好实质性的案件分流。

最后,审判阶段速简化的深入推进。审判阶段简化是古今中外刑事诉讼程序简化的最主要内容。由于西方国家实行三权分立,认为只有法院行使的审判权属于司法权,法院的审判活动往往强调程序正义,造成审判程序极其复杂,因此,相应的刑事诉讼程序速简化也主要体现为审判程序的速简化。然而,由于我国历来追求实质正义,将刑事诉讼程序资源主要分配在取证阶段,审前多以羁押为原则,审判中并不采取直接言词原则,与域外相比,即便是我国的第一审刑事普通程序也已经是相当简化,如果从违警罪的角度看,域外采用刑事速简化程序处理的违警罪案件,在我国可能仅作为治安行政案件处理,程序更为简化,因此,大致可以认为,与域外相比,我国的刑事审判程序从整体上看已是相当简化的程序。基于上述结论,我国刑事审判程序是否还有进一步简化的空间,不无疑问。我们认为,无论是从域外书面审理程序的借鉴看,还是从我国现有简易程序和速裁程序的简化程度看,刑事审判阶段都有进一步简化的空间。至于部分学者提出书面审理程序与行政化相似、与司法属性不符的观点,我们认为开庭审理和书面审理都是司法权运行的方式,采用书面审理仅仅是省略了开庭,并没有省略司法审查,因此,并无不当。

值得关注的是,以往刑事诉讼效率不彰的原因,除了纵向上刑事诉讼环节受限外,还有就是对"究竟是什么捆住了提升刑事诉讼效率的手脚"这一重要问题的答案模糊不清,针对事实清楚、被告人认罪的案件,显然查明事实、收集证据、法律适用已非耗费刑事诉讼资源的关键,而公检法三机关内部流程的无差别化、内部法律文书日趋复杂化、内部登记手续的琐碎化成为耗费刑事诉讼资源的主要原因,这是未来三机关刑事诉讼程序速简化的着力点。

五、程序速简化的后果:明确独立的量刑优惠

对于刑事诉讼程序速简化是否应当规定独立的量刑优惠,涉及对刑

法中罪责刑相一致原则的坚守问题，一直备受争议。有观点认为，根据刑法中罪责刑相一致原则已经得出可能判处的刑罚结果后，因为刑事诉讼程序速简化再给予独立的量刑优惠，就违反了罪责刑相一致的原则。这一观点的错误在于：一方面，将刑事诉讼程序速简化排除在刑事责任的考虑范围之外，没有看到刑事诉讼程序速简化内含着被告人认罪悔罪这一显著的责任要素；另一方面，认为根据罪责刑相一致原则可以在刑事诉讼程序之外先得出一个可能判处的刑罚结果，是割裂了“可能判处的刑罚结果”与“刑事诉讼程序”的关系，实践中完全不考虑刑事诉讼程序的所谓“刑罚结果”并非“可能判处的结果”，而是“不可能判处的结果”。同时，也有观点主张，借鉴域外刑事诉讼程序简化的量刑优惠规定，直接或间接将其引入我国。这一观点的错误在于：简单地将域外刑事诉讼程序简化的量刑优惠等同于我国刑事诉讼程序速简化的量刑优惠，没有考察中外刑事诉讼程序简化所深深根植的刑事实体法背景，事实上，由于大陆法系的刑法和英美法系的刑法往往并不明确规定“自首、坦白”，因此，大陆法系国家刑事诉讼法和英美法系国家刑事诉讼法中所承认的刑事诉讼程序速简化的量刑优惠实际上是统摄了实体法和程序法后的量刑结果，并非单纯的刑事诉讼程序速简化的量刑优惠，故简单将这一量刑优惠幅度引入我国，既面临“独立于自首、坦白”之外的质疑，也可能造成量刑优惠过度的问题。考虑到程序简化具有节约诉讼资源的独立价值，应当明确规定适用速简程序可享受相应的量刑优惠。同时，从比较研究的角度也可以找到充分的依据支持独立量刑优惠的观点。如前所述，大陆法系的刑法和英美法系的刑法往往并不明确规定“自首、坦白”，但与我国刑法具有亲缘关系的俄罗斯刑法则对自首作了规定[我国刑法规定坦白也是在《刑法修正案（八）》之后]。根据《俄罗斯刑法典》第 61 条、第 62 条的规定，“减轻刑罚的情节包括‘自首，积极协助揭露犯罪、揭发同案犯和起获赃物’，所处刑罚不得超过法定最高刑的四分之三”。[①] 这似乎意味着最低减刑 1/4。对于自首，俄罗斯刑法理论既强调归案的主动性，也强调供述的内容是未被司法机关掌握的，而“积极地揭发犯罪”表现在犯罪人向侦查机关提供他们尚未掌握的犯罪信息。[②] 同时，根据《俄罗斯刑事诉讼法》的规定，被告人同意指控时适用的特别程序中明确规定，根据该程序判处的刑罚不得超过法定最高刑的 2/3，这意味着至少要减轻 1/3。可见，在俄罗斯，单纯的自首要比程序简化的量刑优惠幅度小，那么多出来的量刑优惠显然是实体法之外所考虑的程序简化使然。至于量刑优惠的幅度，从域外的情况看，结合实体法的规定与程序法的规定减刑幅度一般以 1/3 为界限。在英国，刑法裁量主要以司法模式为主，即在陪审团或法官宣布有罪后，可以通过缓刑官的调查和建议，或者召开量刑听证委员会，或者听取控辩双方的量刑意见后判决，其中，犯罪后的悔悟行为，如进行有罪答辩、与警方合作如实坦白自己的罪行、赔偿谅解等都会作为从轻或减轻处罚的因素。[③] 其中有罪答辩的减轻幅度可为 1/3。[④]《意大利刑法》第 133 条规定，法官从刑罚的角度考虑犯罪严重程度时还应当根据犯罪后的品行认定犯罪人的犯罪能力。[⑤] 为更好地理解《意大利刑法》的这一规定，可以结合与其具有亲缘性的《希腊刑法典》的规定：“刑罚裁量是在评价行为人人格时，法院应当考虑行为人行为后的表现，尤其是显示其悔悟和纠正行为后果意愿的行为表现。而且根据《希腊刑法典》第 85 条刑罚减轻情节竞合的条款规定，在存在多个法定或酌定减轻处罚情节时应进行一次减轻处罚。”[⑥]在《意大利刑法》中，对法律未具体指明减轻或加重幅度的单个犯

---

① 《俄罗斯联邦刑法典》，黄道秀译，北京大学出版社 2008 年版，第 24 页。

② 参见赵微：《俄罗斯联邦刑法》，法律出版社 2003 年版，第 253 ~ 254 页。

③ 参见张旭主编：《英美刑法论要》，清华大学出版社 2006 年版，第 198 ~ 200 页。

④ 参见赵秉志主编：《英美刑法学》（第 2 版），科学出版社 2010 年版，第 250 页。

⑤ 参见《最新意大利刑法典》，黄风译注，法律出版社 2007 年版，第 48 ~ 50 页。

⑥ 《希腊刑法典》，陈志军译，中国人民公安大学出版社 2010 年版，第 25 ~ 32 页。

罪情节，一般应在基本刑的1/3以内减轻或加重处罚。[①] 巧合的是意大利的当事人申请适用刑罚程序明确规定，可以减刑最高1/3，简易程序明确规定，违警罪的刑罚减少一半，重罪刑罚应减少1/3。据此，参考2021年最高人民法院、最高人民检察院印发的《关于常见犯罪的量刑指导意见（试行）》的规定：自愿认罪构成自首的，可以减少基准刑的40%以下，犯罪较轻的，可以减少基准刑的40%以上或免罚。自愿认罪构成坦白的，可减少基准刑的20%以下，坦白司法机关尚未掌握的同种重罪的，可减少10%～30%，坦白后避免特别严重后果的，可减少30%～50%。当庭自愿认罪的，可减少基准刑的10%以下。退赃退赔的，可减少基准刑的30%以下。积极赔偿被害人经济损失并取得谅解的，可减少基准刑的40%以下，有赔偿无谅解的，可以减少基准刑的30%以下，无赔偿有谅解的，可以减少基准刑的20%以下。适用当事人和解的公诉案件程序的，可以减少基准刑的50%以下，犯罪较轻的，可以减少50%以上或者免罚。认罪认罚可减少基准刑的30%以下，具有自首、重大坦白、退赃退赔、赔偿谅解、刑事和解等情节的，可以减少基准刑的60%以下，犯罪较轻的，可以减少基准刑的60%以上或者依法免除处罚。认罪认罚与自首、坦白、当庭自愿认罪、退赃退赔、赔偿谅解、刑事和解等量刑情节不作重复评价。建议如下：

首先，速裁程序适用于认罪认罚的案件，考虑到上述认罪认罚的量刑幅度以及其他情节量刑幅度的规定，应明确“单独同意适用速裁程序的，可以减少基准刑的10%以下，与其他情节一道适用时，可以减少基准刑的70%以下，犯罪较轻的，可以减少70%以上或免罚”。

其次，书面审理程序适用于认罪认罚、可能判处一年以下有期徒刑、拘役、管制、单处罚金的案件，考虑到其程序相比速裁程序更加简化，应明确“单独同意适用速裁程序的，可以减少基准刑的15%以下，与其他情

① 参见陈忠林：《意大利刑法纲要》，中国人民大学出版社1999年版，第272页。

节一道适用时,可以减少基准刑的75%以下,犯罪较轻的,可以减少75%以上或免罚”。

最后,简易程序适用于认罪但不认罚的案件,考虑到简易程序是比速裁程序相对复杂的程序,应明确“单独同意适用速裁程序的,可以减少基准刑的5%以下,与其他情节一道适用时,可以减少基准刑的60%以下,犯罪较轻的,可以减少60%以上或免罚”。这样的量刑优惠幅度不仅可以有效鼓励犯罪嫌疑人、被告人认罪认罚,实现提高刑事诉讼效率的目标,也与司法资源的节约程度成正比,与目前法院实行的量刑规定相契合,故是合适的。

六、程序速简化的保障:司法责任制

理论界多数人认为,刑事诉讼程序速简化的前提在于被告人同意程序速简化的自愿性,为了保障这一自愿性,于是要求以被告人获得有效的律师辩护为保障,这一保障的要义在于:一是要求必须是律师辩护,而不是其他人辩护。二是要求律师辩护必须达到“有效”的程度。在美国要求辩护律师必须从被告人利益出发,认真分析指控的性质、控方掌握的证据、比较利弊后帮助被告人作出理智的选择,被告人只有在充分了解认罪答辩的后果,并自愿接受协议时,辩诉交易才是有效的,否则,可能构成被告人撤回认罪的有效理由。[①] 对此,我们认为,我国刑事诉讼程序速简化的保障不应仅关注在“有效的律师辩护”方面,而更应转向“科学的司法责任制”方面,为求得程序正义,应改变那种“对抗制”的思路,而采取“明确、压实控方责任”的思路,使控方严格恪守法律的规定,并在法律划定的边界内行使权力。理由如下:如前所述,刑事诉讼程序速简化并不需要征得被告人同意,单独从程序的角度出发提出获得有效律师辩护也就无从谈起。但是我们也应注意到,出于保障认罪自愿性的考

① 参见卞建林、刘玫主编:《外国刑事诉讼法》,中国政法大学出版社2008年版,第76页。

虑,似乎“获得律师有效辩护”就有了存在的空间,美国的辩诉交易制度要求的“获得律师有效辩护”就是要求在“是否选择有罪答辩”的问题上提供有效的律师帮助,选择认罪答辩也就选择了接受辩诉交易,而“是否认罪答辩”不是在认罪之外单纯对是否接受辩诉交易处理予以提供有效的律师帮助。这并不符合我国的实际。首先,“有效的律师辩护”概念本身不清楚,何为有效,即使按照美国经典的判断法则,也还是无法避免主观性和模糊性的问题,这就导致了缺乏实践中的可行性和可操作性。其次,我国律师的数量、素质等,距离有效律师辩护的标准还有一定差距。据统计,目前,我国有律师 60 余万人,其中,从事刑事辩护的律师数量有限,至于精通刑事辩护的律师数量就更加有限,现有的律师队伍恐怕难以承担有效律师辩护的责任。再次,对检察官提出更高、更严的要求是本次司法改革的重要内容,实务部门形象地将司法责任制称为本次司法改革的“牛鼻子”,抓好司法责任制就是抓住了司法改革的“牛鼻子”,抓住了司法改革的关键,抓实了司法办案的质量。在强调司法责任制的背景下,检察官办理认罪案件必须有事实基础,必须确保自愿认罪,从而确保认罪案件的办案质量。最后,在狠抓司法责任制的同时,结合我国律师队伍实际,《刑事诉讼法》明确规定了“值班律师提供法律帮助制度”,既可以在一定程度上补充犯罪嫌疑人、被告人的辩护权,也可以使值班律师参与审前的认罪环节中,监督检察权的具体行使,使检察环节犯罪嫌疑人认罪的自愿性可以向值班律师展示,可在一定程度上避免外界对司法责任制可能滥用权力的担忧。

结　语

寻求我国刑事诉讼程序速简化改革之路:一方面,要先对相关理论问题予以明确。一是我国刑事诉讼的目的在于查明真相,而不是单纯的纠纷化解,因此,程序速简化必须坚持以“事实清楚”为前提。二是我国刑事诉讼程序速简化的价值只能是“底线正义前提下程序利益的适度减损”,那种坚持“简程序不减权利”的观点忽视了“程序与权利此消彼长”的关系。三是考虑到刑事诉讼程序速简化以量刑优惠为后果,故建议借鉴大陆法系的观点,将适用刑事速简程序视为犯罪嫌疑人、被告人的权利。四是应明确我国认罪认罚从宽制度的初衷并非在于提高诉讼效率,相反,认罪认罚从宽制度的要求已然成为诉讼效率提升的拖累。另一方面,就目前涉及刑事诉讼程序速简化的争议问题,我们认为:首先,程序速简化应当以“事实清楚”和“放弃无罪辩护”为前提,但并不意味着可以降低证明标准,也不意味着仅适用于轻罪的范围。其次,程序速简化包含多种速简程序类型,各程序类型的区分标准依次为“认罪”“认罚”“刑罚轻重”,即不认罪的案件一律适用普通程序,认罪不认罚的案件适用简易程序,认罪认罚且可能判处一年有期徒刑以上刑罚的案件适用速裁程序,认罪认罚且可能判处不超过一年有期徒刑刑罚的案件适用书面审理程序。再次,程序速简化的启动环节权利保障应适度。为扩大速简程序适用,考虑到“辩护人放弃无罪辩护”不等于必须要求“辩护人同意适用简易程序或速裁程序”,故不应以“辩护人同意”为前提,同时,考虑到被害人在刑事诉讼中并非刑罚的对象,也不应以“被害人同意”为前提,另外,考虑刑事诉讼程序速简化的性质应由权利减损调整为权利本位,也不应再以“被告人同意”为前提。复次,诉讼全程简化方面,在侦查阶段,即使从宏观、理论方面出发,不宜为侦查设定期限,但针对事实清楚、被告人认罪的轻微犯罪案件设定侦查期限仍然是可接受的。在审查逮捕阶段,对轻微犯罪案件完全可以采用刑拘直诉或取保候审直诉的方式省略逮捕,省略或者简化讯问犯罪嫌疑人、简化法律文书制作。在审查起诉阶段,扩大相对不起诉的适用比例。在审判阶段,尽管与域外相比,我国的刑事审判程序从整体上看已是相当简化的程序,但无论是从域外书面审理程序的借鉴看,还是从我国现有简易程序和速裁程序的简化程度看，我国刑事审判阶段都有进一步简化的空间。最后，在独立的量刑优惠方面，建议明确适用简易程序的，可减少基准刑的5%以下，适用速裁程序的，可减少基准刑的10%以下，适用书面审理程序的，可减少基准刑的15%以下。值得注意的是，在程序速简化的保障方面，不应仅关注“有效的律师辩护”，而更应转向“科学的司法责任制”，为求程序正义，应改变以往“做大做强辩方以抗衡控方”的思路，采取“明确、压实控方责任”的思路，使控方严格恪守法律的规定，并在法律划定的边界内行使权力。

第七章

我国刑事诉讼程序速简化之完善与拓展

放眼世界,“交流合作”的局面正面临“脱钩对抗”的威胁,国际社会冲突问题加剧,在反思过往中需要树立中国特色社会主义道路自信、理论自信、制度自信、文化自信,就刑事诉讼制度而言,要彻底摆脱“照抄照搬”“大抄小改”“半抄半改”的做法,要深化对域外制度全貌和本质的认识,精准把握我国刑事司法实践乃至整个国情,从而提出具有先进理念、深厚理论、逻辑严谨、可行性强的应对之策。我国刑事诉讼程序的速简化既要立足于中外始终关注的审判阶段,继续深化审判阶段速简化的改革,以更大力度释放法院和检察院的司法资源,同时,也要关注中外刑事诉讼程序速简化在纵向上向审前阶段的拓展,实现刑事诉讼全流程速简化的改造,实现审前司法资源分流。尤其是在当前司法信息化建设迈上新台阶、司法改革步入“深水区”、刑事诉讼制度变革进入新阶段的大背景下,刑事诉讼程序速简化改革与司法人工智能技术引进、司法责任制改革、以审判为中心的刑事诉讼制度改革、认罪认罚从宽制度改革并行,并受监察制度改革、检察制度改革(如捕诉一体、案件比考核)、警务制度改革(如警务流程再造、天眼系统）等相关因素影响，刑事诉讼程序速简化的实践流程仍有变数。在众多因素的加持下，刑事诉讼程序速简化路在何方，需要有一个长期的规划。

第一节　我国刑事诉讼程序速简化的具体设计

一、简易程序的完善

首先，明确适用范围为“认罪不认罚”的案件。如前所述，在坚持“事实清楚”的前提下，应当以“认罪与否”为标准区分普通程序与简易程序，以“认罚与否”区分简易程序与速裁程序，从而使简易程序适用的条件明确为“基层人民法院管辖的、事实清楚、辩方（被告人和辩护人）放弃无罪辩护、被告人不认罚”的案件，除这一条件外不再设置例外规定。这就意味着“被告人是盲、聋、哑人或尚未完全丧失辨认或者控制自己行为能力的精神病人”的案件、“案件具有重大的社会影响”的案件也都可以适用简易程序，具体理由在于：当把适用简易程序的后果附带量刑优惠时，即使是出于特殊关照的人文关怀事由，也可能不当损害被告人的利益，从而违背了人文关怀的初衷。其中，“基层人民法院管辖”意味着“可能判处无期徒刑、死刑”的第一审案件无论是否满足条件，均不适用简易程序。“辩方放弃无罪辩护”是指被告人认罪，辩护人放弃无罪辩护，他们对于指控的事实均没有异议。“被告人不认罚”是指不同意人民检察院的量刑建议。

其次，明确审理期限为 20 日。考虑到简易程序的适用前提为事实清楚、辩护人放弃无罪辩护、被告人认罪，可以说控辩双方对起诉事实均无异议，仅是对量刑存在不同意见，以及司法实践中宣告刑超过三年有期徒刑的简易程序案件往往也都在 20 日内予以审结的实际，故建议规定“适用简易程序案件，应在 20 日内审结”。事实上，现行《刑事诉讼法》

规定“对可能判处的有期徒刑超过三年的,可以延长至一个半月”是以往《刑事诉讼法》修正中力求将“普通程序简化审”纳入“简易程序”后的一种简单的黏合规定,只是关注了“可能判处刑罚的轻重”,而忽视了影响审理期限更为关键的因素“事实是否清楚”,因此是不科学的。

再次,明确审理主体为独任制。由于简易程序的适用条件为事实清楚、辩方放弃无罪辩护,被告人仅对量刑有异议,辩护人也仅作量刑辩护,可以说双方之间的争议不大,并无采用合议庭审理的必要。一方面,现行立法采用合议庭审理的考虑,缺乏实践需求的动因,不能排除是部分立法者出于过度担忧而作出的制度设计,即使当初过度担忧存在法官素质不高、司法腐败多有发生等问题,在目前员额制改革和司法责任制改革后,这一理据也难以继续支撑采用合议庭审理的观点。另一方面,从现行合议庭审理的实践看,在简易程序中适用合议庭审理,也极少存在合议庭意见与承办法官不一致的情形,用合议庭审理来纠正或者防止承办法官错误意见的成效几乎可以忽略不计。事实上,即使不采用合议庭审理,由于实行司法责任制,法官之间也会通过法官联席会议等多种方式开展案件交流,独任法官较乐意接受这种灵活的交流方式,以服务于自己正确处理案件。因此,建议规定适用简易程序的案件一律采用独任制审理,由员额制法官独任审理。

最后,明确开庭审理的简化内容。现行《刑事诉讼法》规定,适用简易程序,不受送达期限的限制,不受法庭调查、法庭辩论程序规定的限制。这一规定是从反面予以表述的,而且就简化内容的表述也不完整。建议借鉴现行司法解释的规定,从正面直接表明简易程序简化的内容,规定“适用简易程序审理,可以简化庭前送达,简化宣读起诉书,简化法庭调查,简化法庭辩论,简化制作裁判文书”。需要注意:一是“可以”并非应当,是将简化的权力赋予了司法人员,以保证更强的灵活性。二是删除“一般应当当庭宣判”的规定,从而强化了简易程序与速裁程序的界限,更加符合司法实践的常态,实践中法官往往将来不及制作判决文书的速裁程序案件转为简易程序审理,以避免当庭判决,与其如此,不如不作硬性规定更为妥当。

二、速裁程序的完善

首先,明确适用范围为"认罪认罚的非微罪案件"。如前所述,在坚持"事实清楚""认罪"的前提下,应当以"认罚与否"区分简易程序与速裁程序,以"是否可能判处一年以上有期徒刑"区分速裁程序与书面程序,从而使速裁程序适用的条件明确为"基层人民法院管辖的、事实清楚、辩方(被告人和辩护人)放弃无罪辩护、被告人认罚、可能判处一年以上有期徒刑"的案件,除这一条件外也不再设置例外规定。这也就意味着"被告人是盲、聋、哑人或尚未完全丧失辨认或者控制自己行为能力的精神病人"的案件、"被告人是未成年人"的案件也都可以适用速裁程序,理由与前述简易程序的理由类似,看似有利于保护弱者的制度设计,可能因忽视了速裁程序所带来的量刑优惠,而成为侵害弱者权益的手段,从而使原来保护弱者的初衷成为立法者的主观臆断,并不符合被告人真实的愿望和利益。其中,以"有期徒刑一年"为分界点,是在"将书面程序限制在微罪范围之内"与"保证书面程序有一定的案件覆盖面"二者之间寻求平衡,如将微罪的标准定得过高,可能降低整体的程序正义观感,反之,如将微罪的标准定得过低,可能使该程序的适用范围有限,难以达到提高整体刑事诉讼效率的目的,故将速裁程序的适用范围定为"可能判处一年以上有期徒刑"的非微罪案件是合适的,而且在以往速裁程序试点时审限的划分上立法者也采用了有期徒刑一年的界限,可见该界限在立法者眼中也是妥当的程序分界线。

其次,明确审理期限和审查起诉期限为 10 日。现行刑事诉讼法规定适用速裁程序的,原则上审判期限和审查起诉期限均为 10 日,可能判处有期徒刑超过一年的,审查起诉期限和审判期限均可延长至 15 日,考虑到速裁程序的适用条件为案件事实清楚、辩护人放弃无罪辩护、被告人认罪、被告人认罚且已经在辩护人或值班律师见证下签署了认罪认罚具结书,可以说控辩双方已无任何实质争议,速裁程序开庭审理的意义更多地在于维护程序正义,因此,建议明确审理期限和审查起诉期限为10日,并不再作延长的规定。

最后,明确开庭审理简化的内容。现行《刑事诉讼法》从正反两面规定了程序简化的内容,即“适用速裁程序,可以独任审理,不受送达期限的限制,一般不进行法庭调查、法庭辩论,当庭宣判”。上述规定还存在不完整、表述正反杂糅的问题,建议直接从正面作清晰的规定,如“适用速裁程序审理,可以简化庭前送达,简化宣读起诉书,可以省略法庭调查、法庭辩论,应当当庭宣判,可以简化制作裁判文书”。对于司法解释规定、实践中流行的“可以集中送达、集中开庭、集中派员出庭支持公诉、集中当庭宣判”的“四集中”做法,考虑到主要是一种工作衔接,不需要上升到法律规定,但要明确的是“逐案审理”,不能将不同的速裁程序案件一并审理。

需要说明的是,既然在简易程序之外设置速裁程序,且明确二者的区别主要在于“是否认罚”,那么就必须保证速裁程序具有比简易程序更大的效率优势,唯有如此才能说明二者适用条件差别的正当性,以及二者作为完全不同程序的合理性。二程序中,被告人均认罪,均独任审理,可以简化庭前送达、简要宣读起诉书、简化制作法律文书,差别就在于:简易程序中“可以简化法庭调查和法庭辩论”,速裁程序中“可以不进行法庭调查和法庭辩论”;简易程序中“不要求当庭宣判”,速裁程序中“应当当庭宣判”;简易程序中“审理期限为20日”,速裁程序中“审理期限为10日”。可见,由于速裁程序比简易程序多了“认罚”的条件,故在庭审、宣判、审限上更加具有效率优势。

至于与速裁程序相衔接的审前阶段的速简化方面,除上述建议审查起诉期限一律调整为10日外,建议在侦查环节、审查起诉环节也采取适当的速简化裁剪,具体后述。

三、书面审理程序的增设

增设刑事诉讼书面审理程序的意见早已有之，只是名称不一，如“书面的略式审判程序”[①]、“直接量刑程序”[②]、“提讯速裁程序”（与速裁程序不同的是，该程序实行书面审理，但与处罚令程序不同的是该程序要求法官提审被告人）[③]。其中，既有支持的观点，如中国社科院的熊秋红研究员提出，就简易速裁程序的前提而言，英美法系以被告人认罪为前提，大陆法系以案情简单轻微为前提，二者均体现出对被告人诉讼权利行使提供最低保障的旨趣，我国应以被告人权利保障为基点，增设处罚令程序，强化法律援助，赋予完整的程序选择权，并给予量刑优惠。[④] 中国政法大学的李本森教授认为，与美、德相比，我国刑事速裁程序试点适用条件限制较多；权利保障类似德国模式，即程序简化但诉讼权利没有被大幅度克减，造成适用率较低，诉讼效率提升有限；审理技术偏向美国辩诉交易，强调被告人的自愿认罪、程序选择，以及尊重检察官的量刑建议等。建议借鉴美国的微罪处理程序和德国的处罚令程序，创设独立的处罚令书面审理程序；扩大速裁程序适用范围；权利告知应当保障被告人明知、自愿、对法律后果有预期，程序选择方面借鉴美国做法禁止撤回选择，辩护权方面加强法律援助，上诉权中增设前置过滤审查程序。[⑤] 也有反对的观点，如吉林大学贾志强博士认为，我国刑事速裁程序的适用范围并非轻微案件，审前权利保障不充分，故不具有书面审的条件，但可以

---

① 参见左卫民：《中国简易刑事程序改革的初步考察与反思——以S省S县法院为主要样板》，载《四川大学学报（哲学社会科学版）》2006年第4期。

② 参见高一飞：《论我国刑事简易程序体系的重构》，载《西南民族大学学报（人文社会科学版）》2004年第10期。

③ 参见徐玉、李召亮：《我国刑事提讯速裁程序建构初探》，载《山东审判》2014年第6期。

④ 参见熊秋红：《刑事简易速裁程序之权利保障与体系化建构》，载《人民检察》2014年第17期。

⑤ 参见李本森：《我国刑事案件速裁程序研究——与美、德刑事案件快速审理程序之比较》，载《环球法律评论》2015年第2期。

采用重点审查认罪认罚自愿性、犯罪事实的真实性、量刑建议的适当性,就近开庭和远程开庭等方式予以完善。[①] 中国政法大学的汪海燕教授认为,速裁程序应当避免书面审理之倾向,口供应在简化且有限的程序空间中接受有效的严格证明审查。[②] 北京大学的陈瑞华教授主张,认罪认罚案件审理重点为被告人认罪认罚的自愿性,认罪认罚从宽制度的目标不仅在于效率,而且在于正义,为确保正义就要开庭审理。[③] 对此,我们认为,开庭审理并非确保正义的唯一方式,甚至不是被告人乐意接受的方式,那些标榜无比重视程序正义的国家也并非对所有犯罪都开庭审理;口供应当接受有效的严格证明审查,只要符合证据形式上的关联性、来源上的合法性、内容上的真实性,就可以被接受,域外部分国家在程序简化时往往也不要求严格证明;时至今日,被告人审前权利保障已经取得了很大的进步,认罪认罚案件已实现辩护人和值班律师全覆盖,检察机关还在探索认罪认罚同步录音录像全覆盖。总之,上述质疑的观点并不充分。根据以往的研究成果,结合我国的司法实践,我们赞成增设书面审理程序,具体制度设计如下:

首先,明确适用范围为限于认罪认罚的微罪案件。根据前述的观点,刑事诉讼程序速简化的前提为事实清楚、辩方放弃无罪辩护,故该制度具体的适用条件为"基层人民法院管辖的、事实清楚、辩方(被告人和辩护人)放弃无罪辩护、被告人认罚、可能判处不满一年有期徒刑刑罚的微罪"案件。"可能判处不满一年有期徒刑刑罚的微罪"是指可能判处不满一年的有期徒刑、拘役、管制、并处或单处罚金。理论界和实务部门对于书面审理程序的刑罚界限历来多有争议,部分实务部门提出将书面审

---

① 参见贾志强:《"书面审"抑或"开庭审":我国刑事速裁程序审理方式探究》,载《华东政法大学学报》2018 年第 4 期。

② 参见汪海燕:《认罪认罚从宽案件证明标准研究》,载《比较法研究》2018 年第 5 期。

③ 参见陈瑞华:《认罪认罚从宽制度的若干争议问题》,载《中国法学》2017 年第 1 期。

理的范围界定在“可能判处三年有期徒刑以下的案件”。[①] 四川大学的左为民教授也提出，从比较的视角看，按照域外“传统模式”（如英国的陪审团审判、法国的以预审法官为前缀的公开审判）和“经济模式”（省略审判、经被告人同意减少人权保障措施、庭前分流）的分类，建议进一步简化被告人认罪案件的程序，对可能判处三年以下有期徒刑的认罪案件探索书面审理，认罪的轻微案件开展非司法化处理。[②] 北京大学的胡星昊博士认为，目前，大陆法系往往根据罪刑轻重进行繁简分流，英美法系则坚持根据认罪与否进行程序分置，考虑到英美法系与我国现行程序体系不符、难以操作、缺乏相应的法律土壤，故应借鉴德国、日本处罚令程序的做法（局限于事实清楚的轻微犯罪，被告人同意或参与、程序的非正式化、设置了事后异议程序），构建我国刑事速裁程序，即事实清楚、可能判处三年有期徒刑缓刑以下刑罚的案件，检察机关书面征得被告人同意后启动，法院采书面审理，并保证犯罪嫌疑人、被告人的程序参与权和处分权。同时建议建立有限的前科消灭制度，慎用羁押强制措施，并强化有效辩护。[③] 与上述不同，理论界也有学者设计了具体的处罚令程序：适用于事实清楚、证据确实充分、可能判处一年以下有期徒刑的案件，控辩双方均可在征求对方同意后提出申请，基层法院独任审理并在 10 日内审结，处罚令作出之日起 14 日内可提出异议。[④] 山东大学的周长军教授等建议确保正义底线（全面规定犯罪嫌疑人、被告人的知情权和程序选择权，赋予强制辩护权，保障庭审中的诉讼权利，提高缓刑适用率，确保被害人的知情权、法律适用异议权和陈述意见权），倡导远程提审，简化内

---

① 参见山东省高级人民法院刑三庭课题组：《关于完善刑事诉讼中认罪认罚从宽制度的调研报告》，载《山东审判》2016 年第 3 期。

② 参见左卫民：《在法治进程中构建简易刑事程序》，载《法学》2008 年第 7 期。

③ 参见胡星昊：《刑事速裁程序的另一种思路》，载《北方法学》2017 年第 6 期。

④ 参见任华哲、胡梦漪：《我国多元化刑事简易程序构建探讨》，载《湖北社会科学》2011 年第 8 期。

部审判、文书制作,缩短办案期限,将简易程序的适用范围重新修订为3年有期徒刑以下刑罚的案件,将速裁程序的适用范围修订为1年有期徒刑以下刑罚的案件并适用书面审理。① 深圳大学的尹露博士认为,我国刑事速裁程序应坚持效率的价值取向,可探索不开庭审理,适用于可能判处一年有期徒刑以下刑罚的所有案件,由检察机关启动、被告人具有程序选择权,可降低证明标准为“事实基本清楚”,做好轻罪的量刑规范化,解除司法责任制的压力。② 另外,还有极少部分学者提出了适用范围更小的观点,如上海交通大学林喜芬教授等认为,各国刑事简易程序类型呈现多元化,两大法系在简易程序适用条件上呈现罪行轻微和主体合意的差别,但也存在设有省略审判环节的最简易程序,适度限制程序权利(如德国限制上诉,美国限制反悔),强化量刑优惠。我国刑事速裁程序具有吸收两大法系的传统、偏重英美法系的趋势,建议在速裁程序内部针对可能判处拘役以下刑罚的案件(缓刑案件谨慎适用)开展书面审理,在不限制上诉权的前提下可限制反悔权,明确采取“认罪认罚量刑减让”和“程序选择量刑减让”并行的模式,规定适用速裁程序的可减让5%~10%。③ 对上述理论和实务中的争议,我们认为:将书面程序限制在“可能判处拘役以下刑罚的案件”范围内,适用范围过小,无法满足提高诉讼效率的预期;相反,将书面程序限制在“可能判处有期徒刑三年以下刑罚的案件”,适用范围过大,据此基层人民法院办理的七成左右的案件都可以适用书面审理,结果使书面审理的数量大大超过了开庭审理的数量,从整体上影响司法的程序正义观感,而以“有期徒刑一年”为界分点相对适中,正把握了公正与效率的平衡点。

其次,明确启动环节为控方启动、辩方参与、法院决定。由于书面程

---

① 参见周长军、李军海:《完善刑事速裁程序的理论构想》,载《法学》2017年第5期。

② 参见尹露:《我国刑事速裁程序的实务困境及其优化路径》,载《政法论丛》2018年第5期。

③ 参见林喜芬、王延延:《论刑事速裁程序的模型定位与配套制度之改革》,载《上海交通大学学报(哲学社会科学版)》2019年第3期。

序完全省略了庭审，控、辩、审三方将不再有机会当面发表意见并对他方的意见予以回应，丧失了当面发表意见、听取他方意见、回应他方意见的权利，因此，建议明确：犯罪嫌疑人可以向检察机关提出意见，检察机关同意后提出申请，由人民法院决定。犯罪嫌疑人没有提出意见的，检察机关同意适用的，应当听取犯罪嫌疑人的意见（虽不要求以犯罪嫌疑人的同意为前提，但设计了事后异议的程序，依然可以保证犯罪嫌疑人的权利），向人民法院提出申请，由人民法院决定。犯罪嫌疑人不能直接向人民法院建议适用，人民法院也不能未经检察机关申请直接决定适用。检察机关的申请应采用申请书的方式提出，检察机关不再以起诉的方式移送案件，而是以申请刑事处罚令的方式移送案件。

再次，明确审查起诉期限和审理期限均为 10 日。参酌前述速裁程序中审查起诉期限和审理期限为 10 日的意见，书面程序作为比速裁程序更为速简化的程序显然设置的审查起诉期限和审理期限不应长于速裁程序，应该小于或等于 10 日，考虑到审查起诉阶段，检察官需要阅卷、提审、撰写报告、完成内部文书审批和制作、邀约值班律师或通知辩护人、认罪认罚具结等，而法官则由于案多人少压力更大，10 日期限基本已无再行压缩的空间，故建议设置审查起诉期限和审理期限均为 10 日。

复次，明确简化的内容。主要是“适用书面程序审理，应当简化送达，应当书面审理，应当制作刑事处罚令”。需要说明的是：一方面，书面程序中都采用了“应当”的表述，这与其他程序中“可以”的表述不同，既然是微罪书面审理就不应该再设置复杂的程序，以防止因保留自由裁量权致使实践中简而不简、越简越繁的现象发生。另一方面，因需要送达申请书、权利义务告知书、听取意见书等材料，故送达环节不能省略；书面程序中法院不再制作判决书，而是制作刑事处罚令，刑事处罚令的内容应当比刑事判决书更为简洁。

最后，明确书面程序的后果。即控辩双方在收到人民法院刑事处罚令的第二日起 10 日内向人民法院提出异议的，刑事处罚令自动失效，由人民法院根据被告人认罪认罚的情况，决定采用普通程序、简易程序、速裁程序审理。如10日内控辩双方均无异议，则刑事处罚令正式生效，生效的刑事处罚令的法律效力等同于刑事判决书。由于已经设置了异议期的救济方式，对于未生效的刑事处罚令不允许上诉或抗诉，对于已生效的刑事处罚令如果确有证据证明存在错误的，可以再审。

四、普通程序简化审的明确

以往即使符合简易程序、速裁程序适用条件，如果具有法律规定的特殊情形（包括被告人是盲、聋、哑人或者是尚未完全丧失辨认或者控制自己行为能力的精神病人的、案件有重大社会影响的、共同犯罪案件中部分被告人不符合适用简易程序或速裁程序条件的，以及被告人是未成年人，被告人与被害人或者其法定代理人没有就附带民事诉讼赔偿等事项达成调解或者和解协议的），应当按照普通程序审理，故存在被告人认罪的普通程序和被告人认罪认罚的普通程序，即使是在2012年普通程序简化审被纳入简易程序之后，普通程序简化审被视为审理方式在实践中也是存在的。然而，普通程序仅仅适用于人民法院认为事实不清，或者辩护人作无罪辩护，或者被告人不认罪的案件，完全取消了现行法所规定的特殊情形，从而使程序划分的标准简洁明了，但也会造成“普通程序简化”还能否成立的问题。我们认为，普通程序也存在简化的问题，因为简易程序与普通程序的区分以“是否认罪”为界限，即使考虑到检察机关不建议，法院在审判阶段也可以通过征求双方意见决定适用简易程序的情形，“是否认罪”的时间界限最晚也只能延迟至“开庭审理前”，那么对于庭审期间又认罪的，就可能存在普通程序简化的问题。庭前人民法院认为事实不清，或者辩护人作无罪辩护，或者被告人不认罪的，但在开庭审理时，经控辩双方补充提交证据且双方对证据均无异议，人民法院认为事实清楚的，或者开庭审理时，辩护人提出放弃无罪辩护的，或者开庭审理时，被告人认罪的，由于案件情况当庭发生了变化，普通程序庭前准备工作已经展开，开庭审理工作正在进行，如当庭宣布转为简易程序审理，不符合诉讼法理。根据刑事诉讼法理论，程序转化仅有速裁程序转为简易程序、简易程序转为普通程序这一单向的由简至繁的程序转换，而不能从繁至简进行程序转换，目的就在于保障被告人的权利，便利准确查明案件事实。如果条件发生变化后继续采用普通程序审理，又可能浪费不必要的司法资源，有的普通程序案件审理短则半日、多则数日的情况也十分常见，实无必要。另外，在中级以上人民法院审理的第一审案件中，如果被告人认罪或者认罪认罚，也不可能按照简易程序、速裁程序审理，而必须按照普通程序审理，这也就存在按照普通程序审理被告人认罪或认罪认罚案件的情形，但由于中级以上人民法院人案矛盾并不突出，且这类案件往往可能判处无期徒刑以上刑罚，加之我国刑事司法实践中直接言词原则适用不充分，故没有必要在不实行直接言词的普通程序中再行简化，可以直接按照普通程序审理。

为此，建议在不改变普通程序的前提下，借鉴 2003 年《关于适用普通程序审理"被告人认罪案件"的若干意见（试行）》变通审理方式的办法（2012 年《刑事诉讼法》将该审理方式已纳入简易程序规定，然而认罪认罚从宽制度改革中，2019 年最高人民法院、最高人民检察院、公安部、国家安全部、司法部在《关于适用认罪认罚从宽制度的指导意见》中再一次规定了适用普通程序审理被告人认罪认罚的案件），明确规定普通程序的简化审理方式，即可以适当简化法庭调查、适当简化法庭辩论、适当简化制作裁判文书。需要说明的是："可以"的表述表明了是否简化，法官可根据案件具体情况具有较大的自由裁量权；"适当简化"的表述，与简易程序中"简化"的表述不同，表明普通程序中"简化"的幅度要小于简易程序，实践中，主要是可以对以往有过争议，或者仍然具有争议，或者法庭认为有必要的内容进行举证质证和辩论，对于控辩双方无异议的证据，可以仅就证据名称及证明内容进行说明，对于控辩双方无异议的意见，可以仅简要发表一次；与简易程序相比，由于普通程序的庭前准备工作已经展开和庭审已在进行,故无法简化送达,也无法简要宣读起诉书,同时,因为是审理方式的变化,更无法简化为独任审理,缩短审限。可见,因当庭条件发生变化而实行简化审理的普通程序与简易程序的显著区别就在于:送达和宣读起诉书不能简化、法庭调查和法庭辩论简化幅度小、审理主体和审限不能简化。

需要说明的是,根据2024年1月1日起施行的《全国人民代表大会常务委员会关于修改〈中华人民共和国民事诉讼法〉的决定》,基层人民法院审理的基本事实清楚、权利义务关系明确的第一审民事案件,可以由审判员一人适用普通程序独任审理。可见,在民事诉讼领域,传统认为普通程序一律由合议庭审理的观点已经松动,那么未来刑事诉讼普通程序有没有适用独任审理的可能,就值得重新思考。考虑到刑事诉讼程序在要求上高于民事诉讼程序,刑事诉讼普通程序适用于曾经不认罪的案件,以及案件发生变化的情况往往是当庭确认等缘由,故刑事诉讼普通程序不宜采用独任审理。

五、楔入程序速简化的认罪认罚制度完善

从2019年最高人民法院、最高人民检察院、公安部、国家安全部、司法部《关于适用认罪认罚从宽制度的指导意见》的规定看,我国的认罪认罚从宽制度由于并无罪名和刑罚的限制,既可以适用于基层人民法院管辖的第一审案件(速裁程序、简易程序、普通程序),也可以适用于中级以上人民法院管辖的第一审案件(只能适用普通程序),还可以适用于第二审程序(上述意见规定:“被告人在第一审程序中未认罪认罚,在第二审程序中认罪认罚的,审理程序依照刑事诉讼法规定的第二审程序进行。第二审人民法院应当根据其认罪认罚的价值、作用决定是否从宽,并依法作出裁判。确定从宽幅度时应当与第一审程序认罪认罚有所区别。”)。然而,按照本书的观点,“认罪认罚”是区分简易程序和速裁程序的界限,而针对认罪认罚的案件,根据罪刑轻重又可分为“速裁程序”

和“刑事处罚令程序”，且均不存在例外规定，故不存在认罪认罚的简易程序，但却存在认罪认罚的刑事处罚令程序。可见，在本书体系下，认罪认罚从宽制度是与基层人民法院的刑事处罚令程序、速裁程序，中级以上人民法院的普通程序（如前所述由于中级以上人民法院人案矛盾不突出，并未纳入普通程序简化审设计），以及第二审程序相衔接的制度。其中，与刑事诉讼程序速简化相衔接的程序就是“基层人民法院管辖的刑事处罚令程序和速裁程序”。一方面，这有效避免了以往“认罪认罚简易程序”和“认罪认罚普通程序”在实践中如何适用不明的问题，使普通程序回归“不认罪程序”、简易程序回归“认罪不认罚程序”的本位。另一方面，至少在“刑事处罚令程序”中，认罪认罚从宽制度可以在一定程度上减轻对刑事诉讼效率提升的拖累，检察机关在做好一般办案工作之外，通过开展“庭前通知辩护人或值班律师见证、讯问犯罪嫌疑人、开展认罪认罚具结”等工作，换取“书面审理”，如果仅从诉讼参与人到庭参加庭审的角度看，这一模式主要是节约了法院的司法资源。为了确保刑事处罚令程序、速裁程序中认罪认罚从宽制度的实施，针对实践中讨论较多的问题，建议如下：

首先，量刑建议由“过度精准化”调整为“适度精准化”。就检察机关极力推动的量刑建议精准化问题，绝不大部分观点主张“应以幅度为主、精准为辅”，考虑到检察官量刑素质不足，量刑建议应当以“幅度刑为主、确定刑为辅”，[①]量刑建议作为一种程序性权力，“一般应当采纳”的规定侵蚀了审判权，建议普通程序采用幅度刑建议，速裁程序采用确定刑建议，简易程序二者兼可。[②] 其实，精准量刑并不意味着“精准到点的量刑”，精准量刑既包括确定刑量刑建议，也应包括幅度刑量刑建议的幅

---

① 参见谢小剑：《认罪认罚从宽中的量刑建议：制度创新与困境破解》，载《内蒙古社会科学》2020 年第 4 期。

② 参见熊秋红：《认罪认罚从宽制度中的量刑建议》，载《中外法学》2020 年第 5 期。

度最小化。[①] 对此,我们认为,以往追求精准到点的精准量刑主要是为开展认罪认罚服务的,只有"罚"的精准化才能有效吸引犯罪嫌疑人认罚,但却忽视了庭前将"罚"过于精准化确实侵蚀了法官的审判权,应当在二者之间寻求一种平衡,可以尝试以"三年有期徒刑"为界,对于可能判处超过三年有期徒刑的案件,采幅度量刑建议,对于可能判处三年有期徒刑以下的案件,采用精准量刑建议。理由是:三年有期徒刑以下刑罚的轻罪案件往往是常见多发案件,检察机关对人民法院裁判的尺度标准把握比较准确,绝大多数案件的认识基本一致;人民法院对可能判处三年以上有期徒刑案件的量刑权较为重视,基层法官对认罪认罚精准量刑的忧虑也主要集中在这类案件;三年有期徒刑的界限往往作为程序的分界,容易被理论界和实务界接受。

其次,值班律师由"临时指派式"调整为"公设专职式"。认罪认罚从宽制度的关键在于"认罪认罚具结",而具结的关键或者说是认罪认罚从宽结果的正当性就在于认罪认罚的自愿性、明智性、明知性、真实性、合法性,而要确保上述五性,就需要提供有效的法律帮助,值班律师就是提供有效法律帮助的承担者。针对实践乱象,绝大部分观点支持完善值班律师制度,提出将值班律师定位为权利保障者,而不是权力配合者或见证人,将值班律师的诉讼行为定性为辩护,而不仅是提供法律帮助,从而增加其阅卷权和会见权。[②] 强化控辩平衡,在强化当事人知情权、改善协商程序的同时,实行除微罪外的强制律师辩护,[③]提高值班律师报酬,直接将现行的"值班律师"制度改造成指定辩护制度,由辩护律师与检察

---

① 参见朱孝清:《深入落实认罪认罚从宽制度的几点建议》,载《人民检察》2020年第18期。

② 参见汪海燕:《三重悖离:认罪认罚从宽程序中值班律师制度的困境》,载《法学杂志》2019年第12期。

③ 参见龙宗智:《完善认罪认罚从宽制度的关键是控辩平衡》,载《环球法律评论》2020年第2期。

官进行协商(避免被告人与检察官协商、避免辩护律师与法官协商)。[①]实践中值班律师提供法律帮助不足、沦为见证人,根本原因在于“临时指派”的模式不当:一是临时指派难以保证律师刑事诉讼辩护水平;二是临时指派造成律师难以提前阅卷,而当场阅卷又时间有限;三是临时指派对值班律师的管理松散、无法实现绩效激励。建议规定值班律师由公职律师担任,并实行公职律师常驻派驻看守所(羁押案件认罪认罚)、检察院(非羁押案件认罪认罚)、法院(认罪认罚案件开庭指定辩护)。一方面,公职律师要经过一定的选拔程序,可以确保公职律师队伍的素质,还可以强化队伍管理;另一方面,由公职律师担任值班律师可以切实做到“名副其实的值班”,防止认罪认罚案件扎堆,值班律师无暇阅卷,也可以大大节省国家财政资金。至于将值班律师制度向强制指定辩护靠拢的观点,并不能从根本上解决问题,承办检察官在 10 日的办案期限内,需要扫描案卷、输入办案系统数据、承办人阅卷、撰写报告、内部汇报讨论、准备法律文书等完成后,再行通知值班律师,即使将值班律师转为指定辩护,也无法实现及时阅卷(网上提前申请)、会见(提前排队),而再行压缩承办检察官的时间要求提前 3 日通知值班律师并不现实,10 日内检察官除办理本案外,还要办理其他审查起诉案件、审查逮捕案件、控告申诉案件、提前介入案件、羁押必要审查案件、出庭支持公诉,参加各种非本人办理的案件的讨论、业务学习,各种党务、事务性工作,上述工作全部是叠加进行的,如果要求提前 3 天通知就意味着检察官必须在通知前就完成各项认罪认罚准备工作,这样的工作量是很难完成的。

最后,明确规定认罪认罚具结原则上可“撤回”和“上诉”。针对撤回具结,任意撤回说认为,认罪认罚案件均需要查明事实,并注重认罪自愿性、真实性、合法性审查。辩方可任意撤回具结,控方只具有有限的撤回权。针对实践中非自愿认罪风险和虚假认罪风险,既需要审前阶段确

---

① 参见陈瑞华:《认罪认罚从宽制度的若干争议问题》,载《中国法学》2017 年第 1 期。

立反对强迫自我归罪特权、建立律师有效帮助机制、保障认罪前的证据先悉权，审判阶段建立专门的认罪审查程序，也需要确立判决前的反悔机制以及完善上诉制度加以保障。[①] 限制撤回说（多数说）认为，撤回具结具有救济非自愿性、非真实性认罪的功能，原则上应当允许，但为确保程序简化也应从撤回时间、撤回理由方面予以适当限制，故允许被追诉人有限制地撤回，但禁止控方任意撤回。[②] 其中，对被告人正当反悔采用不认罪程序审理，对不正当反悔继续审理。检察官应遵循禁止违反承诺原则，但明确相关例外。法官不采纳具结书应遵循"事先告知、听取意见与可撤回"的正当程序。[③] 对此，我们赞成限制撤回的多数说，为确保认罪认罚的自愿性，尊重犯罪嫌疑人认罪认罚的真实意愿，应当允许犯罪嫌疑人、被告人撤回具结，但为防止权利滥用，避免浪费司法资源，确保诉讼效率，也应当对撤回具结进行必要的限制：一是撤回具结最迟应在法院判决前提出，判决以后禁止撤回具结，但可以上诉。二是撤回具结的理由为认罪认罚不自愿，认罪认罚没有律师见证或律师提供的法律帮助有瑕疵，认罪认罚过程严重违反法定程序，认罪认罚所依据的事实、情节、法律发生变化可能影响定罪量刑等，禁止无正当理由随意撤回具结。

针对上诉，通说的观点赞成允许被告人上诉，只是从检察策略上就是否允许抗诉表达了不同的观点。如有观点认为，针对"技术上诉"（为求留所服刑而上诉）应做好预防，针对违约上诉可抗诉。[④] 也有观点补充认为，除对技术上诉谨慎抗诉，对违约的可以抗诉外，对错误的和意图通

---

① 参见史立梅：《认罪认罚从宽程序中的潜在风险及其防范》，载《当代法学》2017年第5期。

② 参见刘少军：《性质、内容及效力：完善认罪认罚从宽具结书的三个维度》，载《政法论坛》2020年第5期。

③ 参见马明亮：《认罪认罚从宽制度中的协议破裂与程序反转研究》，载《法学家》2020年第2期。

④ 参见万毅：《认罪认罚从宽程序解释和适用中的若干问题》，载《中国刑事法杂志》2019年第3期。

过上诉不加刑获利上诉的应当抗诉。[①] 对此,我们赞同通说的观点,应当允许被告人上诉。理由是:我国实行两审终审制,并没有规定对认罪认罚的案件一审终审,故只要被告人对一审判决不服,就享有上诉权,至于上诉的理由是否正当则在所不论。至于实践中担心因认罪认罚获取量刑优惠后又反悔而上诉的,可能因上诉不加刑而使反悔的被告人仍享有量刑优惠的问题,考虑到技术性上诉根本难以区分,建议规定"被告人对认罪认罚案件上诉的,则检察机关自动抗诉",由于抗诉后二审法院将不再适用上诉不加刑的原则,故实践中将使被告人的上诉权行使更加谨慎,有效避免了上诉权滥用、司法资源浪费、效率不彰的问题。

第二节　我国刑事诉讼程序速简化的纵向拓展

我国现行《刑事诉讼法》中包含"简"字的条文共有 16 处,全部出现在第三编"审判"之中,其中,第一章"审判组织"有 1 处,第二章"第一审程序"第三节"简易程序"有 15 处。如果将速裁也作为"简"看待的话,条文共有 12 处,分别为:第二编"立案、侦查和提起公诉"第三章"提起公诉"中有 1 处,第三编"审判"第一章"审判组织"有 1 处,第二章"第一审程序"第四节"速裁程序"有 10 处。可见,我国刑事诉讼程序速简化主要集中在审判阶段,审前阶段简化不足的问题突出。从我国刑事速简程序的发展趋势看,由审判程序向审前程序简化已经受到关注,但由于缺乏相应的理论支撑,实践效果和制度化的运作情况并不尽如人意,需要在纵向上继续拓展。刑事诉讼程序速简化向审前阶段的纵向拓展主要是向侦查和审查起诉阶段拓展,向审查逮捕阶段和司法行政环节拓展属于保障和配合的地位。其中,审查逮捕阶段主要是强调"简",以释放更多

---

① 参见陈国庆:《适用认罪认罚从宽制度的若干问题》,载《人民检察》2019 年第 23 期。

的司法资源,而司法行政环节主要是力求"速",以确保提升审查起诉和审判效率。具体如下。

一、向刑事侦查阶段拓展

首先,规定速简化的侦查羁押期限,提高侦查效率。根据《刑事诉讼法》的规定:侦查羁押期限一般为两个月,案情复杂的,经上一级人民检察院批准可以延长一个月;交通不便的边远地区和犯罪集团的重大案件,以及流窜作案和犯罪涉及面广、取证困难的重大复杂案件,经省级人民检察院批准可以再延长两个月;可能判处10年以上有期徒刑的,经省级人民检察院批准可再延长两个月。就此,建议对适用速简程序的案件,规定特殊的侦查羁押期限,具体如下:吸收借鉴北京(捕后30日或非羁押60日内侦查终结、审查起诉期限20日、审判期限20日或30日)、浙江(侦诉审期限均10日)、四川(到案后侦查期限15日、审查起诉和审判期限10日)等地轻微刑事案件快速办理机制的经验:确需羁押的,在侦查阶段即符合简易程序、速裁程序适用条件的,侦查羁押期限一般一个月,且不得延长;如果实行书面审理程序,侦查羁押期限一般为10日,也不得延长。这样规定的原因如下:一是简易程序和速裁程序均以认罪为前提,这就意味着相对降低了侦查机关侦查取证工作的难度,且由于犯罪嫌疑人的供述属于直接证据,还可以为收集其他证据提供线索,因此,采用常规侦查羁押期限的一半即"一个月"是合适的,且无延长的必要。二是从实践办案经验看,实践中,除部分严重的经济犯罪、暴力犯罪外,侦查羁押期限延长的案件数量很少,即使对于可能判处刑罚较重的案件、共同犯罪的案件、作案次数较多的案件,也都可以在不延长侦查羁押期限的情况下顺利办结,对于已经认罪的案件,取证的难度不大,一个月内办结并无大的障碍,规定不得延长也不会造成大的问题。三是考虑到本书将速裁程序和简易程序的适用范围均调整为有期徒刑以下刑罚的认罪案件,二者的区分仅仅在于"是否认罚",而是否"认罚"往往更多的是法律适用、释法说理方面的问题，因此，对二者规定一致的侦查羁押期限是妥当的。四是书面审理程序以犯罪嫌疑人认罪认罚且可能判处的刑罚较轻为前提，如果对侦查羁押期限规定得过长，很可能造成法官判决时不当考虑判决前羁押期限的情况下危害被告人的人权，故在简易程序和速裁程序侦查羁押期限的基础上，再作一定的时限缩短是可以被接受的，而从浙江的经验看采用10日的侦查羁押期限，不仅没有造成侦查混乱，反而提高了侦查效率，故是可行的。五是不延长侦查羁押期限不等于不能继续侦查，对于实践中确实无法在侦查羁押期限内办结的，侦查机关完全可以采取非羁押性的强制措施继续开展侦查工作，也可以防止案件久拖不决。另外，还可以鼓励各地方公检法机关在上述期限内，结合实际情况，将部分常见多发案件采用集中移送的方式，为实现集约化办案奠定基础，以提高刑事诉讼效率。

其次，实行侦查阶段提速并非搞疲劳战（靠加班提速）、人海战（靠增加人员提速）、运动战（靠集中一时、一处发力提速），而是从程序简化着手，探索科学化、规范化、制度化的简化机制。主要包括：一是侦查流程按照认罪与否实行繁简分流。凡是认罪案件，可经派出所和业务队侦查、预审机构预审后直接报请逮捕或移送审查起诉，不再经过法制机构审核把关，既可以缩短内部流程，又保证了办案质量。二是提讯活动按照认罪与否进行适当简化。建议合并宣布刑拘的讯问和预审讯问、宣布逮捕的讯问和捕后讯问，从而使犯罪嫌疑人在进入刑事侦查阶段后的讯问简化为：派出所和业务办案队的认罪供述初次讯问、宣布刑拘的讯问（同时复核认罪供述）、宣布逮捕的讯问（同时复核认罪供述）。三是侦查文书按照认罪与否进行适当简化。以往侦查环节的法律文书主要包括立案和破案文书、到案和强制措施文书、提请逮捕和提请起诉文书、证据文书，可以说上述文书基本都是必不可少的，省略的可能性不大，但部分文书简化是可能的，例如提请逮捕和提请起诉文书可探索实行表格化。同时，对部分程序性法律文书简化审批流程，在现有承办民警拟稿、办案机构负责人审批、业务队负责人审批、副局长审批的机制下，考虑到适用速简程序的案件都是事实清楚的认罪案件，由业务队负责人审批把关的意义不大，故在现有规定的框架内，建议由办案机构负责人审批后直接报分管副局长审批，以缩短文书审批流程。四是鼓励取保候审直诉的办案模式，直接省略逮捕阶段。以往公安机关长期形成的“构罪即拘、每案报捕”的办案模式，既不利于对犯罪嫌疑人程序从轻，也不利于提升诉讼效率，需要从根本上树立“打击数就是有罪宣告数”的理念，尤其是在当下，“社会危险性评估”作为报请逮捕的依据之一，应当受到重视，从而直接降低逮捕率。

二、向审查逮捕阶段拓展

审查逮捕环节历来是短平快的办案节奏，在该阶段的速简化，主要是求简而不是求速，是减负而不是增压，具体如下：

首先，可省略或简化提审环节。既然适用速简程序的前提为事实清楚的认罪案件，而刑事诉讼法明确规定，审查逮捕阶段可以讯问犯罪嫌疑人，而不是应当讯问犯罪嫌疑人，那么，完全可以根据案件实际情况选择是否提审，而没有必要将提审作为必然环节。根据案件情况在选择不提审的情况下，也可以选择要求公安机关移送认罪供述的同步录音录像，或者可以采用书面听取意见的方式听取犯罪嫌疑人的意见。在选择提审的情况下，也可以选择远程视频提审的方式提审。

其次，可简化制作审查逮捕意见书。审查逮捕阶段的法律文书较少，其中最关键的当属审查逮捕意见书，该文书的质量直接决定了案件办理的质量。考虑到适用速简程序的前提为事实清楚的认罪案件，建议简化制作审查逮捕意见书，主要是简化事实叙述、证据摘录，将审查逮捕意见书的重点放在证据分析部分，同时按照审查逮捕全面化的要求，还要审查有无未报捕的犯罪事实，就犯罪情节、社会危险性进行分析等。

再次，可省略逮捕环节、探索刑拘直诉。借鉴实践中部分地方对醉驾类案件进行刑拘直诉的探索，建议对于事实清楚的认罪案件，需要羁押，可能判处不满一年有期徒刑刑罚的，建立与书面审理程序相衔接的“三三制”刑拘直诉办案模式，即刑拘后10日内直接报请起诉，检察机关在10日内决定是否提出刑事处罚令的申请，人民法院在10日内决定是否作出刑事处罚令。条件成熟时可在刑诉法中直接规定“流窜作案、多次作案、结伙作案，或者犯罪事实清楚，被告人认罪认罚，需要羁押但可能判处不满一年有期徒刑刑罚的，刑事拘留期限可延长至30日”。

最后，改变现有的审批思路。根据现有规定，检察机关批准逮捕可由检察官决定，但不批准逮捕，包括相对不批准逮捕、存疑不批准逮捕、绝对不批准逮捕均须报检察长决定。这一审批思路可能是出于“防止公检之间配合不足、检察官权力滥用”的考虑。然而，现实的情况却是公检之间配合有余，防止检察官的权力滥用完全可以通过司法责任制来实现，没有必要将有限的办案期限浪费在事实清楚的认罪案件内部审批环节上。因此，建议为“切实保障人权”，将批准逮捕改为可以三级审批，而不批准逮捕规定由检察官自主决定。另外，可能有同志担心如此改变审批思路，可能因逮捕案件过多而无法落地。对此，我们认为，将批准逮捕改为可以三级审批，并不意味着所有的逮捕案件都必须三级审批，具体是否应三级审批可由检察官决定，从而可以大大减少报请审批的案件数量，而且也符合当下最高人民检察院提出的提高不捕率的工作要求。

值得注意的是，在办案时限方面，尽管以往轻微刑事案件快速办理机制规定对犯罪嫌疑人已被拘留的，审查逮捕期限为3日，未被刑事拘留的，审查逮捕期限为5日，大大缩短了审查逮捕的办案期限。然而，与以往“事实不能没有、人头不能搞错”的审查逮捕工作相比，目前的司法实践已经发生了翻天覆地的变化，在检察机关开展捕诉一体的内设机构改革、办案向一线业务部门集中的改革、逮捕审查全面化改革后，承办检察官在办理逮捕案件的同时，还要承担起诉案件办理、开庭支持公诉工作、羁押必要性审查、控告申诉等案件办理任务，各种办案时限多重交义,而且在审查逮捕时不仅要审查报捕的事实,还要审查未报捕的事实,不仅要审查犯罪的事实,还要审查社会危险性的事实,审查逮捕内容增加,因此实不宜再压缩办案时限,故建议对审查逮捕时限不作统一的强制性规定,承办人可根据具体的办案实际灵活把握,提高诉讼效率。

三、向审查起诉阶段拓展

从中外的司法实践看,审查起诉阶段无疑都是审前流程简化的关键环节,对审查起诉环节的速简化改造既要强调简,也要重视速,具体如下:

首先,缩短办案时限。借鉴速裁程序审查起诉期限为 10 ~ 15 日的规定、简易程序审判期限为 20 日的规定、"依法快速办理轻微刑事案件"下审查起诉期限一般 20 日内或案多人少矛盾突出的单位 30 日内且不得延长的规定,建议规定:对于事实清楚的认罪认罚案件,可能判处不满 1 年有期徒刑刑罚、适用书面审理程序的,审查起诉期限为 10 日;对于事实清楚的认罪认罚案件,可能判处有期徒刑 1 年以上 15 年以下、数罪并罚 20 年或 25 年以下(《刑法》第 69 条规定总和刑期不满 35 年的,数罪并罚不超过 20 年,总和刑期 35 年以上的,数罪并罚不超过 25 年)刑罚、适用速裁程序的,审查起诉期限为 10 日;符合适用速裁程序条件,仅仅由于犯罪嫌疑人不认罚适用简易程序的,审查起诉期限为 20 日。

其次,简化审批流程,本次司法改革的重要内容就在于"让承办人决定,由承办人负责",将权力下放给检察官,以解决以往"办案人决定不了,决定的人不办案"的弊病。然而实践中,在"审批流程"之外创设了"审核流程"(二者的区别在于审批是逐级报批后由最后的决定者负责,但审核是逐级报请后由最先的承办者负责),导致本次改革取消审批流程的目的未果,反而使最后的真正审批者摆脱了责任的束缚。而且伴随认罪认罚适用率(个别地方要求提出精准化量刑建议需经讨论或批准)、速裁适用率(个别地方要求起诉书需经一定层级审核)、审前羁押率(要求羁押必要性审查也要报批)等考核指标的要求,在正规“审批”“审核”之外,还存在多种样式的报请机制,使办案工作严重内卷化。考虑到适用速简程序的案件本身就是事实清楚的认罪案件或认罪认罚案件,而且检察机关对入额检察官遴选机制也较为严格,入额后办案又实行司法责任制,故建议对符合速简程序适用条件的案件,彻底取消各种名义的审批或审核流程,直接可以交由检察官自主决定,检察官在个别情况下认为需要提请审批时,可以报请审批。

最后,简化文书制作。为确保上述审查起诉期限合理落地,针对司法实践中制约审查起诉阶段效率提升最严重、对办案质量基本没有影响的环节进行适度的裁减:一方面,将认罪认罚法律文书整合进现有法律文书,合并犯罪嫌疑人权利义务告知和认罪认罚从宽制度告知书,合并认罪供述的讯问笔录与认罪认罚具结书(可在通常讯问内容结束后,就认定的事实、情节、量刑建议、适用程序意见听取犯罪嫌疑人、辩护人或值班律师的意见并捺印)。另一方面,符合书面审理程序的案件,可不制作审结报告,是否制作审结报告由承办人根据案件情况自己决定,同时,为与书面审理程序中的刑事处罚令相衔接,检察机关应制作内容更为精简的申请书,不再制作与判决书相衔接的一般起诉书。符合速裁程序的案件,借鉴《关于在部分地区开展刑事案件速裁程序试点工作的办法》中起诉书可以简化的规定,按照当前统一业务办案系统内的法律文书样式,可采用表格式的审结报告。符合简易程序的案件,可简化制作审结报告,不详细摘录证据,对量刑部分应说明量刑建议的理由。

四、向司法行政环节拓展

在刑事诉讼中,司法行政机关担负指定辩护、安排值班律师、开展社会调查评估的工作,这些工作主要应在“速”上做文章,提高诉讼效率。具体如下:

首先,完善值班律师制度。对于认罪认罚案件,值班律师见证具结系必然环节，针对实践中值班律师选任随意、值班律师安排时间紧张、值班律师不值班、值班律师形式化、值班律师薪酬不统一的问题，建议采取以下措施完善值班律师制度：一是实行值班律师遴选和考核淘汰制度，将精通刑事法律的律师纳入值班律师队伍，同时，对入库的值班律师进行定期的考核淘汰，从源头上确保值班律师提供法律帮助的实质化和有效化。二是实行五天制值班律师，确保看守所和检察院内各自至少有1名值班律师值班。实践中，值班律师反映值班期间见证案件过多，要求限制见证数量，这并非对症下药，值班律师见证案件多的原因在于司法行政机关将值班律师仅仅设定在每周固定时间段，实行五天制后，这一问题自然化解。三是实行严格的律师值班坐班制度，值班律师值班期间不得无故迟到、外出、早退，以纠正目前实践中值班律师不值班、检察官找不到值班律师的问题。四是赋予值班律师阅卷权，实践中值班律师沦为见证人的重要原因在于值班律师对案情和证据把握不充分，只有赋予值班律师阅卷权，值班律师才能够根据案件具体情况提出高质量的法律帮助意见。至于会见权，考虑到见证期间，值班律师也可以向犯罪嫌疑人提问，且认罪认罚案件的审查起诉期限较短，故不宜再规定会见权。至于调查取证权，考虑到速简程序适用的前提为事实清楚的认罪认罚案件，再行调查取证意义不大，值班律师考虑薪酬因素对调查取证并不积极，且如确有需要调查取证的线索也可以在见证时向检察官提出，故不宜再规定调查取证权。五是合理设定值班律师的薪酬标准。针对值班律师薪酬，各地做法不一，既有按件付费的，也有按日付费的，费用的标准也千差万别。实践中，司法行政机关提出为提高值班律师薪酬，要求检察机关对认罪认罚案件全部按照指定辩护办理，理论界也有观点提出将值班律师向强制指定辩护过渡。我们认为，值班律师薪酬既不能是无偿的法律援助，更不能是完全的市场化运作，而是一种政府购买公共服务、律师承担一定社会责任的混合体，需要核定值班律师的工作量，由于值班律师值班期间类似于国家机关委托从事公务，可借鉴检察机关和审判机关办案人员的平均薪酬（税前收入总额）测算，确定一个合理的标准。从长远看，值班律师制度可以考虑向公设律师转化：一方面，可以大大节省国家财政，将国家的钱用于律师职业发展、司法行政事业发展等其他更需要的地方；另一方面，也可以解决值班律师管理松散乱等问题。

其次，探索实行社会调查评估系统。当前社会调查评估的问题主要在于外地社会调查评估反馈不及时，造成诉得了、判不掉、等着调查评估判缓刑的问题。建议全国司法行政机关实行社会调查评估系统全国联网，具体的流程为：凡是需要开展社会调查评估的，由检察机关在审查起诉阶段制发委托手续，委托本地司法行政机关开展社会调查评估；对于居住地不在本辖区的犯罪嫌疑人或被告人，本地司法行政机关接受委托后，应登录网上社会调查评估系统，委托相关外地司法行政机关开展社会调查评估，并负责联系外地司法行政机关具体开展社会调查评估；自接受委托之日起 10 日内将社会调查评估结果反馈审理案件的人民法院。这样既可以节省邮寄社会调查评估结果的在途时间，也可以降低审理案件的法院直接与外地司法行政机关跨系统联系沟通的难度。

第三节　我国刑事诉讼程序速简化的未来展望

一、诉讼制度变革与程序速简化

2014 年，党的十八届四中全会提出“推进以审判为中心的诉讼制度改革”的司法改革任务，并在实践中推出了相关举措。同年，以认罪认罚为前提的速裁程序试点工作启动，我国刑事速简程序改革又进入一个新阶段。有观点认为，以审判为中心的改革是刑事程序速简化面临的挑战之一。[①] 从文字表述看，“以审判为中心”显然是要强调审判、重视审判，

① 参见施鹏鹏：《认罪认罚从宽制度的限度》，载《中国社会科学报》2016 年 7 月 6 日，第 5 版。

而刑事诉讼程序速简化是要简化审判、省略审判,二者在改革方向上似乎水火不容,理论上如何协调,确实需要澄清。事实上,要求所有案件一律适用标准化的普通审判程序,既无必要,也不可能,以审判为中心并非要求绝对地适用普通审判程序,一定是要求繁者繁之、简者简之。以审判为中心的核心要义之一即强调繁简分流,优化资源配置,实现公正与效率并重。[①] 一方面,以审判为中心并不是要求审判阶段的肥大化,而是确保侦查和审查起诉的案件事实证据经得起审判的检验,是对侦查取证和审查起诉工作在理念上的要求。党中央提出"推进以审判为中心的诉讼制度改革"的目标,是对以往司法实践中"侦查中心主义"的纠偏,[②]力求将审判的标准向审前推进,改变将审前的标准拖向审后的问题。可见,以审判为中心的实质是"审判标准的全程化",并非程序上的标准化。另一方面,以审判为中心所要求的庭审实质化必然要以案件繁简分流为前提,刑事诉讼程序速简化改革就是为"以审判为中心的诉讼制度改革"创造更加有利的条件。任何国家的司法资源在一定时期内都是有限的,如果不能做到"简单案件简单处理",就无法实现"复杂案件复杂处理",因此,无论是大陆法系还是英美法系都存在繁简分流的做法,绝对的一元化程序是不存在的。当前,在司法实践中,随着庭审实质化的推进,人民法院提出了"证据出示在法庭、意见发表在法庭、判决形成在法庭"的具体要求,从而对速裁程序案件,既审查认罪认罚的自愿性、真实性、合法性,又对事实证据进行全面审查,防止被告人被迫认罪、替人顶罪,以致"速裁不速"的问题。对此,我们认为:庭审实质化的初衷在于纠正以往"庭审形式化、庭审走过场"的现象,核心在于要求控辩双方对抗在法庭。然而,速裁程序案件属于认罪认罚案件,在一定程度上带有协商司法的性质,控辩双方的对抗性大大降低或者说根本就不存在对抗,也就

① 参见卞建林:《扎实推进以审判为中心的刑事诉讼制度改革》,载《中国司法》2016年第11期。

② 参见叶青:《以审判为中心的诉讼制度改革之若干思考》,载《法学》2015年第7期。

不存在所谓庭审实质化的前提，如再按部就班地开展法庭调查和法庭辩论，反倒是“庭审形式化、庭审走过场”。建议按照法律“可以省略法庭调查和法庭辩论”的规定，根据案件情况，尽量省略相关环节，至于“防止被告人被迫认罪、替人顶罪”的问题，完全可以通过庭前阅卷和庭审中被告人的认罪情况进行审查。

二、司法体制改革与程序速简化

本次司法改革中，员额制改革无疑是力度最大、涉及最广、影响最深的改革之一，力度之大体现在直接将 2/3 左右的人员排除出办案人员之外，涉及面广体现在直接涉及人员分类和机构改革，影响之深体现在对办案权力进行了重新分配和司法责任终身追责。员额制改革要求检察机关和人民法院中只有被遴选为员额检察官、员额法官的人员才能办理案件，与之相伴，司法责任制改革要求检察环节“办案者决定、决定者负责”，审判环节“审理者裁判、裁判者负责”，可见在员额制改革下，办案人员锐减、办案权力增大、办案责任加重。办案人员数量减少和办案责任加重对刑事诉讼程序速简化提出了新的挑战，其中，由于检察机关借助本次司法改革又叠加了若干自选动作的配套改革和工作要求，如认罪认罚从宽制度改革（在认罪认罚制度下，最高人民检察院提出了检察机关承担刑事诉讼主导责任的要求、强调认罪认罚适用率和量刑建议精准化率）、捕诉合一改革（提出逮捕审查全面化，将起诉的工作要求延伸至逮捕阶段）、“案件比”的新概念和“降低案件比”的新要求（强调多数刑事案件不得延长审查起诉期限、不得退回公安机关补充侦查），使检察机关面临的挑战尤其严峻。办案人员少、办案要求高、办案责任重，刑事程序简化不足，效率提升不明显，表面的数字效率几乎完全依靠办案人员的无节制加班和员额制变通的做法完成（部分检察机关实行检察官助理在检察官指导下办案，实际就是检察官助理办案，与以往办案组办案差别不大；部分法院实行法官助理撰写裁判文书），要么不可持续，要么属于违规操作。在当前背景下为提升检察机关的办案效率,建议:一方面,采用刑事案件由全体检察官按比例轮案承办的制度,扩大实际办案人员的数量,既有利于提高刑事案件办案效率,又可以防止检察机关内设机构之间忙闲不均,还可以提升部分检察人员的个人能力。当然,全体检察官轮案不能要求非刑检部门的检察官办案数量与刑检部门的检察官办案数量一致,而应结合具体工作量的大小,适度按比例分案,以求工作量之间的相对平衡。另一方面,真正落实检察官办案和检察官负责,明确检察官助理仅仅是协助办案,不得安排检察官助理直接办案,让检察官真正成为直接办案的主体,同时,在严格落实司法责任制的要求下,减少各种各类审批审核规定,可沿用以往负面清单的思路,重新梳理制定负面清单,但必须注意的是应当吸取以往将负面清单规定成正面清单的教训,负面清单不宜过长。

三、内部流程调整与程序速简化

要实现程序速简化改革落地生效,取得实实在在的效果,就离不开公检法三机关的办案运行机制,随着改革的推进,目前,公检法三机关在办案机制上都出现了相应的调整。首先,公安机关开展了警务流程再造,力求警力下沉,既强调派出所的综合战斗堡垒作用,又强调派出所担当刑事办案的主力,既要管点,还要管面,任务繁重。从上海的情况看,派出所普遍设置有执法办案部门、社区警务部门、综合行政部门三支队伍,但由于警力有限,执法办案部门的警力往往是行政执法与刑事司法不分、经济侦查与刑事侦查不分,还要承担日常巡逻、“110”接处警、日常安保等其他任务。这使派出所侦查专业化程度不高、人员紧张致使效率不彰,即使个别案件依靠无节制的加班和暂时的警力支援可以完成,但从整体案件的刑事侦查效率上来说效率提升不明显。其次,检察机关开展捕诉一体改革后,打乱了办案一线人员的办案节奏,而且在捕诉一体的带动下,检察机关又开展了检察业务向一线聚焦的做法,使监所部门的羁押必要性审查、控告申诉部门的控告申诉案件办理也有推向捕诉一线人员的倾向,进一步打乱了办案人员的节奏。与以往侦查监督部门以"短、平、快"的办案节奏为特征,以及审查起诉部门严格审查"犯罪构成要件事实和犯罪情节"办案时间较长的情况相比,当前的办案节奏呈现严重的"捕、诉、审、监、控、事"六位交叉,对于办案数量不高的地区,这种交叉造成的节奏乱象可能并不明显,但对于办案数量较高的地区,这种交叉往往难以用"提高一线办案人员时间管理能力"的方法化解,其中尤其突出的是捕、审交叉,审查批准逮捕时间紧,准备出庭和出庭支持公诉要求高,当二者要求在同一节点完成时,节奏难以协调。检察机关的检察业务贯通刑事诉讼全过程,力图让一线办案人员全程参与刑事诉讼、"一竿子插到底"的运行机制,势必影响办案的程序专业化程度,也会影响程序速简化实施。建议:一方面,公安机关在警务流程再造过程中,划清专业队与派出所在执法办案中的责任,结合各地办案实际,明确"危险驾驶、盗窃、寻衅滋事、故意伤害、强奸、猥亵"六类常见多发案件由派出所办理,其余案件均由专业队办理,加大专业队作为办案主力的作用,防止将专业队仅作为案件审核部门,将案件一味地压向基层。另一方面,检察机关在捕诉合一改革中贯彻"人案同进同出"的原则,做到"人随案走、案随人走、人案一致、人案同向",在检察业务向一线办案人员聚焦的同时,也要适当为一线办案人员补充力量,尤其是补充员额检察官,对于业务部门之间工作量差距悬殊的情况,应当适当考虑人员配备比例,防止忙闲不均,最终打击了一线办案人员的积极性。

四、人工智能技术与程序速简化

人工智能技术与司法的结合是目前探讨的热门话题,司法机关对人工智能技术的应用在某种程度上带有提升诉讼效率的期盼,本着电脑快于人脑的朴素想法,希望人工智能技术在实现程序速简化方面发挥人工智能技术的优势。然而,我们必须清醒地认识到:一方面,未来很长的时间内,人工智能还仅仅属于低端人工智能,这就意味着用人工智能代替司法人员处理案件在很长的时间内是不现实的。另一方面,即使人工智能发展到高端人工智能阶段,由于人工智能是以背后的程序算法为依托的,基本上属于理性主体,不具有人之灵性和复杂多样的感情,也只能作为司法人员处理案件的辅助智能。综上所述,无论是现在,还是未来,低级和高级人工智能技术都只能是司法运作的辅助力量,力求在司法办案中用电脑完全代替人脑可能带有方向性的偏差。从目前人工智能技术适用于司法办案的场景看,人工智能技术并没有发挥提高效率的优势。首先,力图打通公检法司四家、实现案卷网上移送的辅助办案系统,由于前端公安机关扫描上传滞后、系统灵敏性不够、办案过程中随时可能补充侦查取证等诸多问题,使办案系统对提升效率无益,反而降低了办案效率。其次,为实现精准量刑而设计打造的辅助量刑系统,存在数据采集数量不够、无法反映办案尺度变化的情况、无法顾及个案差别等问题,一线办案人员更相信自己的量刑经验,而不是量刑系统,实际使用率和效果并不突出。建议目前人工智能技术在司法适用中以"为办案减负"为目标,在案卷自动化扫描、系统填录信息自动化抓取、法律文书自动化生成、远程提审和开庭智能化运用等方面着力,使检察官能从一线摘抄笔录、填录系统、格式化文书制作等程式化办案活动中脱身,真正把精力放在审查证据、认定事实、法律适用等办案的实质活动中,让检察官真正成为法律灵魂的舞者、法治精神的传播者。

结　语

在具体的横向完善方案上:首先,针对简易程序,建议明确适用范围为"认罪不认罚"的案件,审理期限为 20 日,审理主体为独任制,开庭审理的简化内容为"可以简化庭前送达,简化宣读起诉书,简化法庭调查,简化法庭辩论,简化制作裁判文书”。其次,针对速裁程序,建议明确适用范围为“认罪认罚的非微罪案件”,审理期限为10日,独任审理,开庭审理的简化内容为“可以简化庭前送达,简化宣读起诉书,可以省略法庭调查、法庭辩论,应当当庭宣判,可以简化制作裁判文书”。再次,针对书面审理程序,建议明确适用范围为“认罪认罚的微罪案件”,由控方启动、辩方参与、法院决定适用,审理期限均为10日,简化内容为“应当简化送达,应当书面审理,应当制作刑事处罚令”,后果为控辩双方自收到人民法院刑事处罚令的第二日起10日内无异议,则刑事处罚令正式生效,生效的刑事处罚令的法律效力等同于刑事判决书,10日内提出异议的,刑事处罚令自动失效,由人民法院根据被告人认罪认罚的情况,决定采用普通程序、简易程序、速裁程序审理。最后,明确规定普通程序的简化审理方式,即“可以适当简化法庭调查、适当简化法庭辩论、适当简化制作裁判文书”。另外,为了确保刑事处罚令程序、速裁程序中认罪认罚从宽制度的实施,建议检察机关的量刑建议由“过度精准化”调整为“适度精准化”,值班律师由“临时指派式”调整为“公设专职式”,认罪认罚具结后被告人有正当理由的,在判决宣告前可撤回具结,在判决宣告后无论是否有正当理由均享有上诉权。在具体的纵向拓展方案上,侦查阶段,可按照认罪与否,在侦查羁押期限、侦查流程、提讯活动、侦查文书、是否报捕等方面实行繁简分流。审查逮捕阶段,可根据认罪认罚、罪刑轻重的不同情况,省略或简化提审,简化制作审查逮捕意见书,省略逮捕环节、探索刑拘直诉,改变现有的审批思路,规定批准逮捕应三级审批,而不批准逮捕可由检察官直接决定。审查起诉阶段,可规定适用速裁程序和书面审理程序的审查起诉期限为10日、简易程序的审查起诉期限为20日,彻底取消各种名义的强制审批或审核流程,是否需要提请审批或审核完全交由检察官根据具体情况决定,整合现有法律文书,符合书面审理程序适用条件的,可不制作审结报告,并以申请书代替起诉书,符合速裁程序适用条件的,可采用表格式的审结报告,符合简易程序适用条件的,可简化制作审结报告。关于司法行政工作,建议从遴选和考核淘汰、五天坐班制、赋予阅卷权、合理设定薪酬标准等方面完善值班律师制度,并以法院所在地为原则确定社会调查的司法行政机关,在全国司法行政机关系统内实行社会调查评估系统互联互通,以保证刑事诉讼程序速简化的顺利进行。从改革的方向看:首先,针对以审判为中心的刑事诉讼制度变革是否与刑事诉讼程序速简化改革相抵牾的问题,需要明确二者不仅不矛盾,而且是完全契合的制度设计。其次,针对员额制改革后检察机关办案人员数量减少难以提速的问题,建议探索实行全体员额检察官适当比例的轮案制,将检察官助理的辅助角色落实到位。再次,针对公安机关和检察机关内部流程再造致使忙闲不均难以提速的问题,建议公安机关划清专业队与派出所在执法办案中的责任,确保办案的质量,检察机关在捕诉合一改革到位后应坚持平衡各部门的工作量,防止案件向一线集中、检察官却从一线外出的情况,从而加剧了人案矛盾。最后,针对目前人工智能无益于提高效率、反而降低效率的情况,需要明确无论现在还是未来,人工智能技术都只能是司法运作的辅助力量,力求在司法办案中用电脑代替人脑可能带有方向性的偏差,目前仍应以“为办案减负”为目标。

参考文献

一、著作

1. 王爱立主编:《中华人民共和国刑事诉讼法修改与适用》,中国民主法制出版社 2019 年版。

2. 童建明主编:《刑事诉讼法修改决定的理解与适用》,中国检察出版社 2019 年版。

3. 叶青主编:《刑事诉讼法学》,上海人民出版社 2004 年版。

4. 叶青主编:《刑事诉讼法学专题研究》,北京大学出版社 2007 年版。

5. 叶青主编:《刑事诉讼法学教学研究资料汇编》(第 1 辑),北京大学出版社 2007 年版。

6. 叶青主编:《刑事诉讼法学教学研究资料汇编》(第 2 辑),北京大学出版社 2011 年版。

7. 叶青主编:《刑事诉讼法学教学研究资料汇编》(第 3 辑),北京大学出版社 2017 年版。

8. 樊崇义:《迈向理性刑事诉讼法学》,中国人民公安大学出版社 2006 年版。

9. 高一飞等:《检察改革措施研究》,中国检察出版社 2007 年版。

10. 谢佑平主编:《刑事诉讼法学论点要览》,法律出版社 2000 年版。

11. 宋英辉主编:《刑事诉讼原理》(第 2 版),法律出版社 2007 年版。

12. 左卫民等:《简易刑事程序研究》,法律出版社 2005 年版。

13. 张军、郝银钟主编:《刑事诉讼庭审程序专题研究》,中国人民大学出版社 2005 年版。

14. 姜涛:《刑事程序分流研究》,人民法院出版社 2007 年版。

15. 万毅:《超越当事人/职权主义:底限正义视野下的审判程序》,中国检察出版社 2008 年版。

16. 张智辉主编:《简易程序改革研究——辩诉交易制度研究结题报告》,中国检察出版社 2010 年版。

17. 刘计划:《刑事公诉案件第一审程序》,中国人民公安大学出版社 2012 年版。

18. 陈卫东主编:《刑事诉讼程序论》,中国法制出版社 2011 年版。

19. 艾静:《我国刑事简易程序的改革与完善》,法律出版社 2013 年版。

20. 步洋洋:《刑事庭审实质化路径研究》,法律出版社 2018 年版。

21. 江礼华、[加拿大]杨诚主编:《外国刑事诉讼制度探微》,法律出版社 2000 年版。

22. 宋英辉、孙长永、刘新魁等:《外国刑事诉讼法》,法律出版社 2006 年版。

23. 宋世杰等:《外国刑事诉讼法比较研究》,中国法制出版社 2006 年版。

24. 陈瑞华:《比较刑事诉讼法》,中国人民大学出版社 2010 年版。

25. 卞建林、刘玫主编:《外国刑事诉讼法》,中国政法大学出版社 2008 年版。

26. 宋英辉、孙长永、朴宗根等:《外国刑事诉讼法》,北京大学出版社 2011 年版。

27. 周欣主编:《外国刑事诉讼特色制度与变革》,中国人民公安大学出版社 2014 年版。

28. 陈玲:《美国刑事诉讼法》,上海社会科学院出版社 2016 年版。

29.《美国联邦刑事诉讼规则》(上),李昌林译,载徐静村主编:《刑事诉讼前沿研究》第 2 卷,中国检察出版社 2004 年版。

30.《美国联邦刑事诉讼规则》(下),李昌林译,载徐静村主编:《刑事诉讼前沿研究》第 3 卷,中国检察出版社 2005 年版。

31. 吕忠梅总主编、美国量刑委员会编:《美国量刑指南——美国法官的刑事审判手册》,逄锦温等译,法律出版社 2006 年版。

32. 王进喜:《美国〈联邦证据规则〉(2011 年重塑版)条解》,中国法制出版社 2012 年版。

33.《美国宪法及其修正案》,朱曾汶译,商务印书馆 2014 年版。

34. 储槐植、江溯:《美国刑法》(第 4 版),北京大学出版社 2012 年版。

35. 美国法学会编:《美国模范刑法典及其评注》,刘仁文、王祎等译,法律出版社 2005 年版。

36. 王运生、严军兴:《英国刑事司法与替刑制度》,中国法制出版社 1999 年版。

37. 郭自力:《英美刑法》,北京大学出版社 2018 年版。

38.《加拿大刑事法典》,罗文波、冯凡英译,北京大学出版社 2008 年版。

39. [德]克劳思 · 罗科信:《刑事诉讼法》(第 24 版),吴丽琪译,法律出版社 2003 年版。

40.《德国刑事诉讼法典》,李昌珂译,中国政法大学出版社 1995 年版。

41.《德国刑事诉讼法典》,宗玉琨译注,知识产权出版社 2013 年版。

42. [日]松尾浩也:《日本刑事诉讼法》(上卷),丁相顺译,中国人民大学出版社 2005 年版。

43. [日]松尾浩也:《日本刑事诉讼法》(下卷),张凌译,中国人民大学出版社 2005 年版。

44.《日本刑事诉讼法》,宋英辉译,中国政法大学出版社 2000 年版。

45. 张凌、于秀峰编译:《日本刑事诉讼法律总览》,人民法院出版社 2017 年版。

46. [法]贝尔纳·布洛克:《法国刑事诉讼法》(原书第 21 版),罗结珍译,中国政法大学出版社 2009 年版。

47. [法]卡斯东·斯特法尼等:《法国刑法总论精义》,罗结珍译,中国政法大学出版社 1998 年版。

48. 陈家林:《外国刑法通论》,中国人民公安大学出版社 2009 年版。

二、期刊

1. 艾静:《刑事案件速裁程序的实证分析和规则构建》,载《云南大学学报(法学版)》2015 年第 6 期。

2. 卞建林、李菁菁:《略论刑事简易审判程序中的若干问题》,载《法学杂志》1998 年第 3 期。

3. 卞建林、吴思远:《刑事速裁程序的实践观察与立法展望》,载《中国政法大学学报》2019 年第 1 期。

4. 步洋洋:《认罪认罚从宽视域下刑事简化审理程序的本土化省察》,载《法学杂志》2019 年第 1 期。

5. 北京市海淀区人民法院课题组:《关于北京海淀全流程刑事案件速裁程序试点的调研——以认罪认罚为基础的资源配置模式》,载《法律适用》2016 年第 4 期。

6. 陈光中、马康:《认罪认罚从宽制度若干重要问题探讨》,载《法学》2016 年第 8 期。

7. 陈光中:《认罪认罚从宽制度实施问题研究》,载《法律适用》2016

年第 11 期。

8. 陈瑞华:《"认罪认罚从宽"改革的理论反思——基于刑事速裁程序运行经验的考察》,载《当代法学》2016 年第 4 期。

9. 陈瑞华:《认罪认罚从宽制度的若干争议问题》,载《中国法学》2017 年第 1 期。

10. 陈卫东、聂友伦:《侦查视角下的刑事速裁程序效率研究——现状、问题与展望》,载《中国刑事法杂志》2016 年第 6 期。

11. 陈卫东、胡晴晴:《刑事速裁程序改革中的三重关系》,载《法律适用》2016 年第 10 期。

12. 陈卫东:《认罪认罚从宽制度研究》,载《中国法学》2016 年第 2 期。

13. 陈卫东:《认罪认罚从宽制度的理论问题再探讨》,载《环球法律评论》2020 年第 2 期。

14. 陈国庆:《适用认罪认罚从宽制度的若干问题》,载《人民检察》2019 年第 23 期。

15. 曹波:《全国刑事速裁程序试点宏观状况实证研究》,载《河北法学》2019 年第 4 期。

16. 杜磊:《认罪认罚从宽制度适用中的职权性逻辑和协商性逻辑》,载《中国法学》2020 年第 4 期。

17. 丁卫强:《谈刑事简易程序》,载《法学》1996 年第 6 期。

18. 樊崇义:《刑事速裁程序:从"经验"到"理性"的转型》,载《法律适用》2016 年第 4 期。

19. 樊崇义、何东青:《刑事诉讼模式转型下的速裁程序》,载《国家检察官学院学报》2020 年第 3 期。

20. 傅为高:《试述刑事诉讼简易程序运作的若干问题》,载《法学》1997 年第 6 期。

21. 顾永忠:《关于"完善认罪认罚从宽制度"的几个理论问题》,载

《当代法学》2016 年第 6 期。

22. 顾永忠、肖沛权:《“完善认罪认罚从宽制度”的亲历观察与思考、建议——基于福清市等地刑事速裁程序中认罪认罚从宽制度的调研》,载《法治研究》2017 年第 1 期。

23. 高一飞:《刑事简易程序的发展趋势》,载《甘肃政法学院学报》2002 年第 3 期。

24. 高一飞:《不能简化的权利——评刑事简易程序中的国际人权标准》,载《现代法学》2002 年第 4 期。

25. 高一飞:《论刑事简易程序的审判方式》,载《政法论丛》2002 年第 2 期。

26. 高一飞:《论我国刑事简易程序体系的重构》,载《西南民族大学学报(人文社会科学版)》2004 年第 10 期。

27. 郭华:《新制度:认罪认罚从宽制度的定位》,载《探索与争鸣》2016 年第 12 期。

28. 郭华:《“从宽”系谱中认罪认罚从宽的位序与程序安排》,载《中国刑事法杂志》2020 年第 5 期。

29. 耿景仪:《刑事简易程序的适用与问题研究》,载《当代法学》1998 年第 5 期。

30. 柯葛壮:《刑事简易程序的立法修改和实务运作》,载《东方法学》2012 年第 3 期。

31. 郭丰璐、刘计划:《刑事速裁程序立法及展望》,载《人民司法》2019 年第 4 期。

32. 龚善要、王禄生:《内外定位冲突下刑事简易程序的实践困境及其再改革——基于判决书的大数据挖掘》,载《山东大学学报(哲学社会科学版)》2020 年第 3 期。

33. 国家检察官学院刑事检察教研部课题组:《检察机关认罪认罚从宽制度改革试点实施情况观察》,载《国家检察官学院学报》2018 年第

6 期。

34. 黄京平:《认罪认罚从宽制度的若干实体法问题》,载《中国法学》2017 年第 5 期。

35. 洪浩、寿媛君:《我国刑事速裁程序迈向理性的崭新课题》,载《法学论坛》2017 年第 2 期。

36. 胡星昊:《刑事速裁程序的另一种思路》,载《北方法学》2017 年第 6 期。

37. 胡熙瞳:《对刑事速裁程序保留被告人最后陈述的反思》,载《法学杂志》2017 年第 7 期。

38. 江苏省南京市中级人民法院课题组:《认罪认罚从宽制度的审判实践与思考——以 10273 例刑事判决为研究样本》,载《人民司法(应用)》2018 年第 34 期。

39. 焦俊峰:《认罪认罚从宽制度下被害人权益保障问题研究》,载《法商研究》2021 年第 1 期。

40. 贾志强:《"书面审"抑或"开庭审":我国刑事速裁程序审理方式探究》,载《华东政法大学学报》2018 年第 4 期。

41. 孔令勇:《诉讼程序的"压缩"与"跳跃"——刑事简易程序改革的新思路》,载《北京社会科学》2017 年第 3 期。

42. 孔令勇:《刑事速裁程序救济机制的反思与重构》,载《安徽大学学报(哲学社会科学版)》2019 年第 2 期。

43. 孔令勇:《刑事速裁程序价值的理论阐释与冲突衡平》,载《烟台大学学报(哲学社会科学版)》2019 年第 4 期。

44. 闵春雷:《回归权利:认罪认罚从宽制度的适用困境及理论反思》,载《法学杂志》2019 年第 12 期。

45. 马明亮:《认罪认罚从宽制度中的协议破裂与程序反转研究》,载《法学家》2020 年第 2 期。

46. 孟伟、何东青、杨立新:《刑事案件速裁程序适用若干问题》,载

《人民司法》2019 年第 4 期。

47. 孟健、王继鹏:《关于刑事审判简易程序适用情况的调查》,载《山东审判》2003 年第 2 期。

48. 毛立华:《程序类型化理论:简易程序设置的理论根源》,载《法学家》2008 年第 1 期。

49. 李本森:《我国刑事案件速裁程序研究——与美、德刑事案件快速审理程序之比较》,载《环球法律评论》2015 年第 2 期。

50. 李本森:《刑事速裁程序试点的本地化差异——基于北京、上海、广州和西安试点的地方文本分析》,载《中外法学》2017 年第 2 期。

51. 李本森:《刑事速裁程序试点实效检验——基于 12666 份速裁案件裁判文书的实证分析》,载《法学研究》2017 年第 5 期。

52. 李本森:《刑事速裁程序试点研究报告——基于 18 个试点城市的调查问卷分析》,载《法学家》2018 年第 1 期。

53. 刘根菊、温小洁:《对中外刑事简易程序中几个问题之比较研究》,载《政法论坛》1998 年第 6 期。

54. 刘根菊、黄新民:《从普通程序简化审看我国刑事速决程序的建构》,载《法学评论》2005 年第 3 期。

55. 刘方权:《认罪认罚从宽制度的建设路径——基于刑事速裁程序试点经验的研究》,载《中国刑事法杂志》2017 年第 3 期。

56. 刘方权:《刑事速裁程序试点效果实证研究》,载《国家检察官学院学报》2018 年第 2 期。

57. 刘少军:《认罪认罚从宽制度中的被害人权利保护研究》,载《中国刑事法杂志》2017 年第 3 期。

58. 刘少军:《性质、内容及效力:完善认罪认罚从宽具结书的三个维度》,载《政法论坛》2020 年第 5 期。

59. 龙宗智:《完善认罪认罚从宽制度的关键是控辩平衡》,载《环球法律评论》2020 年第 2 期。

60. 刘玫、鲁杨:《我国刑事诉讼简易程序再思考》,载《法学杂志》2015 年第 11 期。

61. 林喜芬、王延延:《论刑事速裁程序的模型定位与配套制度之改革》,载《上海交通大学学报(哲学社会科学版)》2019 年第 3 期。

62. 李文健:《关于刑事简易程序的立法评价》,载《中外法学》1996 年第 3 期。

63. 李卫平:《刑事诉讼简易程序比较》,载《法学论坛》1997 年第 1 期。

64. 刘玉清、曹勇:《简化刑事一审普通程序庭审方式探析》,载《法律适用》2001 年第 9 期。

65. 李彬:《刑事速裁程序的效率分析——以“成本—收益”为视角》,载《广州大学学报(社会科学版)》2019 年第 1 期。

66. 李麒:《工具理性和底限正义:刑事速裁程序辩护的价值》,载《山西大学学报(哲学社会科学版)》2018 年第 1 期。

67. 李倩:《诉讼分流背景下刑事速裁程序评判——以德国刑事处罚令为参照》,载《中外法学》2020 年第 1 期。

68. 李奋飞:《以审查起诉为重心:认罪认罚从宽案件的程序格局》,载《环球法律评论》2020 年第 4 期。

69. 李勇:《证明标准的差异化问题研究——从认罪认罚从宽制度说起》,载《法治现代化研究》2017 年第 3 期。

70. 刘昂:《论我国刑事案件速裁程序的构建》,载《法学杂志》2016 年第 9 期。

71. 刘泊宁:《论刑事诉讼阶段之跨越式发展——刑事速裁程序构建的另一种思考》,载《法学》2017 年第 9 期。

72. 欧卫安:《论刑事速裁程序不适用严格证明——以哈贝马斯的交往共识论为分析的视角》,载《政法论坛》2018 年第 2 期。

73. 任华哲、胡梦漪:《我国多元化刑事简易程序构建探讨》,载《湖北社会科学》2011 年第 8 期。

74. 宋英辉:《我国刑事简易程序的重大改革》,载《法治研究》2012 年第 7 期。

75. 孙长永:《认罪认罚从宽制度的基本内涵》,载《中国法学》2019 年第 3 期。

76. 孙长永:《认罪认罚从宽制度实施中的五个矛盾及其化解》,载《政治与法律》2021 年第 1 期。

77. 宋川:《刑事案件普通程序简易审质疑》,载《国家检察官学院学报》2003 年第 3 期。

78. 史立梅:《认罪认罚从宽程序中的潜在风险及其防范》,载《当代法学》2017 年第 5 期。

79. 山东省高级人民法院刑三庭课题组:《关于完善刑事诉讼中认罪认罚从宽制度的调研报告》,载《山东审判》2016 年第 3 期。

80. 山东省青岛市中级人民法院课题组等:《认罪认罚从宽制度实践问题调研报告——以青岛市法院认罪认罚案件适用情况为基础》,载《山东法官培训学院学报》2020 年第 1 期。

81. 谭世贵、徐黎君:《刑事简易程序的多元化建构》,载《浙江工商大学学报》2012 年第 1 期。

82. 汪海燕:《认罪认罚从宽案件证明标准研究》,载《比较法研究》2018 年第 5 期。

83. 汪海燕:《三重悖离:认罪认罚从宽程序中值班律师制度的困境》,载《法学杂志》2019 年第 12 期。

84. 汪海燕:《重罪案件适用认罪认罚从宽程序问题研究》,载《中外法学》2020 年第 5 期。

85. 魏晓娜:《完善认罪认罚从宽制度:中国语境下的关键词展开》,载《法学研究》2016 年第 4 期。

86. 魏晓娜:《结构视角下的认罪认罚从宽制度》,载《法学家》2019

年第 2 期。

87. 魏晓娜:《冲突与融合:认罪认罚从宽制度的本土化》,载《中外法学》2020 年第 5 期。

88. 万毅、何永军:《司法中公正和效率之关系辨正——兼评刑事普通程序简易审》,载《法律科学》2004 年第 6 期。

89. 万毅:《认罪认罚从宽程序解释和适用中的若干问题》,载《中国刑事法杂志》2019 年第 3 期。

90. 汪建成:《以效率为价值导向的刑事速裁程序论纲》,载《政法论坛》2016 年第 1 期。

91. 王戬:《认罪认罚从宽的程序性推进》,载《华东政法大学学报》2017 年第 4 期。

92. 王敏远:《认罪认罚从宽制度疑难问题研究》,载《中国法学》2017 年第 1 期。

93. 王军、吕卫华:《我国刑事简易程序的若干问题》,载《国家检察官学院学报》2012 年第 4 期。

94. 吴俊明:《刑事案件简易程序集中审理制度完善的路径——以安徽芜湖、池州等地基层检察院的实际调研为视角》,载《法学杂志》2015 年第 5 期。

95. 熊秋红:《刑事简易速决程序探究》,载陈光中、江伟主编:《诉讼法论丛》第 2 卷,法律出版社 1998 年版。

96. 熊秋红:《刑事简易速裁程序之权利保障与体系化建构》,载《人民检察》2014 年第 17 期。

97. 熊秋红:《认罪认罚从宽的理论审视与制度完善》,载《法学》2016 年第 10 期。

98. 熊秋红:《比较法视野下的认罪认罚从宽制度——兼论刑事诉讼"第四范式"》,载《比较法研究》2019 年第 5 期。

99. 熊秋红:《认罪认罚从宽制度中的量刑建议》,载《中外法学》2020

年第 5 期。

100. 徐美君:《刑事诉讼普通程序简化审实证研究》,载《现代法学》2007 年第 2 期。

101. 徐玉、李召亮:《我国刑事提讯速裁程序构建初探》,载《山东审判》2014 年第 6 期。

102. 许亮:《刑事速裁程序的应用性研究》,载《人民司法》2019 年第 4 期。

103. 谢澍:《认罪认罚从宽制度中的证明标准——推动程序简化之关键所在》,载《东方法学》2017 年第 5 期。

104. 谢小剑:《认罪认罚从宽中的量刑建议:制度创新与困境破解》,载《内蒙古社会科学》2020 年第 4 期。

105. 谢登科:《论刑事简易程序中的证明标准》,载《当代法学》2015 年第 3 期。

106. 叶青:《认罪认罚从宽制度的若干程序展开》,载《法治研究》2018 年第 1 期。

107. 叶青:《轻罪刑事政策背景下速裁程序构建之思考》,载《江淮论坛》2020 年第 6 期。

108. 闫召华:《检察主导:认罪认罚从宽程序模式的构建》,载《现代法学》2020 年第 4 期。

109. 闫召华:《认罪认罚不起诉:检察环节从宽路径的反思与再造》,载《国家检察官学院学报》2021 年第 1 期。

110. 尹露:《我国刑事速裁程序的实务困境及其优化路径》,载《政法论丛》2018 年第 5 期。

111. 尹丽华:《刑事简易程序与被告人辩护权的保障》,载《法学杂志》2001 年第 1 期。

112. 姚莉、尹世康:《我国刑事诉讼简易程序中存在的若干问题》,载《法学》1999 年第 3 期。

113. 杨宇冠、刘晓彤:《刑事诉讼简易程序改革研究》,载《比较法研究》2011 年第 6 期。

114. 杨雄、刘宏武:《论统一的刑事简易程序》,载《法学杂志》2012 年第 12 期。

115. 朱孝清:《认罪认罚从宽制度的几个问题》,载《法治研究》2016 年第 5 期。

116. 朱孝清:《认罪认罚从宽制度中的几个理论问题》,载《法学杂志》2017 年第 9 期。

117. 朱孝清:《刑事正当程序视野下的认罪认罚从宽制度》,载《法学》2020 年第 8 期。

118. 朱孝清:《深入落实认罪认罚从宽制度的几点建议》,载《人民检察》2020 年第 18 期。

119. 朱孝清:《认罪认罚从宽制度相关制度机制的完善》,载《中国刑事法杂志》2020 年第 4 期。

120. 朱孝清:《认罪认罚从宽制度中的几个争议问题》,载《法治研究》2021 年第 2 期。

121. 左卫民:《中国简易刑事程序改革的初步考察与反思——以 S 省 S 县法院为主要样板》,载《四川大学学报(哲学社会科学版)》2006 年第 4 期。

122. 左卫民:《在法治进程中构建简易刑事程序》,载《法学》2008 年第 7 期。

123. 左卫民:《认罪认罚何以从宽:误区与正解——反思效率优先的改革主张》,载《法学研究》2017 年第 3 期。

124. 张建伟:《认罪认罚从宽处理:内涵解读与技术分析》,载《法律适用》2016 年第 11 期。

125. 张建伟:《认罪认罚从宽处理:中国式辩诉交易?》,载《探索与争鸣》2017 年第 1 期。

126. 张智辉:《认罪认罚从宽制度适用的几个误区》,载《法治研究》2021 年第 1 期。

127. 张泽涛:《认罪认罚从宽制度立法目的的波动化及其定位回归》,载《法学杂志》2019 年第 10 期。

128. 张宝:《刑事速裁程序的反思与完善》,载《法学杂志》2018 年第 4 期。

129. 张立锋、杜荣霞:《论普通程序简化审与简易程序合并的现实意义——兼论刑事简易程序改革的模式选择》,载《苏州大学学报(哲学社会科学版)》2008 年第 6 期。

130. 张荣丽:《刑事简易程序比较研究》,载《河北法学》2004 年第 3 期。

131. 张连才、傅保文:《关于刑事普通程序简化审之探讨》,载《山东审判》2002 年第 1 期。

132. 张云鹏:《论刑事简易程序一审终审制的确立》,载《政法论丛》2007 年第 3 期。

133. 周道鸾:《试论刑事诉讼中的简易程序》,载《法学杂志》1997 年第 1 期。

134. 周晓燕、蒋炳仁:《尊重被告人的选择权是刑事简易程序的核心》,载《法学杂志》2003 年第 4 期。

135. 周长军、李军海:《完善刑事速裁程序的理论构想》,载《法学》2017 年第 5 期。

136. 周新:《论从宽处理的基本原则及其类型——基于刑事速裁程序试点的分析》,载《政治与法律》2017 年第 3 期。

137. 赵宏伟:《寻求“公正与效率”的最佳结合点——关于刑事普通程序简易化审理的调研报告》,载《山东审判》2003 年第 1 期。

138. 刑事简易程序研究课题组:《刑事简易程序扩大适用问题研究》,载《华东政法大学学报》2011 年第 3 期。

139. 赵恒:《“认罪认罚从宽”内涵再辨析》,载《法学评论》2019 年第

4 期。

140. 郑丽萍:《中国简易程序的反思和改革——以〈刑事诉讼法修正案〉为基点的思考》,载《北京联合大学学报(人文社会科学版)》2013 年第 3 期。

141. 最高人民法院刑一庭课题组:《关于刑事案件速裁程序试点若干问题的思考》,载《法律适用》2016 年第 4 期。

后　记

一、故乡——我再也回不去的地方

我的故乡在鲁西北广袤的平原上，
那里春夏秋冬，四季分明，
春天嫩绿的新芽，夏天惹人的蝉鸣，
秋天泛黄的落叶，冬天妖娆的白雪。
故乡的记忆也是我少年时的回忆，
母亲各种的叮嘱，父亲忙碌的身影，
哥哥妹妹偶尔也会拌嘴斗气，
玩伴们则在乡村里尽情放飞自我，
在满是乡土气息的街巷里嬉笑打闹。
每个人都有自己的故乡，
有过对吃食的渴望，
也有过无忧无虑的时光。
故乡的记忆是雨天我用力跺出的水花，
不想上学，不想做作业，
想捏泥巴，想到田野里去撒野，
想沿着最宽的那条路走到最远的地方。
后来我们以上学的名义走进了城市，
我们总是执着外面的世界，
在一次又一次的安定和回首中，

慌慌张张地离开了故乡。
小时候真傻,
总想着长大,
长大了才发现,
故乡是我再也回不去的地方。

二、与母校结缘——注定我毕生的追求

2002年夏天,高考过去不久,我并没有经历如其他同学那样焦虑的等待,很快就收到了华东政法学院(彼时母校还未升大学)的入学通知书,9月便登上了南下的列车,开启了我的大学时光,这是我第一次踏进古朴典雅的华政园。

2006年夏天,我大学毕业时,正赶上学校松江新校区建设,我有幸留在母校教务处工作,虽然这让我避免了离校的伤感,但在送走一批又一批同学后,站在空荡荡的寝室里,几粒“珍珠”还是不停在眼眶里打转。这是我第二次踏入华政园。

2007年夏天,也许是高中时养成的习惯,也许是工作生活中距离优秀的人太近,我决定考研并顺利通过了母校的研究生入学考试,再一次以学生的身份重返校园,成为刑事诉讼法方向的一名硕士研究生,这是我第三次踏入华政园。

2010年夏天,我硕士研究生毕业,以笔试和面试第一的成绩顺利入职上海市松江区人民检察院,多年所学终于有了用武之地,兴奋之情,溢于言表。五年后,正值单位推出三年人才培养规划,幸得命运垂青,我又一次重返母校,这是我第四次踏入华政园。

2018年,我博士研究生如期毕业,出于对法学理论研究的兴趣和对司法改革前景的期盼,加之我对“整体刑事法学”这一概念的提倡深以为然,又萌生了继续研习刑事诉讼法学的想法,后承蒙恩师叶青教授不弃,正式拜入叶门,这是我第五次踏入华政园。

以上五次踏入华政园,注定了我将一生与新中国的法治事业为伴。

三、初衷使命——推动良性而务实的法律制度变革

改革开放数十年来,我国的法治建设取得了举世瞩目的成就,刑事诉讼研究成果硕果累累,站在更高的起点上,我时常思考“什么内容最可以彰显刑事诉讼法学的核心价值理念”“什么环节才是决定未来刑事诉讼立法成败的关键所在”“什么问题是未来刑事诉讼必然面临而又不得不解决、必须要解决好的实践难题”。十余年的司法实践经验,近千件刑事案件的办案体会,让我找到了答案,那就是“刑事诉讼程序的速简化”。

首先,不能将刑事诉讼程序的完善等同于刑事诉讼程序的繁杂化。域外所谓正当程序的理念也并不完全等同于刑事诉讼普通程序。科学、完善、良性的刑事诉讼程序应当是繁简得当的程序,这就意味着刑事诉讼程序不仅要做好“加法”,严密法网,也要善于做好“减法”,减少不必要的程序负担,做到两手抓、两手都要硬。

其次,不能再靠无限透支办案人员的身体健康来提升刑事诉讼效率。司法不能拒绝裁判,而且需要在法定时限内作出裁判。司法人员数量在严格控制编制数量的情况下几乎不可能再有显著增加。以往在制度资源供给不足的情况下,只能靠办案人员无限加班来应对,但这样的举措既缺乏人性化,也不可持续,而且随着案件数量进一步增长和办案要求的进一步提高,更难以为继。

最后,普通程序和速简程序谁才是人权保障的最佳路径并非只有一个绝对的答案。针对疑难复杂案件,采用普通程序,自然更有利于保障被告人的程序权利,但针对简单的认罪案件,如一味采用普通程序,则很可能使被告人不得不面临更大的诉累,带给被告人的所谓“程序利益”反而成了“程序不利益”。

可以预见未来很长一段时期内,刑事诉讼程序的速简化都将是刑事司法实践迫切需要解决的重大课题,这事关中国特色社会主义法治建设

的成败，事关我国社会的长治久安，事关中华民族复兴的历史伟业。

四、中外比较——在求同存异中寻找中国特色的法治之路

从语言的角度看，汉语是表意文字，而英语是表音文字，看似二者差别巨大，但汉语由偏旁部首组成，英语也往往由词根词缀组成，偏旁部首与词根词缀又往往决定了汉字和单词的大意，不同地域、不同文化的人在发明文字时竟有如此巧合，人类智慧之大同的一面可见一斑。承认中西存同，也要看到中西主流文化之差别：一方面，中国主流文化承认"人之初性本善"，系性善论，而西方主流文化则主张"人生来怀有罪孽，一生都是在赎罪"，这是典型的"性恶论"；另一方面，中国古典哲学多讲究天地阴阳学说，主张辩证地看问题，但西方文化中的主流思考模式似乎都是非此即彼的选择题。承认中外之间的共性与差别，才能在中外比较中汲取人类智慧中的共同部分，在移植借鉴中适时进行必要的本土化改造。

五、致谢

首先，感谢父母的养育之恩。自十八岁离家在外求学、工作、成家、生活，二十载聚少离多，如今父亲已逝，母亲年迈，不能常伴膝下，是儿之不孝，每念及此，内心怅然，妈妈，月光之下，静静的，我想您了。

其次，感谢哥哥、嫂子。我常年在沪求学工作，家中诸事一直是由哥哥、嫂子打理，即使在父亲病重时，也多是哥哥一直侍奉在床前，作为儿子，哥哥比我做得要多、做得要好，还分担了本应属于我的那份责任。

再次，感谢我的妻子、岳父、岳母。在职开展博士后研究最大的困难莫过于时间紧张，由于平时工作繁忙，节假日就成了我写文章最宝贵的时间。为了支持我的研究，妻子、岳父、岳母便承担了家里最重要的带娃任务，解除了我的后顾之忧。

最后,感谢我的博士后合作导师叶青教授。自 2002 年算起我与恩师叶青教授相识已二十余载,恩师既是我的老领导,也是我的老师。没有恩师,我大学毕业时可能不会留在母校工作,不会认识身边那么多优秀的人,不会选择继续考研,更不会对刑事诉讼法产生浓厚的兴趣(很可能将兴趣局限在行政法学的范围之内),不会选择从事检察工作(到政府法制部门工作一直是我硕士研究生以前的愿望),至于后来的读博和做博士后研究就更无法想象了。此生相遇恩师,乃我之大幸,命运就是这样在不经意间改变了方向,而我也最终成为今天的自己。

2023 年 9 月写于华政园

补 记

本书是我博士后出站报告的修订版，按照学校博士后流动站的要求，出站报告亦需附有“后记”，故在本书付梓之际，是沿用原来的“后记”抑或是撰写一篇新的“后记”，着实让人犯难，好在即使另起炉灶工作量也不大，且后记行文并无一定之规，故还是决定撰写一篇新作为好。如此，便有三点益处：一是可以原汁原味保留原有的“后记”，更完整呈现我的博士后出站报告；二是可以更好地表达我对一众师长、好友、家人的感恩之心、感谢之意、感激之情；三是可以补充原有“后记”的内容，对文中意犹未尽之处再作一点补充。当然，即使新作亦属“后记”，但为与原“后记”相区分，便只能以“补记”为题了。

2019 年至 2023 年，我师从叶青教授，在华东政法大学博士后科研流动站从事刑事诉讼法学专业的博士后研究工作。期间，正好赶上新冠疫情全球流行，各地封控不断，学校也未能幸免，这给我的研究工作带来了不小的困难。时间转瞬即逝，两年后我顺利完成了“在 CSSCI 核心期刊发表 2 篇专业文章”和“出站报告”的研究任务，但因新冠疫情依然严峻，加之我本职工作繁忙，答辩工作只能一拖再拖。尽管如此，在接下来的日子里，由于没有了出站考核的焦虑，功利性研究的冲动也卸去了大半,我在不断完善出站报告的同时,开始关注司法实践中的一些具体问题,一段时间下来也成果颇丰。初步统计,在站期间共出版法学理论专著1部,主持或参与省部级以上课题19项,在省部级以上单位组织的征文活动中获奖15次,发表法学理论文章51篇。其中,我较为得意的学术成果或者荣誉主要有三项:第一项是喜获“第二届陈光中诉讼法学优秀博士后”这一殊荣,能获先生奖掖,乃晚辈之荣幸,唯有为诉讼法治不懈奋斗,方不失先生所望。第二项是蝉联最高人民检察院组织的第二届、第三届全国检察机关重罪检察实务论坛征文一等奖,有幸在重罪检察部门交流实务问题的最高平台两次斩获大奖,也是对我过往研究的肯定。第三项是由我主持的上海市人大常委会研究项目《集资犯罪中事务型帮助犯违法所得退赔责任的确定》,在市人大、市高院、市检察院等各级领导的支持下顺利完成转化,不仅解决了一件长期信访的难题,而且推动了一大批类似案件的妥善处理。一介书生能为国家公正司法贡献自己的微薄之力,实实在在地救人于水火、解人于倒悬,给人以活下去的信心、生活的希望,哪怕再苦再累也是值得的。

作为一名长期穿梭于法学理论与检察实务的“青椒”,对于我国“刑事诉讼程序速简化”大致有如下几点感受:首先,司法实践对“刑事诉讼程序速简化”偏爱有加,越是基层,这种偏爱的程度就越明显。究其缘由,恐怕既有人案矛盾突出的原因,也有重实体轻程序的因素。其次,实践偏爱的初衷可能更多在于“方便办案、提高效率”,而不在于“维护公平、权利保障”,但过度看重效率,就容易忽视公平,以致权利保障不足,应当予以关注。再次,防止权利保障不足并不意味着权利保障过度。司法实践中,既不能照抄照搬域外的做法,搞盲目崇拜,而应做批判性的吸收;也不能不顾我国现在的发展阶段,搞超前预支,还是应当坚持实事求是为好。最后,设计一套科学的刑事速简程序体系意义重大,不仅有利于妥善处理认罪案件,而且有利于集中力量妥善处理不认罪案件,还有利于在办案之外依托专业优势能动履职,为国家经济社会发展作出更多贡献。当然,作为青年晚辈,著书立说的机会屈指可数,加之日常工作繁忙,以上感受以及内容还存在思虑不周之处,对此,期待读者诸君批评指正。

随着时间推移,生活逐渐恢复如初。2023 年 10 月,我通过了出站答辩,并以"答辩优秀"和"考核优秀"的"双优"成绩顺利出站,出站报告亦由华东政法大学刑事诉讼法学科资助出版,这离不开众多师长、好友、家人的关心和帮助,我必须对他们表示诚挚的谢意。首先,感谢我的导师叶青教授的悉心教导,恩师的鼓励支持是我未来前行的动力,研究报告能顺利列入学校出版项目,更离不开恩师的大力举荐与无私帮助。其次,感谢张栋教授、王戬教授、陈庆安研究员,三位老师是我出站答辩委员会的专家,在答辩过程中,他们对我的研究报告都提出了十分宝贵的意见,在通过答辩后,我都逐一进行了认真修改,他们对后学的提携和激励让我十分感动。再次,感谢师弟程衍副教授、师妹成小艾助理研究员,二位作为答辩秘书,为筹备答辩评审付出了辛勤劳动。其中,程衍副教授还为本书的出版做了很多事务性的工作。同时,感谢法律出版社的张珺老师,她的严谨细致使本书增色不少。另外,感谢上海市松江区人民检察院党组对我在职开展研究工作的支持,感谢母校华东政法大学对本书出版的资助。最后,哀哀父母,生我劬劳,万爱千恩百苦,疼我孰知父母,谨以此书献给我的父亲张明才先生和母亲王风兰女士,感谢父母的养育之恩。

张庆立

2024 年 4 月 21 日

于上海市寓所